Paul Lendvai • Leben eines Grenzgängers

PAUL LENDVAI

Leben eines Grenzgängers

ERINNERUNGEN

Aufgezeichnet im Gespräch mit Zsófia Mihancsik

Aus dem Ungarischen übertragen von Ernő Zeltner

K&S

Gefördert durch die Kulturabteilung der Stadt Wien,
Wissenschafts- und Forschungsförderung

Bildquellennachweis

Aus dem Archiv des Autors: S. I (3), II, III (2), IV, V, VI oben (2), VII unten, S. X oben, S. XI (2), S. XIV (2); Heeresbild- und Filmstelle: S. XII oben; Hopi-Media: S. VIII oben; MTI/picturedesk: S: XV (2); NLK/Reinberger: S. IX unten; ORF: S. VII oben, S. VIII unten (Peter Kurz), S. XII (unten), S. XIII (unten), S. XVI oben; Dragan Tatic/HBF: S. IX oben; Martin Vukovits: S. VI unten; Wirtschaftsblatt/Richard Tanzer: S. XIII oben; Gregor Zeitler: S. X unten, S. XVI unten

www.kremayr-scheriau.at

ISBN 978-3-218-00864-8

Die ungarische Originalausgabe ist unter dem Titel „Három Élet“ 2012 bei Kossuth Kiadó, Budapest, erschienen.

Schutzumschlaggestaltung: Kurt Hamtil, Wien
unter Verwendung eines Fotos aus dem Archiv des Autors
Typografische Gestaltung: Kurt Hamtil, Wien
Druck und Bindung: Druckerei Theiss GmbH, St. Stefan i. Lavanttal

Inhalt

Vorwort

In mehrfacher Hinsicht ist dieses Buch ein neues Kapitel in meinem langen und abwechslungsreichen Leben. Erstmals seit ich im Januar 1957 Ungarn verließ, habe ich darin meine Gedanken, Eindrücke und Erinnerungen nicht auf Englisch oder Deutsch, sondern in meiner Muttersprache formuliert. Zum ersten Mal wurde auch eines meiner Bücher zunächst auf Ungarisch gedruckt und dann erst in eine andere Sprache übersetzt. Bisher war es stets umgekehrt.

Neu ist für mich auch, dass dieses Buch im Laufe mehrerer langer Gespräche zustande kam. Und so bin ich Zsófia Mihancsik, dieser herausragenden ungarischen Journalistin, sehr dankbar, dass es ihr gelungen ist, mir bislang vergessene, vielleicht auch verdrängte Erlebnisse und vage Erinnerungen zu entlocken. Und vor allem hat sie Struktur in meine ungeordneten, zum Teil fast chaotischen Schilderungen gebracht.

Die Idee, meine Erinnerungen in Form eines Interviews festzuhalten, verdanke ich András Kocsis, dem Leiter des Kossuth Verlages in Budapest. Ganz besonderen Dank sage ich meiner Frau Zsóka, die bei dieser wahrlich schweren Geburt von Anfang an und immer wieder Hebammendienste geleistet hat.

Warum dieser Titel: „Leben eines Grenzgängers?“, oder, wie er in der ungarischen Ausgabe lautet, „Drei Leben“. Mein erstes Leben bis 1957 habe ich in Budapest verbracht. Darauf folgten vierzig Jahre in Wien. Schließlich, nach der politischen Wende und als Folge einer neuen Partnerschaft, meiner Ehe mit Zsóka, begann mein drittes Leben, in dem ich zwischen Wien und Budapest pendle. In diesen Erinnerungen verschmelzen die drei Leben zu einem autobiografischen Band. Ich hoffe, die Leser finden in allen drei Teilen interessante neue Erkenntnisse und ihnen bisher nicht bekannte Informationen über mich und meine Zeit. Erfolge können und sollen nicht die Jahre der Angst und der Feigheit in meinem ersten, auch nicht die Fehler und Irrtümer meines zweiten Lebens nach 1957 kaschieren. Mein drittes Leben – das auch im Zeichen des Kampfes gegen Bosheit, Hass und Dummheit steht – hat mich letztlich zu diesem so ausführlichen Interview angeregt.

Vor meiner abenteuerlichen Reise aus Warschau über Prag nach Wien im Januar 1957 im Alter von siebenundzwanzig Jahren, ohne wohlhabende Verwandte oder Freunde im Ausland, lagen fünf zum Teil sehr schwierige Jahre im Nachkriegskommunismus hinter mir: Militärdienst, Verhaftung, Internierung als unzuverlässiger politischer Abweichler und drei Jahre Berufsverbot. Als ehemaliger junger Linkssozialist, aber während des von den Sowjets brutal niedergeschlagenen Aufstandes im Oktober 1956 nicht „kompromittiert", fand ich dann Anstellung bei einer neuen Tageszeitung, bei *Esti Hírlap*. Bald nach der Gründung trat ich die erste Auslandsreise meines Lebens an. Mit Reformfreunden abgesprochen, hatte mich eine Zeitung nach Warschau eingeladen. Polen verkörperte damals die letzte trügerische Hoffnung auf einen friedlichen Übergang vom Stalinismus zur Reform. Mit diesen unvergesslichen, von der noch anhaltenden Aufbruchsstimmung geprägten Wochen in Warschau und mit der Vorgeschichte zu meinem Weg in die Freiheit fängt das erste Kapitel dieses Buches an.

Wien, im November 2012 *Paul Lendvai*

Im knöchellangen Wintermantel

Wieso warst du im Westen von Anfang an so erfolgreich? Noch dazu so unglaublich schnell? 1957 bist du aus deiner Heimat nach Wien geflohen, hast in Rekordzeit nicht nur dein Auskommen, sondern auch eine beneidenswerte Beschäftigung gefunden, konntest für österreichische Zeitungen arbeiten, und auch für die Financial Times *hast du geschrieben. Aufgrund welcher Eigenschaften hast du es geschafft, dich in so kurzer Zeit an die ganz anderen Gegebenheiten im Westen anzupassen? Wieso gab es für dich von Anfang an die Möglichkeit, kreativ zu arbeiten, zuerst unter Decknamen und dann auch unter deinem eigenen Namen?*
Vor allem hatte ich einfach Glück, viel Glück. Eine besondere Fügung des Schicksals war es schon, dass ich im Januar 1957 nach Warschau gelangt war, dort fanden nämlich Wahlen statt, und ich bin vielen wichtigen Vertretern der internationalen Presse begegnet. Polen spielte ja 1956 in Europa eine Vorreiterrolle, nicht nur wegen seiner aufmüpfigen Aktionen gegen die Diktatur, sondern auch im Kampf für mehr Pressefreiheit unter den Verhältnissen eines kommunistischen Regimes. Deshalb kamen 1957 aus Anlass der Wahl auch so viele bedeutende Vertreter unserer Zunft nach Warschau. Ich war damals Gast von *Trybuna Ludu*, dem damals auch von Reformern geführten Zentralorgan der Kommunistischen Partei. Die Zeitung hat auch die Kosten für meinen Aufenthalt übernommen.

Galt die Einladung von Trybuna Ludu *dir persönlich?*
Ja, sie galt mir als einem Mitarbeiter der Budapester Zeitung *Esti Hírlap*. Endre Gömöri, mein bester Freund, war nämlich als Sonderkorrespon-

dent des Ungarischen Rundfunks gerade in Polen, als am 23. Oktober 1956 in Budapest die Revolution ausbrach. Er hat den Fehler begangen, mit der ersten Rot-Kreuz-Maschine nach Budapest zurückzufliegen. Hätte er den ersten fahrplanmäßigen Flug abgewartet und wäre dadurch entsprechend später heimgekommen, so wäre er nicht Mitglied des Redaktionskomitees des *Freien Senders Kossuth* geworden und man hätte ihn nicht 1957 aus dem Rundfunk hinausgeworfen. Auf jeden Fall hatte er Verbindungen nach Polen und empfahl mich bei der *Trybuna Ludu*. So bekam ich Gelegenheit, eine Reihe polnischer, aber vor allem ausländischer Journalisten kennenzulernen.

Für mich waren die Gespräche, die ich dort führen konnte, in vielerlei Hinsicht von entscheidender Bedeutung. Zum Beispiel mit Sydney Gruson, dem Berichterstatter der *New York Times* für Osteuropa-Fragen, und auch mit seiner Frau, Flora Lewis, ebenfalls eine angesehene Journalistin, die später mehrere Bücher schrieb. Wir unterhielten uns über die ungarische Revolution, und ich beklagte mich über das Verhalten der Vereinigten Staaten und Eisenhowers, also darüber, dass man uns etwas versprochen, dann aber nichts Konkretes getan habe. Worauf Gruson bemerkte, er habe Eisenhower schon immer für einen „stupid man" gehalten. So hatte ich das noch nie gehört, und es imponierte mir mächtig, dass ein Journalist vom Zentralorgan des Imperialismus – dafür hielten wir in Ungarn nämlich die *New York Times* – gegenüber einem osteuropäischen Pressekollegen so zu reden wagte.

Diese Gespräche beeindruckten mich so sehr, dass sich für mich die Frage stellte, ob ich überhaupt noch nach Budapest zurückkehren sollte. So kam es, dass ich nicht die Route über Prag nach Budapest wählte, sondern in Richtung Wien reiste. In Prag habe ich dann Flora Lewis nochmals getroffen. Sie lud mich zum Abendessen ein und erklärte mir an diesem Abend, ich solle mich nicht täuschen lassen und glauben, im Westen wären alle Menschen so nett und anständig, wie ich es erlebt hatte. Sie hielt mir vor Augen, dass im Westen ein harter Konkurrenzkampf herrschte und es nicht leicht sein würde, da auf die Beine zu kommen.

Du hattest ihr erzählt, dass du, wie es damals hieß, dissidieren, also Ungarn endgültig verlassen wolltest?
Ja. Ich hatte mich ja schon in Warschau entschieden, dass ich nicht mehr zurückkehren würde. Ich sparte die Spesen, die ich von *Trybuna Ludu* bekam, damit ich mich über Wasser halten konnte, bis ich im Ausland Arbeit fände. Es war mein ganzes Vermögen, alles, was ich damals besaß. Mein wertvollstes Stück war ein bis zu den Knöcheln reichender Wintermantel, den ich mir zu Hause gebraucht gekauft hatte und den man mir später auf meiner ersten Italien-Fahrt in Florenz aus dem offenen Auto gestohlen hat.
Aber um deine erste Frage zu beantworten: Eine meiner wichtigsten Fähigkeiten war schon damals, dass ich Verbindungen knüpfen und sie auch pflegen konnte. Ich bin nicht schüchtern, habe keine Hemmungen. Sobald ich in Wien war, rief ich einfach jeden an, von dem ich dachte, dass er mir vielleicht helfen könnte.

Waren das lauter neue Bekannte aus Warschau?
Ja. Schon in Warschau hatte ich in Erfahrung gebracht, welche Nachrichtenagenturen und Zeitungen es in Wien gab. Also begann ich, diese durchzutelefonieren, und dann führte der eine oder andere Kontakt zu weiteren Verbindungen.

Du hast ja in Budapest auch bei MTI, der Ungarischen Nachrichtenagentur, gearbeitet. Hattest du nicht schon dort Informationen darüber, wen man im Ausland, also speziell in Wien, ansprechen könnte und mit wem ein Kontakt lohnend wäre?
Nein, aus dieser Zeit hatte ich keinerlei Informationen oder Beziehungen. Schon deshalb nicht, weil ich zu Hause doch drei Jahre lang gar keine

Stelle bekommen hatte, also von September 1953 bis Oktober 1956 auch in keiner Redaktion war.
Man hätte mich damals wie den Dichter Joseph Brodsky in der Sowjetunion wegen „dem Gemeinwohl schädlicher Arbeitsscheu“ in die Verbannung schicken können. Aber bei mir war es bloß so, dass ich einfach keine Stelle bekam, keine Arbeit, kein Einkommen hatte, auch keine Versicherung – aber mit dreiundzwanzig interessierte mich Letzteres damals noch am wenigsten.
Also, von daheim kannte ich hier in Wien niemanden richtig, allerdings hatte ich in Warschau auch schon Journalisten getroffen, deren Namen ich aus vertraulichen MTI-Unterlagen kannte.
Wie gesagt, in Wien fing ich an zu telefonieren. So kam ich mit Ronald Preston, dem Korrespondenten der *Times*, in Verbindung; er hatte früher von Belgrad aus gearbeitet, und seine Frau war eine sehr attraktive Serbin. Ich kam mit Nachrichtenagenturen in Kontakt, aber auch mit dem stellvertretenden Chefredakteur der österreichischen Tageszeitung *Die Presse*, und dem Leiter des Auslandsressorts, Adam Wandruszka, der später Professor für Geschichte an der Universität Wien wurde. Und ich wurde auch mit Hugo Portisch, dem damaligen Chefredakteur des *Kurier*, bekannt, mit dem ich in Österreich am längsten freundschaftlich verbunden bin.
Ich kann also sagen, dass mein Mut und die wilde Entschlossenheit, mein zweites Leben zu beginnen, von entscheidender Bedeutung für mich gewesen sind.

Wie ist es dir damals finanziell ergangen? Denn die ersparten Spesen aus Warschau werden ja nicht lange gereicht haben.
Es ging mir ziemlich bescheiden. Ich bekam zwar für meine Arbeit Geld, aber nur sehr wenig. So habe ich zum Beispiel Leslie Bain, den aus Ungarn stammenden amerikanischen Journalisten, besucht, der eines der besten Bücher über den Ungarn-Aufstand geschrieben hat. Ich erinnere

mich, dass ich mit der Straßenbahn bis ans Ende der Welt zu ihm hinausgefahren bin, aber ich traute mich damals nicht, von ihm ein Honorar für meine Informationen zu verlangen. Bei anderen habe ich mich dann doch getraut, bekam allerdings viel weniger, als ich mir erhoffte.

Aber bald hatte ich dann doch etwas Fixes. Ich begegnete nämlich John MacCormack, dem Wiener Korrespondenten der *New York Times*, der mir unglaublich viel geholfen hat. Er lud mich zum Mittagessen ein, wir haben uns lange unterhalten, und danach sagte er mir, er würde mich anstelle seines Ostmitarbeiters, also des Mannes, der ihm bisher mit Informationen für seine Artikel über den ost- und südosteuropäischen Raum, über die Tschechoslowakei und Ungarn zugearbeitet hatte, engagieren. Ich werde ihm das nie vergessen. Er bezahlte mir 1400 Schilling dafür – das war damals viel Geld –, dass ich für ihn die weitere Entwicklung in Ungarn verfolgte und ihm Material lieferte, schriftlich oder mündlich.

Ich kaufte mir ein altes Radio, hörte Rundfunkberichte, durchforstete Zeitungen nach Material, das Ungarn betraf, und bin so zum „Ungarn-Experten" der *New York Times* und anderer Blätter geworden.

Und woher wussten diese Menschen, die du in Wien angerufen oder besucht hast, dass du für diese Arbeit geeignet bist?

Aus Gesprächen mit mir. Vermutlich konnte ich ihnen aufgrund persönlicher Erfahrungen und aus dem, was ich inzwischen an Informationen zusammengetragen hatte, einleuchtend über die frühere und aktuelle Situation in Ungarn berichten.

Von der ungarischen Revolution habe ich kein idealisiertes Bild gemalt, nicht gesagt, dass hier ein Volk mit bloßen Händen über seinen großen Feind hergefallen wäre, habe auch nicht behauptet, dass meine Landsleute schon jahrelang vorher auf eine Gelegenheit gewartet hätten, um den Kampf mit der Diktatur aufzunehmen, und auch von mir habe ich nicht gesagt, ich wäre ein tapferer Freiheitskämpfer gewesen.

Ich berichtete vielmehr, wie ich die ungarische Lage damals gesehen hatte, und vermutlich hielt man meine Berichte und Einschätzungen für plausibel und authentisch.
Vielleicht ist es auch eine glückliche Begabung, dass ich meine Gedanken klar zu formulieren verstand und es mir gelang, die ungarische Situation ausgewogen und detailliert zu erklären, und das alles auf Englisch und auf Deutsch.
Das haben meine Partner wohl erkannt, und vor allem, dass ich ihnen nützlich sein konnte. Die Kooperation war also für beide Seiten interessant. Für Auslandskorrespondenten zählt, dass sie ihren Blättern besseres Material liefern als die Kollegen. Der Wiener Korrespondent der *Sunday Times,* der herausragende Journalist Antony Terry, konnte sich zum Beispiel von mir 1957/1958 authentischere Informationen über Ungarn beschaffen und die Zeitung dadurch sämtliche britischen Blätter schlagen, die sich allein auf das Material der Agenturen stützten. So entwickelten und festigten sich meine beruflichen Kontakte.
In dieser Zeit begegnete ich übrigens dem Ehemann meiner späteren zweiten Frau, Boris Kidel, dem Korrespondenten der liberalen *News Chronicle.* Wie ich schon gesagt habe, suchte ich den Kontakt zur Wiener *Presse*, der damals führenden Tageszeitung Österreichs. Dort arbeitete auch ein ebenfalls aus Ungarn stammender Journalist, Eugen Géza Pogány, der ein Buch über die ungarische Revolution geschrieben hatte. Mein Freund Stephan Vajda (später *profil*-Mitarbeiter) sagte von ihm, er sei ein „Mensch ohne Sprache“. Und wir beide fürchteten damals, dass wir auch solche „Menschen ohne Sprache“ werden könnten, die am Ende keine Sprache mehr richtig beherrschten.
Pogány stammte aus Pressburg, aber er sprach auch Ungarisch und natürlich Slowakisch. Und er war ein ausgesprochen gutmütiger Mensch. Für mich hat er, als ich endlich einen Kredit bewilligt bekam, um mir meine erste kleine Wohnung zu kaufen, die Bürgschaft übernommen, was mir sehr viel bedeutete.

Durch Vermittlung von Stephan Vajda habe ich auch von einem emigrierten früheren ungarischen Sozialdemokraten, er hieß Paul Oroszlán, viel Unterstützung bekommen. Dank seiner Hilfe konnten wir beide um die österreichische Staatsbürgerschaft ansuchen, und er spielte eine wichtige Rolle dabei, dass ich diese nach zweieinhalb Jahren schließlich bekam. Wäre ich ein Spitzensportler wie Sándor Rozsnyói (Silbermedaillengewinner im 3000-Meter-Hürdenlauf bei den Olympischen Spielen) gewesen, ich hätte sie vielleicht schon nach ein paar Wochen gehabt, so aber dauerte es zweieinhalb Jahre.

Du hast gesagt, es sei dir erst in Warschau in den Sinn gekommen, gar nicht mehr nach Ungarn zurückzukehren. Hast du früher, in Ungarn, nie daran gedacht?
Nein. Aus mehreren Gründen nicht. Der wichtigste war, dass wir Ende 1956 das Blatt *Esti Hírlap* gegründet hatten. Zudem war meine Verbindung mit István Szirmai die Garantie dafür, dass mir dort alle Türen offenstanden. Szirmai war früher Chef des Ungarischen Rundfunks gewesen, und man hatte ihn im Zuge des geplanten Zionisten-Prozesses Anfang 1953 verhaftet, ungefähr zur selben Zeit wie mich. Dann wurde er rehabilitiert. Später, schon zu Anfang der Sechzigerjahre, ernannte man ihn zum Leiter des Informationsamtes, und noch später wurde er zum Mitglied des Politbüros. Als er im Sommer 1956 Chefredakteur von *Esti Budapest* wurde, hat er auch mich zur Mitarbeit eingeladen, mir sogar eine Stelle als Chefkorrespondent angeboten. Deshalb habe ich beim Rehabilitationskomitee darum gebeten, mich nicht in die Nachrichtenagentur MTI zurückzuversetzen, sondern zu *Esti Budapest*. Damit hatte ich nach drei Jahren wieder Arbeit und auch gute Karriereaussichten, konnte sogar hoffen, dass sich in Ungarn ein Selbstverwaltungsregime nach jugoslawischem Muster etablieren und eine Art sozialistische Demokratie eingeführt würde. Aber gerade nach jenem 13. Januar 1957, als ich bereits in Warschau war, kam es in

Ungarn zu Ereignissen, die das Land erneut in eine völlig aussichtslose Situation brachten.
Bis zum 4. Februar, dem Tag, als ich in Prag eintraf, ließ sich bereits erkennen, dass zu Hause alles hoffnungslos geworden war. Im Januar hatte Tschou En-Lai einen offiziellen Besuch in Budapest gemacht – er vertrat übrigens eine Politik der Öffnung („Lasst hundert Blumen blühen"); vorher war er in Moskau und Warschau gewesen. Dort hatte ich ihn als ungarischer Journalist nach seiner Meinung über die Situation in Ungarn gefragt. China unterstütze die Kádár-Regierung mit allen Mitteln, deshalb wolle er nun auch nach Budapest reisen, gab er mir zur Antwort. Inzwischen wussten wir schon von den massenhaften Verhaftungen und auch, dass die Vergeltungsmaßnahmen in vollem Gange waren. In Warschau wurde vor der ungarischen Botschaft demonstriert, doch in Polen herrschte damals noch eine ganz andere Stimmung.
Zu Hause wartete auf mich ein Vertrag für ein Buch über Kenia. Aber wie hätte ich schreiben können, wenn sie inzwischen Endre Gömöri beim Rundfunk hinausgeworfen, Tibor Déry und andere ungarische Schriftsteller eingesperrt hatten? Sicher, ich hatte einen Arbeitsplatz, zum ersten Mal in meinem Leben eine eigene Ein-Zimmer-Wohnung – man hatte mir damals eine Wohnung in der Hollán-Straße zugewiesen, weil die Wohnung meiner Eltern während der Kämpfe in der Üllői-Straße durch Einschüsse unbewohnbar geworden war –, ich hätte auch eine Art Wiedergutmachung bekommen, ich hatte eine Freundin dort, aber alles zusammen reichte nicht, um mich zur Rückkehr zu bewegen. Denn im Januar 1957 war schon völlig klar, dass es Selbsttäuschung gewesen wäre, zu glauben, in Ungarn könnte es zu einer Öffnung kommen.

War es denn unproblematisch für dich, nach Wien zu gelangen?
Nicht ganz. Das Einreisevisum für Österreich, das man mir an der Warschauer Botschaft ausgestellt hatte, wurde in Prag für ungültig erklärt. Ich sollte erst nach Budapest zurückkehren und von dort aus nach Wien rei-

sen. Daraufhin bin ich noch vier Tage in Prag geblieben und habe auch einen Bericht an *Esti Hírlap* geschickt, um keinerlei Verdacht zu wecken. Ja, ich sprach auch noch bei der ungarischen Botschaft in Prag vor; dort sollte man mir bestätigen, dass ich mich dienstlich in Prag aufhielt, doch die haben mich gar nicht empfangen. Trotzdem bin ich zum Prager Flughafen gefahren, wo man mich mit meinem Visum ohne Weiteres durchgelassen hat, und ich konnte das Flugzeug Richtung Wien besteigen.
In Wien begann ich sofort, hektisch zu telefonieren, und mit Hilfe des Korrespondenten der *New York Post* fand ich ein Hotelzimmer. Mein Glück war auch, dass ich noch in Warschau meine Złoty bei Kollegen in österreichische Schillinge umgetauscht hatte. In den Tagen darauf reichte ich bei der Polizei meinen Asylantrag ein. Und obwohl mich ein Kollege vom *Kurier* begleitete, hielt man mich bei der Behörde fest. Es nützte nichts, dass der österreichische Journalist bei mir war; auch bekannte Auslandskorrespondenten versuchten vergeblich, an höherer Stelle für mich zu intervenieren. Es war später Nachmittag, und kein Zuständiger war zu erreichen. So saß ich bei der Polizei fest und verbrachte die Nacht in der Kaserne an der Rossauer Lände. Das war ein seltsames Erlebnis nach meinen Erfahrungen von 1953 in der berüchtigten Haftanstalt Fő utca in Budapest. Man konnte sogar Schokolade kaufen und unter mehreren Zeitungen auswählen. Und am Tag darauf ließ mich der dortige Chef rufen, entschuldigte sich wegen der Unannehmlichkeiten, und ich durfte gehen.

Aber immerhin bist du in Österreich nicht im Flüchtlingslager gelandet, weil du ja deine Verbindungen hattest?
Das stimmt nur teilweise. Ins Flüchtlingslager kamen nur Leute, die kein Geld hatten. Gezwungen wurde dazu niemand. Wer Geld, Freunde oder Verwandte hatte, konnte überall in der Stadt bleiben, aber man brauchte eine Aufenthaltserlaubnis. Stephan Vajda und ich bekamen vom österreichischen PEN-Club finanzielle Unterstützung, 60 Dollar im Monat, sechs Monate lang, damit wir uns eine Schreibmaschine mieten konnten. Später

war das dann kein Problem mehr für mich, ich hatte Möglichkeiten genug, konnte bei einer Freundin oder bei der Nachrichtenagentur UPI schreiben.

Es ist bekannt, dass Anfang 1957 und auch noch lange danach die Hilfsbereitschaft für ungarische Flüchtlinge im Westen beispielhaft war. Ungarn wurden in großer Zahl aufgenommen, und auch die private Hilfsbereitschaft war groß. Du hast natürlich auch diese bemerkenswerte Hilfsbereitschaft erfahren, doch verglichen mit vielen deiner Landsleute hattest du darüber hinaus manche Vorteile: weil du die Landessprache und andere Fremdsprachen beherrschtest und vor allem, weil du auch etwas zurückgeben konntest, und zwar durch deine Arbeit, durch nützliche Informationen für deine Kollegen.

Ja, die Einstellung der Öffentlichkeit gegenüber ungarischen Flüchtlingen war in Österreich unglaublich positiv, aber du hast schon Recht, über diese Sympathie hinaus spielte natürlich auch eine Rolle, inwieweit man sich nützlich machen konnte. So hat zum Beispiel in den ersten zwei Wochen in Wien ein Journalist namens Sy Frieden meine Hotelrechnung bezahlt. Er arbeitete für das Boulevardblatt *New York Post*. Und, Zufall oder nicht, damals kamen gerade die berüchtigten Gábor-Schwestern, Zsazsa Gábor und Éva Gábor, mit ihrem ganzen Clan zu Besuch nach Wien. Ihre Mutter hatte hier nämlich einen viel jüngeren, gut aussehenden ungarischen Flüchtling geheiratet. Meine Aufgabe war es, sie zu begleiten, solange sie in Wien waren – und es ist gut gegangen. Wahrscheinlich war ich ihnen sympathisch. So konnte ich meinem Freund Frieden allerlei für ihn interessantes Material über die Gábor-Sisters liefern, und die *New York Post* übertrumpfte damit locker die anderen Blätter. Das war aber der einzige Kontakt, den ich je mit Hollywood und der amerikanischen Boulevardpresse hatte. Übrigens war Zsazsa Gábor laut Meinungsumfragen noch in den Siebzigerjahren für die Amerikaner die bekannteste Ungarin der Welt.

Wenn ich sage, dass ich vom ersten Tag in Österreich an gearbeitet habe,

so heißt das natürlich nicht, dass ich geheime Informationen gehabt hätte, aber ich verfügte natürlich über eine authentische Kenntnis der Verhältnisse in Ungarn und konnte die Vorgänge dort einschätzen. Natürlich war ich auch bemüht, mein Wissen laufend zu aktualisieren. Einerseits unterhielt ich mich, so oft ich konnte, mit Besuchern aus Ungarn, andererseits hatte sich ein Kontakt zum amerikanischen Informationsdienst *United States Information Agency* (USIA) ergeben, der kulturelle Veranstaltungen organisierte, aber auch Informationsmaterial und einen Pressespiegel publizierte. Diese Organisation gab beispielsweise die anspruchsvolle Zweimonatszeitschrift *Problems of Communism* heraus, in der so angesehene Autoren wie Zbigniew Brzeziński zu Wort kamen. Die Publikation war für mich eine besonders wichtige Informationsquelle, zudem schrieb ich unter dem Namen Paul Landy selbst Artikel für sie; und einmal widerfuhr mir sogar die große Ehre, dass mich eine so bedeutende Persönlichkeit wie Hannah Arendt zitierte.
Finanziell brachte mir diese Arbeit nicht allzu viel, etwa 200 bis 300 Dollar. Ungarische Großverdiener waren in dieser Zeit Personen wie Béla Király, „General der Revolution“, und der Schriftsteller Tamás Aczél, ein ehemaliger Stalin-Preisträger, die für *Life* schrieben und pro Artikel 2500 Dollar kassierten. Das wäre auch heute nicht wenig, aber damals galt es als sehr, sehr viel. Wenn die USIA einen Artikel von mir weitergab, brachte das höchstens noch einmal 50 bis 60 Dollar.

Warst du von Anfang an entschlossen, in Wien zu bleiben? Wolltest du nie in ein anderes Land weiterziehen?
Nein. Eine wichtige Rolle spielte dabei, dass meine neuen Kontakte allmählich zu soliden Verbindungen wurden. Ich hatte zwar eine Tante in Israel, aber auf die Idee, dorthin auszuwandern, bin ich nie gekommen. Wovon hätte ich denn dort leben sollen? Wie hätte ich in einem Land, dessen Sprache ich gar nicht sprach, überhaupt Journalist bleiben können? Allerdings habe ich mich für die Einwanderung nach Kanada registrieren

lassen, einer meiner Verwandten hatte mir dazu geraten, aber ich wurde nicht akzeptiert, weil ich ehrlich war und angab, in Ungarn Mitglied der KP gewesen zu sein. Dann versuchte ich, ermutigt von einem Diplomaten, in die Vereinigten Staaten zu kommen, aber auch dort wurde ich mit derselben Begründung abgelehnt. Später einmal lernte ich in Eisenstadt einen Herrn kennen, der 1956 Direktor des Hotel Bristol in Budapest gewesen war; er ist in die USA ausgewandert ohne anzugeben, was doch sonnenklar war, dass er nämlich nur als Parteimitglied Hoteldirektor hatte werden können. Doch ein netter ungarischer Landsmann hat ihn später angezeigt – auch dort gab es ja allerlei Missgunst und Intrigen –, woraufhin er sofort wieder ausgewiesen wurde. Da sah ich mich bestätigt; es war besser gewesen, gleich die Wahrheit zu sagen. Dass ich von Anfang an wusste, was ich in Österreich machen wollte, war für mein schnelles Einleben besonders hilfreich. In Ungarn war ich Journalist gewesen, und auch in Österreich wollte ich nichts anderes anfangen.
Doch um auf deine Frage zurückzukommen: 180.000 ungarische Flüchtlinge sind nach Österreich gekommen, und die meisten zogen weiter. Außer György Sebestyén, der später ein bekannter österreichischer Schriftsteller und Präsident des PEN-Clubs wurde, Stephan Vajda und mir seien nur Alte und Kranke in Wien geblieben, pflegte ich gelegentlich zu lästern.
Immerhin, schon im Sommer 1957, also ein halbes Jahr nach meiner Ankunft, habe ich mir ein gebrauchtes Opel-Cabriolet gekauft und war sehr stolz darauf, obwohl der Wagen damals schon einen Kilometerstand von 93.000 Kilometer aufwies. Aber ich lebte unglaublich sparsam, ging zusammen mit meinen Freunden oft zum Essen in die Wiener Öffentliche Küche (WÖK) und konnte mir deshalb den Luxus eines sieben Jahre alten Autos leisten.
Im Herbst 1957 bin ich dann zusammen mit Stephan Vajda auf große Fahrt durch Italien, die Schweiz und Deutschland aufgebrochen. Im Übrigen hatte ich Freunde und Freundinnen, arbeitete für eine Nachrichten-

agentur und fand so schnell meinen Weg. Bis heute habe ich es nicht bedauert, dass ich in Österreich geblieben bin.
Gerade im Hinblick auf die gegenwärtigen Debatten über Flüchtlinge und Migranten kann man nicht oft genug an jene längst vergessenen Monate im Winter 1956/1957 erinnern, als sich fast ganz Österreich in einer durch die brutal niedergeschlagene Revolution ausgelösten pro-ungarischen Euphorie befunden hat.
Von Anfang an habe ich mich in Wien zu Hause gefühlt. Bis heute erinnere ich mich gerne an die Umgebung der ersten Unterkünfte als Untermieter in der Wiedner Hauptstraße und in der Rochusgasse im vierten bzw. dritten Bezirk, bevor ich 1960 als stolzer Hauptmieter in eine winzige Hausmeisterwohnung in der Josefstädter Straße im achten Bezirk einziehen durfte. Die Ablöse wurde durch den zinsfreien Kredit eines karitativen Vereins finanziert.
1966 reiste ich auf Einladung des amerikanischen Außenministeriums zum ersten Mal in die Vereinigten Staaten. Und auch dort hätte es für mich noch die Möglichkeit gegeben zu bleiben, als Gastdozent an einer Universität zu arbeiten und mich zugleich weiterzubilden – die Historiker und Universitätsprofessoren Charles Gati und István Deák haben es so gemacht, sie haben unterrichtet und dabei studiert.
Aber ich hatte damals mein Leben in Österreich schon auf Schiene gebracht. Allerdings erfüllte es mich in den ersten Jahren zunehmend mit Bitterkeit, dass ich nur Rohmaterial liefern durfte, viel lieber wäre es mir gewesen, die Artikel selbst zu formulieren, denn ich war der Meinung, dass man aus meinen Informationen Besseres hätte machen können. Immerhin stand ich jetzt dank meiner festen Arbeitskontakte und Verbindungen materiell auf sicherem Boden.
Und schließlich möchte ich nicht verschweigen, dass mir beim Aufbau einer Existenzgrundlage für mein zweites Leben auch Frauen geholfen haben. Zum Beispiel die Sekretärin des Wiener Korrespondenten der *New York Times* oder eine Sekretärin bei der *Sunday Times*; schließlich

war ich damals siebenundzwanzig oder achtundzwanzig, sah vielleicht gar nicht übel aus und war in meinen Kreisen gewissermaßen ein Exot. Denn ein Journalist aus Budapest zu sein, der diese Sprache spricht und ganz gut mit Frauen umgehen kann, das war zweifellos hilfreich. Jedenfalls machten es mir die Frauen leichter, mich einzuleben, halfen mir auch, mich sprachlich zu verbessern. Meine zweite Frau hat mir später zum Beispiel die englischen Artikel noch grammatikalisch und stilistisch geglättet.

Alles zusammen trug dazu bei, dass man nach einiger Zeit wusste, es gibt da diesen Paul Lendvai, einen vernünftigen und zuverlässigen Mann, der ziemlich genau über die ungarischen Verhältnisse Bescheid weiß und darüber berichten kann. Mir fällt dazu ein bezeichnendes Beispiel aus späterer Zeit, dem Jahr 1960, ein. Es gab damals zwei weltbekannte amerikanische Kolumnisten, Joseph und Stewart Alsop. Stewart Alsop hat mich bei einem seiner Wien-Aufenthalte zur Zeit der Berlin-Krise in meiner Wohnung besucht, mir die höchst gespannte Situation geschildert und mich dann gefragt, was wäre, wenn der amerikanische Präsident eine Rundfunkansprache hielte und die Ungarn zu einem neuen Volksaufstand ermunterte. Was dann wohl geschehen würde? Nichts, sagte ich. Auch vier Jahre nach der Revolution sind die Ungarn völlig desillusioniert wegen der 1956 versprochenen, dann aber ausgebliebenen Hilfe. Sie glauben nicht mehr an die Versprechungen des Westens. Gar nichts würde passieren.

Solche von mir geäußerten Einschätzungen haben dazu beigetragen, dass ich für glaubwürdig gehalten und als Zeitgenosse mit nüchternem Urteil eingeschätzt wurde. Es gab andererseits später den Vorwurf, ich sei inzwischen ein Karrierist geworden.

Selbstverständlich war ich immer bestrebt, beruflich weiterzukommen. Wichtigste Voraussetzung dafür war natürlich – die Sprache. Das war mir von Anfang an klar. Deshalb musste ich lesen, so viel wie möglich, auf Deutsch und vor allem auf Englisch. Lange Abhandlungen und Artikel habe ich gelesen, exzerpiert und gelernt, ganze Hefte vollgeschrieben mit politischen, wirtschafts- und finanztechnischen Fachbegriffen, mit Redewendungen und Spezialausdrücken.

Aber hast du nicht schon zu Hause in Ungarn Deutsch und Englisch gesprochen?

Ja, aber ich war in den beiden Sprachen anfangs noch nicht so weit, dass ich selbst hätte Artikel schreiben können. Ich besaß die Grundkenntnisse und den Wortschatz der Umgangssprache. „Perfekt" bin ich leider in keiner dieser Sprachen je geworden. Das ist wohl auch gar nicht möglich. Ein achtjähriges Kind aus Wien verfügt über mehr sprachliche Routine und spricht grammatikalisch korrekt – ich nicht immer. Eine gewisse Unsicherheit wird man nie los, wenn man nicht in eine Sprache hineingeboren wurde. Aber ich hatte trotzdem keine Hemmungen. Vom Ungarn Arthur Koestler hat man gesagt, er habe deshalb nie öffentlich Reden gehalten, weil ihn sein Akzent selbst gestört habe. Mich störte und stört er nicht.

Hast du schon als Kind in der Schule die beiden Sprachen gelernt?

Ja. Aber nicht nur gelernt, sondern sogar unterrichtet. Schon 1947, als Gymnasiast, habe ich einer älteren Dame Englischstunden gegeben und mir damit etwas Taschengeld verdient, obwohl ich selbst noch Englisch lernte. Deutsch habe ich vor 1945 in der Schule gelernt.

Kurz vor und nach dem Krieg und schon etwas davor nahm ich bei einem ehemaligen amerikanischen Pastor Englischstunden; der hat mir die amerikanische Aussprache so eingehämmert, dass es lange dauerte, bis ich diesen Akzent ablegen konnte. Später unterrichtete mich eine sehr distinguierte ungarische Dame, die ich wiederum von dem Geld bezahlen konnte, das ich mit den Englischstunden verdiente.

Meinten deine Eltern in weiser Voraussicht, dass es wichtig sei, Sprachen zu lernen?
Nein. Es war mein eigener Ehrgeiz, schon deshalb, weil mein Vater immer wenig verdiente und für meinen Sprachunterricht nicht gern Geld ausgegeben hätte. Mein Vater hat mich aber insofern gefördert, als er mich regelmäßig ins Kaffeehaus mitnahm, wo es westliche Zeitungen gab; zum Beispiel die zensierte *Weltwoche* aus der Schweiz, die wollte ich selbst lesen und verstehen können. Natürlich las ich auch sämtliche Blätter, die mein Vater abonniert hatte.
Zeitungen waren meine Leidenschaft, wie überhaupt das Lesen. Immer wenn ich krank war oder zumindest behauptete, es zu sein, habe ich unaufhörlich gelesen. Einer meiner Lieblingsautoren war der deutsche Publizist und Buchautor Hans Habe, übrigens ein Sohn des berüchtigten Winkelschreibers Imre Békessy, den Karl Kraus aus Wien vertrieben hat.
Also wie gesagt, ich wollte Journalist werden, wollte Zeitungen und Bücher lesen, auch ausländische, aber dazu musste man Sprachen können. Offenbar hatte ich auch eine gewisse Begabung dafür, sonst hätte ich nicht so bereitwillig Englisch und auch Deutsch gelernt. Einmal habe ich sogar ein Stipendium für das Ruskin College in Oxford gewonnen, damals hatten die ungarischen Sozialdemokraten noch Verbindungen in den Westen. Ein Wettbewerb für ein englischsprachiges Essay war ausgeschrieben, und den gewann ich. Aber am Ende durfte doch nicht ich, sondern ein Schützling von Anna Kéthly, der großen alten Dame der ungarischen Sozialdemokratie, nach Oxford fahren. Diese Ungerechtigkeit hat mich damals schwer gekränkt; als ich im folgenden Jahr an der Reihe gewesen wäre, gab es die Sozialdemokraten in Ungarn nicht mehr. Dabei hatte ich an dem Wettbewerb nur teilgenommen, weil ich zum Sprachenlernen nach England wollte.

In der Zeit zwischen den Weltkriegen gehörte es wohl dazu, dass man als Angehöriger der gehobenen Mittelschicht, als Arzt oder Anwalt, wie dein Vater, eine Fremdsprache lernte, nicht wahr?

Ja, es gehörte dazu, dass man eine Fremdsprache einigermaßen beherrschte, und die *lingua franca* war bei uns damals Deutsch. Die Schwester meines Vaters war Korrespondentin für eine deutsche Firma, und mein Vater hatte noch in der k.u.k.-Armee gedient und konnte ebenfalls Deutsch. Englisch sprach er nicht. Es war ein großes Familienereignis, als er einmal nach London reisen musste. Die jüngere Schwester meiner Mutter, eine außergewöhnlich hübsche und sehr anziehende Frau – von Beruf eine Art Modeschöpferin und Schneiderin – stand im Begriff, einen in England lebenden Ungarn zu heiraten. Der Bräutigam, ein sehr wohlhabender, aber misstrauischer Mann, ließ meine Tante allerdings durch einen Detektiv beschatten. Nun, sie hatte zwischendurch mal ein Rendezvous mit einem jungen Studenten, und so ging die Verlobung mit dem reichen Emigranten in die Brüche. Die Familie beauftragte nun meinen Vater, die heikle Angelegenheit in London zu bereinigen. Wie er dort ohne englische Sprachkenntnisse zurechtgekommen ist, kann ich nicht sagen.

Woher kam dein großes Interesse an der Politik? Du warst doch noch sehr jung?

Wahrscheinlich verdanke ich es meinem Vater. Er war Mitglied der Bürgerlich-Demokratischen Partei, hat zwar sehr viel gearbeitet, es in der Politik aber nicht weit gebracht. 1945 traten wir bei den Sozialdemokraten ein, so bekamen wir damals eine Mitgliedskarte, die in jenen unsicheren Tagen auch als Ausweis diente. Ein Jahr später meldeten sich bei mir plötzlich Aktivisten der Sozialdemokratischen Jugend und teilten mir mit, dass ich auf ihrer Mitgliederliste geführt werde, aber gar nichts tue; sie wollten nun auch die Passiven aktivieren. Ich sagte, ich hätte absolut keine Zeit, weil ich gerade an einem Aufsatz über Stefan Zweig arbeite. Gut, sagten sie, dann kommst du einfach zu uns zu einer Versammlung und liest aus deiner Abhandlung vor. Man ist als angehender Journalist ja schließlich eitel, also ging ich hin und habe vorgelesen.

Das war im Grunde genommen der Anfang meiner politischen Aktivität und meiner Karriere in der sozialistischen Jugendbewegung des IX. Bezirks von Budapest.

Warum schreibt man als Siebzehnjähriger einen Essay über Stefan Zweig? Ich begeisterte mich damals für Stefan Zweig. Habe ihn bewundert. Schon während des Krieges las ich Bücher von ihm. Vis-à-vis von uns gab es ein Antiquariat, meine Mutter holte sich dort regelmäßig ihren Lesestoff, und ich ging immer mit, bin also sozusagen unter Büchern aufgewachsen. Die Besitzerin nannte man Flórika, sie war mit einem Herrn Ádler verheiratet, der – wie es hieß – in seiner Freizeit auch pornografische Romane schrieb. Dieser Ádler hatte einen guten Bekannten, einen gewissen Andor Tiszai, der wiederum Redakteur bei einem literarischen Magazin für Damen war. Der hat mich ermutigt, doch einmal etwas über Stefan Zweig zu schreiben, da ich ihn doch so sehr verehrte. Deshalb also ging es in meinem ersten literarischen Versuch um den großen Stefan Zweig. Was ich über ihn geschrieben habe, weiß ich heute nicht mehr, aber ich habe ihn auch bewundert, weil er gegen Intoleranz und Rassismus und gegen den Krieg auftrat, weil er mit Romain Rolland befreundet war, großartige Stücke geschrieben hatte und weil er mich mit seinem wunderbaren Buch *Die Welt von gestern* und auch mit *Brasilien, ein Land der Zukunft* so faszinierte. Er hatte damals wirklich großen Einfluss auf mich. Aufgrund meines Aufsatzes über ihn machte ich also in der Sozialistischen Jugend Karriere: Ich wurde der für Erziehung zuständige Sekretär des Kreises der Mittelschüler, der nach Endre Ady, dem großen ungarischen Lyriker, benannt war. Später kam ich mit den Hochschulgruppen der Jugendbewegung in Verbindung und habe dort auch Pál Justus, den interessantesten Denker der Sozialdemokratischen Partei, kennengelernt. Offenbar wurde man in der Partei irgendwie auf mich aufmerksam; jedenfalls durfte ich schon mit siebzehn, achtzehn Jahren auf den sozialdemokratischen Parteiveranstaltungen Vorträge halten.

Ja, irgendetwas muss an dir gewesen sein. Das weiß ich aus einem Brief, den dir einer deiner Klassenkameraden geschrieben hat; er berichtete davon, dass du einmal auf dem Flur vor dem Lehrerzimmer die gesamte Klasse – lauter Buben – aufmarschieren ließest, sie paarweise hingestellt und ihnen einen Tanz beigebracht hast.
An die Geschichte kann ich mich nicht mehr erinnern, aber an eine andere: Wie ich nämlich die Klasse überredet habe, doch die Deutschstunde zu schwänzen, weil ich zu den Freudenmädchen in die Víg utca gehen wollte. Und noch eine Verrücktheit ließ ich mir einfallen: Ich war schon ein bisschen größenwahnsinnig geworden, prahlte damit, was für gute Beziehungen ich doch hätte. Ich ging also in das Amt der Bezirksschulaufsicht, um nachzufragen, was das Thema des Abituraufsatzes sein würde. Die Folge war, dass ich zum Abitur nicht zugelassen wurde. Ich musste dann von Pontius zu Pilatus laufen, um zu bewirken, dass ich doch noch antreten durfte.

Du musst wohl eine besondere Gabe zum Reden und zum Überreden gehabt haben, dass du so oft Mittelpunkt einer Gruppe warst?
Gut, ich war eben politisch aktiv.

Es ist wohl nicht direkt politisch zu verstehen, dass du die Klasse zu einem Besuch im Freudenhaus überreden wolltest?
Sie sind ja gar nicht mitgegangen. Ich war allein dort, hatte sie nur überredet, die Deutschstunde zu schwänzen, weil ich nicht der einzige sein wollte, der fehlte.
Aber in der sozialistischen Bewegung habe ich viele interessante Menschen kennengelernt. Wir hatten ein reges Vereinsleben, unsere Sitzungen dauerten oft bis Mitternacht. Bei den Sozialdemokraten gab es keine so strikte Hierarchie und strenge Disziplin wie bei den Kommunisten. Ich konnte ohne Weiteres eine der weiblichen Parteisekretäre zum Hotel Palace begleiten, wo unsere Parteizentrale war – eine Ehre für mich. Es

half mir dann auch, im Februar 1948 Referent in der Bildungsabteilung der Partei zu werden; von dort kam ich zu dem Blatt *Kossuth Népe* und von da aus wiederum zur KP-Zeitung *Szabad Nép*. Mein Vater war nicht glücklich über meinen schnellen Aufstieg, er wollte nicht, dass ich eine politische Laufbahn einschlug. Wir haben oft darüber diskutiert. Er war für einen „anständigen" Beruf, ich sollte Jura studieren. Also schrieb ich mich auch an der Juristischen Fakultät ein.

Du hast ein paar Semester Studium absolviert, nicht wahr?
1947, nach dem Abitur, begann ich mein Studium, aber anderthalb Jahre später habe ich es aufgegeben. Ich hatte so viel Aufregenderes zu tun. Mein Vater besorgte mir über den Pedell der Uni noch das Testat im Studienbuch, so dass ich immerhin zwei Jahre Studium nachweisen konnte. Übrigens habe ich an der Universität gleich mit der politischen Arbeit begonnen. Ich war Sekretär der Sozialdemokratischen Jugendorganisation (SZIM) an der Fakultät und auch Mitglied des Studienkomitees der Universität. All das hat aber nicht lange gedauert, denn am 12. Juni 1948 haben Rákosi und seine KP die beiden Parteien, die Kommunistische und die Sozialdemokratische, zwangsvereinigt.
Als ich zur Nachrichtenagentur MTI kam, ließ ich das alles hinter mir. Ich bin Journalist und danach Soldat geworden, am Ende habe ich das Land verlassen. Aber gelegentlich begegne ich in Pest auch heute noch dem Mann, der damals an der Universität der KP-Sekretär war.
Noch bevor ich zum Militär kam, bewarb ich mich um eine Aspirantur, wollte also Assistent an der Uni werden. Diese Möglichkeit gab es damals, man konnte als wissenschaftliche Hilfskraft arbeiten und gleichzeitig weiterstudieren. Aber dann kam das Militär dazwischen. Die Parteihochschule habe ich offiziell nicht besucht, dort aber manche Vorlesungen gehört, zum Beispiel bei dem Soziologen Sándor Szalai. Und ein Semester habe ich auch an der Diplomatischen Akademie absolviert.
Als ich nach Österreich kam, war ein Studium eigentlich kein Thema

mehr für mich, obwohl ich mich anfangs an der Universität Wien eingeschrieben habe. Aber ich wollte arbeiten, hielt es wie Walter Laqueur, der deutschstämmige amerikanische Historiker, wenn ich mich mit ihm vergleichen darf, der an vier Universitäten gelehrt hat, aber wegen des Kriegs nicht einmal das Abitur hatte ablegen können.
Obwohl ich keinen akademischen Abschluss vorweisen konnte, hat mir die österreichische Wissenschaftsministerin Hertha Firnberg 1980 im Rahmen einer schönen Feier den Ehrentitel „Professor" verliehen.

Man hat dir also diesen Titel verliehen? Du hast dich nicht selbst darum bemüht?
Nein, man kann sich einen solchen Titel nicht wünschen oder darum bitten. Aber wenn wir schon bei den Orden und Ehrentiteln sind: Nachdem Bruno Kreisky Bundeskanzler geworden war, hat er mich einmal angerufen, ich solle doch ins Bundeskanzleramt kommen; dort hat er mir dann im Beisein von zwei seiner Mitarbeiter meine erste österreichische Auszeichnung, den Goldenen Verdienstorden, überreicht. Später bekam ich vom christdemokratischen Vizekanzler Erhard Busek das Ehrenkreuz für Wissenschaft und Kunst. 2001 verlieh mir Bundespräsident Thomas Klestil den Großen Goldenen Verdienstorden.
Noch ein offenes Wort über Auszeichnungen. Wenn man in seiner alten Heimat so oft verfolgt und erniedrigt wurde, zählt die Anerkennung – in welcher Form immer – in der neuen Heimat doppelt. Die Orden und Preise sind für mich symbolträchtige Beweise dafür, dass ich in Österreich ein zweites Heimatland gefunden habe. Wenn man mich auf der Straße oder in einem Lokal freundlich grüßt, dann spüre ich immer wieder, dass die Österreicher mich – wohl mit der Ausnahme von Extremisten diverser Couleur – schlicht und einfach mögen.

War es für dich nie ein Nachteil, dass du keinen akademischen Abschluss hast?
Nein, nie. So hat mich etwa die Universität von Kalifornien nach Santa Barbara eingeladen, als „Regent's professor" dort zu lehren, aber ich wurde damals nicht nach einem Universitätsabschluss gefragt. Für mich sind meine fünfzehn Bücher gleichsam Diplome. Es gereichte mir nirgends zum Nachteil, dass mir Abschlusszeugnisse fehlen.

Aber zurück zum Ungarn der Fünfzigerjahre. Dein Vater hat sich also damit abgefunden, dass du das Studium abgebrochen hast?
Natürlich. Später, als ich anfing, für Zeitungen zu schreiben, war er sogar stolz auf mich. Aber Konflikte zwischen uns gab es natürlich auch weiterhin; etwa deshalb, weil ich mit einer Stenotypistin bei der Zeitung *Kossuth Népe* ein Verhältnis hatte. Zusammen mit ihr wurde ich dann zu *Szabad Nép* versetzt und vier Jahre später habe ich sie geheiratet. Das war ein Schlag für meinen Vater. Weil sie nämlich acht Jahre älter war als ich! Er schrieb einen Brief an die Redaktion, an dessen Wortlaut ich mich nicht mehr erinnere. Aber sinngemäß hieß es darin, er mache sich Sorgen, dass ein so begabter junger Mensch sich seine ganze Zukunft wegen einer so viel älteren Frau verbaue. Das Schreiben hatte damals keine unmittelbaren Folgen, trug aber offenbar später zu meinem Rausschmiss bei. Doch hat mein Vater wahrscheinlich keine Ahnung gehabt, wie es bei *Szabad Nép* zuging, welche Atmosphäre dort herrschte. Bewirkt hat dieser Brief aber sicherlich, dass ich von zu Hause ausgezogen bin und mir ein Untermietzimmer gesucht habe.

Hat sich das Verhältnis zu deinem Vater damit verschlechtert?
Ja. Ich habe aber den Kontakt zu meinen Eltern trotzdem nicht abgebrochen, sie auch materiell unterstützt, denn meinem Vater ging es damals ziemlich schlecht. Wir trafen uns auch immer wieder, allerdings nicht allzu oft.

Und deine Mutter? Was sagte sie zu dem Konflikt zwischen deinem Vater und dir?
Meine Mutter hing sehr an mir, ich war ihr Ein und Alles. Sie stammte aus Siebenbürgen, aus einfachen Verhältnissen, und das in Vaters Familie von Lateinern, wo jeder einen akademischen Abschluss hatte. Meine Mutter war nicht berufstätig und im Grunde vom Leben enttäuscht. Eine sehr gutherzige Frau, aber eine schwache Mutter. Sie hat mich nach Strich und Faden verwöhnt, las mir jeden Wunsch von den Augen ab, kochte, was ich mir wünschte, und ergriff immer für mich Partei.
Allerdings hat auch sie nicht mit meiner Freundin und späteren Frau gesprochen. Einmal ist sie sogar zusammen mit meinem Vater zu ihr gegangen; sie wollten sie bewegen, mit mir Schluss zu machen. In ihren Augen war es ein Unglück, dass ihr Sohn mit einer viel älteren Frau zusammenlebte, die noch dazu schon ein Kind hatte. Sicher hätten das damals alle Eltern der bürgerlichen Mittelschicht so gesehen. Doch schließlich haben sie sich doch damit abgefunden und uns sogar, als ich aus dem Gefängnis kam, gemeinsam zum Essen eingeladen.

Und warum hast du deine Freundin geheiratet? Warum diese Ehe?
Vermutlich, weil ich sie nicht verlieren wollte. Vielleicht wollte ich einfach Sicherheit. Endre Gömöri und Endre Gellért, später führender Mitarbeiter des ungarischen Fernsehens, waren meine Trauzeugen. Meine Freundin wohnte damals mit ihrer Mutter und dem Kind in der Kígyó utca, und nach unserer Eheschließung bin ich auch dort eingezogen. Von da hat man mich später ins Gefängnis abgeholt.

Wieso ist eure Verbindung dann doch in die Brüche gegangen?
Man hat mich zum Militär eingezogen, danach kam ich ins Gefängnis. Und sie hat mich in der Zeit betrogen.

Wusstest du das schon während deiner Militärzeit?
Nein, ich wusste nichts davon. Ich bedankte mich sogar bei ihrem Freund, weil er sich um die Familie gekümmert hat. Wahrscheinlich hat sich meine Frau mit ihm getröstet. In diesen Jahren konnte man ja nicht wissen, wann jemand, der eingesperrt ist, wieder aus dem Gefängnis kommt. Aber nachdem ich entlassen war, erfuhr ich, dass man sie eng umschlungen mit einem Mann gesehen hatte. Wir blieben danach noch eine Weile beisammen, aber 1954 habe ich dann doch tief Luft geholt und bin gegangen. Trotzdem, ihre Treulosigkeit war für mich eine Ohrfeige, die weh tat. Ich hatte doch im Gefängnis gesessen, wurde auch nach meiner Freilassung lange nicht rehabilitiert und bekam keine Arbeit. Zum Überfluss stellte sich dann noch heraus, dass mich meine Frau betrogen hatte. Ein absoluter Tiefpunkt, eine schwere Demütigung war es für mich, als ich meine Siebensachen in einem Handwagen zur Wohnung meiner Eltern ziehen musste. Mein Vater stellte damals lakonisch fest, dass ich jetzt also wieder da sei, mit fünfundzwanzig und mit nichts als einem Haufen Bücher. Und so war es ja tatsächlich. Nicht einmal anständige Kleidung besaß ich, ich trug die gewendeten Anzüge meines Vaters.
Dann fing ich an, Übersetzungsarbeiten zu übernehmen und verdiente etwas Geld. Natürlich verkroch ich mich nicht hinter Vaters Schreibtisch und grämte mich. Im Gegenteil. Ich wollte meine Rehabilitation erreichen, und in der Zeit des Tauwetters schrieb ich auch schon wieder für *Szabad Nép* und für das Wochenblatt *Béke és Szabadság*, also „Frieden und Freiheit“, hatte auch diese und jene Freundin. Da ich noch nicht geschieden war, konnte ich mich ja mit dem Hinweis auf meine noch bestehende Ehe im Bedarfsfall leicht aus jeder Verbindung wieder zurückziehen. Wir wurden erst geschieden, nachdem ich in Wien war. Meine Frau war zwar dagegen, aber mein Vater hat die Angelegenheit dann mit ihr geregelt.

Wann bist du eigentlich rehabilitiert worden?
Erst im Sommer 1956. Danach habe ich bei der Tageszeitung *Esti Budapest* angefangen. Um wieder arbeiten zu dürfen, musste ich rehabilitiert sein. Meine Rehabilitierung erfolgte durch die Oberstaatsanwaltschaft und eine Kommission des Ungarischen Journalistenverbandes, auch in die Kommunistische Partei wurde ich wieder aufgenommen. Dann bekam ich einen Brief von János Kádárs Ehefrau – sie war Personalchefin bei der Ungarischen Nachrichtenagentur MTI –, in dem sie mich aufforderte, beim stellvertretenden Ministerpräsidenten Antal Apró meine Schadensansprüche anzumelden. Jeder, der zu Unrecht im Gefängnis gewesen war, sollte entschädigt werden. Ich habe meine Ansprüche geltend gemacht, aber da ich ein paar Monate später bereits in Wien war, konnte ich das Geld nie in Empfang nehmen.

Hattest du später noch Kontakt mit deiner Ex-Frau?
Ja, wir haben uns einige Male getroffen. Sie kam hier in Wien auch mit meiner zweiten Frau zusammen. Aber dann war sie mir wegen meiner autobiografischen Veröffentlichung böse, in der ich nicht nur erwähnte, dass sie mich betrogen hatte, als ich im Gefängnis war, sondern auch, dass sie damals meinetwegen keine Eingaben bei der Behörde gemacht hatte, sondern nur wegen ihrer Bücher, die bei der Hausdurchsuchung beschlagnahmt worden waren. Als ich 2005, also vierzig Jahre später, Akteneinsicht bekam und ihre Briefe las, hat mich das schwer gekränkt.

Was ist aus deiner linken Überzeugung geworden? Hast du sie nach Wien mitgenommen?
Ja, das habe ich. Denn ich schrieb in Wien auch für die *Zukunft*, die Zeitschrift der Sozialistischen, später Sozialdemokratischen Partei. Aber es ging gar nicht darum, ob ich mich dem linken oder dem rechten Lager zugehörig fühlte, wichtig waren damals nicht politische Überzeugungen, sondern Informationen und Analysen zu den Zuständen in Osteuropa.

Unter dem Namen Árpád Bécs habe ich für die *Zukunft*, als Paul Landy für das sozialistische Wochenblatt *Heute,* das später eingestellt wurde, geschrieben. Aber ich lieferte auch Beiträge für die konservative *Presse*, denn mit österreichischer Innenpolitik beschäftigte ich mich ja nicht. Später, nach 1962, bin ich mit dem österreichischen Außenminister und späteren Parteivorsitzenden und Bundeskanzler Bruno Kreisky in Kontakt gekommen; daraus entwickelte sich eine fast schon freundschaftliche Beziehung. Ich galt wohl auch deshalb in Österreich später als Sozialdemokrat und Linker, obwohl mich sowohl bei meiner Anstellung beim ORF wie auch bei meiner Bestellung als (zeitweiliger) ORF-Stiftungsrat beide Koalitionsparteien unterstützt haben. Als ich Anfang 2000 die schwarz-blaue Schüssel-Regierung vor ungerechtfertigten Pauschalangriffen aus dem Ausland in Schutz genommen habe, verlor ich manche Freunde in der linken Reichshälfte und gewann einige neue Sympathisanten im damaligen Regierungslager. Bei der Vorbereitung meines Österreich-Buches bekam ich nicht nur von allen ÖVP- und SPÖ-Politikern, die ich angeschrieben hatte, Unterstützung, sondern auch Jörg Haider war ohne Zögern bereit, mir ein mehrstündiges Interview zu geben.

Aber in Österreich bist du nicht mehr in eine Partei eingetreten?

Nein. Ich habe schon früher immer gesagt: Außer bei American Express werde ich nirgendwo mehr Mitglied. Jetzt kann ich auch das nicht mehr sagen, denn als ich 2001 in den Vereinigten Staaten mit meiner goldenen Kreditkarte ziemlich viel Geld ausgegeben hatte, wollten die gleich von mir wissen, ob ich auch in Zukunft so üppig zu leben gedächte. Ich schrieb zurück, das gehe sie nichts an, und habe den Vertrag gekündigt. Seither bin ich nur noch Mitglied im Österreichischen Automobilclub.

Paul Landy, György Holló und Árpád Bécs

Was waren die wichtigsten Stationen deiner österreichischen Karriere?
Es hat damit angefangen, dass ich anderen zuarbeitete, ihnen Nachrichten, Informationen, Rohmaterial lieferte, in deutscher und englischer Sprache. Später schrieb ich unter Pseudonym selbst erste größere Artikel. Aber was mir heute wichtig scheint: Ich versuchte von Anfang an, mich mit dem ganzen ostmittel- und osteuropäischen Raum zu beschäftigen. Später, als meine Mutter schon in Wien, also außer Gefahr war, schrieb ich auch unter meinem eigenen Namen.
Ein wichtiger Wendepunkt in meinem Berufsleben war der Sommer 1960, als ich für die *Financial Times* zu schreiben begann. Anonym, denn dort wurden die Beiträge nicht mit Namen gezeichnet. Diese Beziehung habe ich weiter und gleichsam zu meinem Flaggschiff ausgebaut. Die Verbindung zu einem so wichtigen Blatt war entscheidend dafür, dass ich auch in Wien einen gewissen Bekanntheitsgrad erreichte und damit zugleich Österreich in die Spalten der englischen Presse brachte. Denn wann wurde damals schon in englischen Zeitungen etwas über Österreich berichtet? Vielleicht wenn sich ein englischer Skitourist in Tirol auf der Piste das Bein gebrochen hatte.
Ich begann mit einem Salär von vier Pfund im Monat zu arbeiten. Zuerst schrieb ich nur über Österreich, später immer häufiger auch über Ereignisse in Osteuropa. Inzwischen hatte sich die *Financial Times* auch international größeres Ansehen erworben und galt nicht mehr ausschließlich als ein Finanzblatt.
Hinzu kam, und das spielte für meine weitere Laufbahn ebenfalls eine wichtige Rolle, dass ich 1962 eine Engländerin heiratete, die als frühere

Ehefrau eines bekannten britischen Journalisten viele gesellschaftliche und berufliche Verbindungen hatte.

Bald fing ich dann an, auch für deutsche Blätter und für *Die Tat* in der Schweiz zu schreiben. Auf Grund meiner Berichte für Presseagenturen erschienen Beiträge von mir sogar in Zeitungen, die ich selbst gar nicht kannte. Unzählige Blätter beziehen ja ihr Material von Presseagenturen. Schließlich wurde ich ständiger Korrespondent der *Financial Times* in Wien, bekam ein eigenes Briefpapier mit noblem Briefkopf in Rot, dazu entsprechende Visitenkarten, die mir tatsächlich viele Türen öffneten, schließlich konnte man über mich in ein Weltblatt gelangen.

Aber ich habe immer strikt darauf geachtet, dass ich Finanzielles nicht mit meiner journalistischen Tätigkeit verquickte. Ein Beispiel: Die *Financial Times* hatte damals schon Beilagen über verschiedene Länder, einzelne Städte oder Branchen. Da ich ihr Wiener Korrespondent war, organisierte ich zahlreiche Beilagen über Österreich und schrieb zum Teil auch Texte dafür. Natürlich habe ich keine Anzeigen akquiriert. Überhaupt war ich von Anfang an darauf bedacht, selbst keinerlei persönlichen Nutzen daraus zu ziehen, dass ich jemanden in die Zeitung brachte. Zweiundzwanzig Jahre habe ich für diese Zeitung gearbeitet, in der ganzen Zeit ist es nur ein einziges Mal vorgekommen, dass man mir aus der Londoner Zentrale nahelegte, etwas über jemanden zu schreiben, was ich natürlich abgelehnt habe.

Kurz, ich schaffte es, mir mit der Zeit ein gewisses berufliches Ansehen zu erarbeiten. So kam es auch dazu, dass ich, nach einer Empfehlung von Bruno Kreisky, 1971 gebeten wurde, Co-Autor einer Biografie über den österreichischen Bundeskanzler zu werden. Auch das halte ich für eine wichtige Station in meinem Berufsleben. Denn es war für mich, den ungarischen Emigranten, eine große Ehre.

Wieso ging deine Zusammenarbeit mit der Financial Times *nach zweiundzwanzig Jahren zu Ende?*
Weil ich vom Österreichischen Fernsehen engagiert wurde, und zwar als Leiter der Osteuropa-Redaktion. Und ich war der Meinung, dass beides zusammen nicht ging.

Fassen wir zusammen: Du hast Glück gehabt und offenbar auch die Gabe, gute Verbindungen herzustellen. Du warst nicht schüchtern, hattest genügend Selbstbewusstsein, sprachst zwei Weltsprachen und hast all deinen Charme eingesetzt – das war es wohl, was deine journalistische Karriere in Wien so gefördert hat?
Richtig. Aber es war natürlich nicht so, dass ich eine Liste von Leuten hatte, denen ich mich aufdrängen wollte oder dass ich mir dafür jeweils die richtige Freundin ausgesucht hätte. Aber aus Verbindungen und Bekanntschaften ergeben sich immer neue Möglichkeiten. Margaret, meine zweite Frau, war zum Beispiel mit dem bekannten deutschen Publizisten Gerd von Paczensky und dessen Frau gut befreundet, sie kannte die beiden noch aus Paris, wo Margaret mit ihrem ersten Mann gelebt hatte. Durch sie bin ich mit der angesehenen deutschen Zeitung *Die Welt* in Kontakt gekommen. Ich habe für die *Welt* unter dem Namen Paul Landy einen Artikel über die Schwarzmarkt-Millionäre geschrieben, worauf mir der frühere Wien-Korrespondent der *Sunday Times* aus Bonn gratulierte. Er war auf mich aufmerksam geworden, und damit hatte ich einen Draht auch in Bonn zu ihm. So zog ein Artikel den nächsten nach sich.

Aber warum hast du unter Pseudonym geschrieben? Hattest du irgendwelche Befürchtungen?
Anfangs schrieb ich als György Holló für die *Presse*, als Paul Landy für englischsprachige Blätter und in Österreich auch noch unter dem Namen Árpád Bécs. Denn in der Tat hatte ich noch Angst, allerdings nicht um mich. Ich wollte damit meine Eltern schützen. Sie sollten in Budapest

keine Unannehmlichkeiten bekommen. Sicher ein ziemlich naiver Versuch, denn die ungarische Geheimpolizei wusste schon nach wenigen Wochen, wer dieser György Holló war.

Ab wann hast du dann Beiträge mit deinem richtigen Namen gezeichnet?
Ab Weihnachten 1962, als man meine Mutter ausreisen ließ und sie zu mir nach Wien kam. Mein Vater war 1960 gestorben, und danach habe ich zwei Jahre lang gekämpft, bis meine Mutter zu mir fahren durfte. Ich brauchte dazu auch die Hilfe eines prominenten ungarischen Politikers. Danach sah ich keine Gefahr mehr für mich und schrieb unter meinem Namen. Aber vorher hatte ich schon allerlei merkwürdige Begegnungen mit mir selbst gehabt. In den Vereinigten Staaten hat mich zum Beispiel ein aus Ungarn stammender Politologe auf die interessanten Artikel über Ungarn in der österreichischen Zeitung *Die Presse* angesprochen, die er mir als Lektüre empfahl. Natürlich habe ich ihm nicht verschwiegen, dass ich deren Urheber war.

Aber lass uns den Weg deiner Karriere weiterverfolgen.
Die nächste große Station auf meinem Berufsweg war das Österreichische Fernsehen, der ORF, wo ich von 1981 bis 1987 Leiter der Osteuropa-Redaktion war. Danach folgte die Ernennung zum Intendanten des österreichischen Kurzwellenprogramms *Radio Österreich International*; diese Berufung musste sogar von der damaligen Koalitionsregierung aus Sozialisten und Volkspartei abgesegnet werden. So kam ich – da ich ja schon am 28. September 1959 österreichischer Staatsbürger geworden war – in diese wichtige Position beim Österreichischen Rundfunk.
Der Sender wurde übrigens nicht vom ORF, sondern vom Staat finanziert. Wir hatten also, obwohl ORF-Angestellte, ein separates Budget. Das bedeutete, wir waren existenziell nicht vom Staat abhängig und finanziell nicht vom ORF. Unser Budget betrug 100 bis 120 Millionen Schilling, und wir hatten 60 bis 70 feste sowie zahlreiche freie Mitarbeiter.

Aus dieser Position ging ich in den „Ruhestand“, vor allem deshalb, weil ich an meinen großen Projekten, in der Hauptsache Bücher, arbeiten wollte. Aber auch nach der Pensionierung war ich noch jahrelang Berater für den ORF; seit 1980 und bis heute leite und moderiere ich das *Europastudio* des ORF. So kann man sagen, ich habe in der österreichischen Elite angefangen und bin inzwischen beim Hausmeister angekommen, denn wegen meiner TV-Sendungen werde ich gelegentlich auf der Straße erkannt und gegrüßt.

Dann sind die Bücher sozusagen die dritte Station auf deinem Berufsweg?
Ja, 1969 erschien mein erstes Buch über den Balkan. 1971 jenes über „Antisemitismus ohne Juden in Osteuropa“, beide schrieb ich auf Englisch; 1972 kam die Kreisky-Biografie heraus, Mitte der Siebzigerjahre erschienen meine gesammelten Aufsätze, 1981 veröffentlichte ich ein Buch über die Medien in englischer Sprache, und in den Neunzigern folgte ein Buch dem anderen. So gibt es inzwischen fünfzehn von mir verfasste Bände, die teilweise ins Japanische, Rumänische, Tschechische, ins Französische und in einige andere Sprachen übersetzt wurden.
Ja, das war die dritte Etappe. Aber daneben gibt es eine vierte Säule meiner Laufbahn, nämlich unzählige Vorträge und Vorlesungen. Die habe ich abwechselnd in Österreich, in der Schweiz, in den Vereinigten Staaten und in Deutschland gehalten. Dafür wurde ich nicht schlecht bezahlt, aber viel wichtiger war mir, dass sie mich mit zahllosen interessanten Menschen zusammengeführt haben.
Und dann gibt es schließlich ein Projekt, das mich über eine lange Strecke meines Lebens begleitet hat, und ich arbeite daran bis heute: die 1973 von mir gegründete Vierteljahresschrift *Europäische Rundschau*. Die Chance dazu verdankte ich dem Umstand, dass ich als Korrespondent der *Financial Times* mit Bruno Kreisky und auch mit Bankiers wie Josef Taus enge Kontakte geknüpft hatte. Taus leitete damals eine große Bank und ist inzwischen einer meiner besten Freunde geworden.

Mein relativ enges Verhältnis mit Bruno Kreisky hat meine langjährige Freundschaft mit Taus, der ja zwei Mal, 1975 und 1979, sein Gegenkandidat von der ÖVP gewesen war, nie gestört. Dass ich übrigens zuerst als Auslandskorrespondent und später als ORF-Angestellter im Laufe der Zeit so viele Freunde ohne Rücksicht auf ihre weltanschauliche Position gefunden habe, ist für mich stets ein Beweis für jene Toleranz und Kompromissbereitschaft in Österreich gewesen, die ich in Ungarn bis heute so vermisse.

Die *Europäische Rundschau* galt immer als eine Art Forum europäischer Sozialpartnerschaft, denn sie wurde und wird von den Gewerkschaften ebenso unterstützt wie von konservativen Banken, von der Volkspartei wie von den Sozialdemokraten. Sie alle waren bei diesem Projekt versammelt, ausgenommen die extremen Rechten.

Diese Zeitschrift hat sich zu einem sehr angesehenen Organ entwickelt, österreichische wie auch international renommierte Publizisten, Experten und Wissenschaftler sind ihre Autoren, schreiben vorwiegend über Europapolitik und Wirtschaftsfragen, in den Anfängen der Publikation schrieben sie auch über Ost-West-Verbindungen. Als Chefredakteur und Herausgeber habe ich hier freie Hand. Zu den runden Geburtstagen der *Rundschau*, dem zwanzigsten und dreißigsten, kamen prominente Wissenschaftler, Publizisten und Politiker aus ganz Europa. Eine Zeitlang gab es auch eine ungarische Ausgabe unter dem Titel *Európai Szemle*.

Für Radio Free Europe *hast du wohl nie gearbeitet?*

Nein. 1957, bei unserer ersten Reise nach München, hat István Bede, Leiter der ungarischen Hauptabteilung des Senders, allerdings mich und Stephan Vajda beauftragt, eine Analyse der Rundfunksendungen von *Radio Free Europe* während der ungarischen Revolution im Oktober 1956 zu erstellen. Im Resümee unserer Recherchen haben wir aufgelistet, welche gravierenden Fehler damals gemacht wurden und haben für die ganze Untersuchung nicht mehr als ein paar Dollar bekommen.

Sonst habe ich für den Sender nicht gearbeitet. In den Achtzigerjahren wurde ich aber vom Aufsichtsgremium des US-Kongresses für *Radio Free Europe* mit einer gründlichen Analyse der damals laufenden Programme beauftragt. Die wurde dann schon mit fünftausend Dollar honoriert, aber da war ich ja als westlicher Journalist auch kein blutiger Anfänger mehr. Die Sache erwies sich übrigens als eine höchst aufwendige Untersuchung, ich musste mir viele Sendungen aus mehreren Monaten anhören, um schließlich eine korrekte, aber kritische Analyse zu verfassen. Weitere Kontakte mit dem Sender gab es nicht.

Sicher, das wäre ja auch eine Arbeit gewesen, die in erster Linie mit der ungarischen Sprache und deinem ehemaligen Heimatland zu tun gehabt hätte; deine beruflichen Ziele aber gingen doch, wie du sagtest, über ein Land und eine Sprache hinaus.

So ist es. Stephan Vajda zum Beispiel konnte keine Fremdsprache, deshalb blieb ihm anfänglich keine andere Wahl als *Radio Free Europe*. Ich wollte kein Berufsemigrant sein, hatte andere Pläne, ich habe auch nicht Ungarisch geschrieben, nicht für ungarische Sendungen gearbeitet, auch nicht für die *BBC*. Die damals in Paris erscheinende *Irodalmi Újság* wollte zum Beispiel einen Artikel von mir. Ich habe ihn nicht geschrieben. Ich wollte mich in Emigranten-Zeitungen nicht politisch festlegen. Und warum hätte ich mir die Möglichkeit verbauen sollen, eventuell einmal in Budapest Interviews zu machen?

So habe ich es auch später immer gehalten. Deshalb lehnte ich ab, als mich Jahre später einmal in Budapest ein Wortführer der Opposition darum bat, Samisdat-Material in den Westen mitzunehmen. Ich wusste ja, dass man mich auf Schritt und Tritt beobachtete, mein Hotelzimmer durchstöberte und nur darauf wartete, mich zu überführen.

Außerdem hätte ich damit ja noch andere in eine schwierige, sogar gefährliche Situation bringen können. Zudem bewegte ich mich damals, wie gesagt, in einer anderen Sphäre, befasste mich weniger mit der internen ungarischen Situation, mein Interesse war vielmehr auf ganz Ostmitteleuropa gerichtet, und für diese Arbeit war die fachlich-politische Authentizität sehr wichtig. Eine Voraussetzung dafür war, dass ich nicht nur von Wien aus, sondern auch an Ort und Stelle recherchieren und Material für meine Artikel und Sendungen beschaffen konnte. Letztere zeigten auch in den jeweiligen Ländern, über die ich berichtete, ihre Wirkung, denn in Prag, in Bratislava und in ganz Westungarn konnte man damals schon österreichisches Fernsehen empfangen. Von direkten politischen Aktionen, die meine Glaubwürdigkeit als unabhängiger Berichterstatter hätten in Frage stellen können, habe ich mich stets ferngehalten. Was natürlich nicht bedeutete, dass mich die Russen, die Jugoslawen oder Leute in der DDR nicht angegriffen hätten, aber ich stand nicht im Verdacht, konspirative Gruppen zu unterstützen oder gegen ihr Land und seine Regierung aufwiegeln zu wollen. Deshalb konnte ich mir auch erlauben, solche Angriffe einfach zu ignorieren – ich habe nämlich in großen westeuropäischen Zeitungen oder im Österreichischen Fernsehen offen über die Zustände in den Ländern des damaligen Ostblocks berichtet, und die Zuschauer hatten die Möglichkeit, meine Arbeit selbst einzuschätzen und zu beurteilen.

In den Siebzigerjahren schrieb ich etwa für die *Financial Times* eine Artikelserie über die Bestrebungen Kroatiens, größere Eigenständigkeit der Teilrepublik innerhalb von Jugoslawien zu erreichen. Daraufhin hat der jugoslawische Geschäftsträger in London den Chefredakteur Sir Gordon Newton aufgesucht und ihm gedroht, in Zukunft keine Anzeigen mehr in der *Financial Times* zu schalten, wenn darin weiterhin derartige Berichte über Jugoslawien abgedruckt würden. „Wie schade", erwiderte Newton, „Sie haben immer so hübsche Annoncen bei uns geschaltet", und verabschiedete sich von dem gekränkten Diplomaten.

Wann warst du zum ersten Mal wieder in Ungarn?
1964, zusammen mit Bruno Kreisky. Er war Außenminister und ich konnte ihn als Berichterstatter für die *Presse* begleiten. Damals war ich auch beim Kongress der Patriotischen Volksfront, wo unter anderen Kádár sprach. Ich schrieb eine Artikelserie für die *Presse* sowie einen großen Artikel für die deutsche Zeitschrift *Der Monat.* Merkwürdigerweise war ich lange Zeit der Meinung, dass man mich deshalb nicht nach Ungarn einreisen ließ, weil ich in meinen Artikeln wirklich umfassend darüber berichtete, wo das Regime seine Grenzen hatte und wie weit es bei der Gewährung kleiner Freiheiten gehen durfte, ohne die Sowjetunion zu verstimmen. Ich bin immer davon ausgegangen, dass dem Kádár-Regime das Optimum des unter sowjetischer Besatzung in Mitteleuropa Erreichbaren gelang. Dieser Meinung bin ich noch heute. Das versuchte ich auch im Westen klar zu machen, wobei ich natürlich auch nicht verschwieg, dass es sich trotz aller kleinen Freiheiten in Ungarn immer noch um eine Diktatur handelte.
Später stellte sich dann heraus, dass nicht meine Berichte die Ursache meiner Aussperrung gewesen waren, sondern dass mich die Ostblockstaaten auf ungarische Initiative hin auf ihre gemeinsame Schwarze Liste gesetzt hatten. So bekam ich bis 1971 in die meisten Länder Osteuropas keine Einreiseerlaubnis mehr. Erst als Kreisky in Österreich Bundeskanzler wurde, sah man sich gezwungen, mich von der Liste der unerwünschten Personen in Ungarn zu streichen. Als einem befreundeten Begleiter des Kanzlers konnte man mir die Einreise nicht verwehren.

Du bist aber nur dienstlich nach Ungarn gefahren?
Ja. Ich habe dort erst wieder Privatbesuche gemacht, nachdem ich mit Zsóka verheiratet war. Ich blieb ja nach 1957 noch eine Zeitlang ungarischer Staatsbürger. Zudem gab es damals den nicht gerade ermutigenden Fall eines Amerikaners tschechischer Herkunft, den man in Leningrad aus dem Flugzeug holte; er war nämlich auch Doppelstaatsbürger, und

so hatten die tschechischen Behörden ein Zugriffsrecht auf ihn, das die Sowjets für sie exekutierten. Nicht einmal der amerikanische Außenminister Kissinger konnte erreichen, dass man den Mann wieder freiließ.
Und ich hatte damals ebenfalls noch formal die doppelte Staatsbürgerschaft. Umsonst versuchte ich, mir die ungarische aberkennen zu lassen, hatte bei der Antragstellung auch die Gebühr von 1400 Schilling entrichtet, aber man gab meinem Ansuchen lange Zeit nicht statt. 1970 erhielt ich schließlich die Mitteilung, dass ich aus der Staatsbürgerschaft entlassen sei.
Aber auch danach war ich nie als Privatmann in Ungarn, sondern immer nur mit offiziellem Visum im Rahmen eines organisierten Programms, also um vorher vereinbarte Interviews zu machen. Ich hatte auch private Termine, weil ich dort nach wie vor sehr viele Menschen kannte.

Du konntest dich also bis zu deinem ersten offiziellen Ungarn-Besuch beziehungsweise solange du auf jener ominösen Liste standest, ausschließlich aus Zeitungen darüber informieren, was in Ungarn vor sich ging?
Ja, überwiegend aus Zeitungen. Ich hatte damals die *Népszabadság* (also „Volksfreiheit") abonniert, weil es sich, wie der Dichter István Eörsi einmal sagte, immer lohnt, Lügen aus erster Hand zu beziehen, und vielleicht auch das literarische Wochenblatt *Élet és Irodalom*. Für das Hören längerer Radiosendungen fehlte mir die Zeit. Aber ich bekam auch das Material der Ungarischen Nachrichtenagentur MTI. Außerdem hatten alle Zeitungen, für die ich arbeitete, Korrespondenten in Ungarn. Und natürlich traf ich auch in Wien viele Ungarn, mit denen ich mich unterhalten konnte.
Um 1976 meinen ersten Dokumentarfilm über Ungarn drehen zu können – natürlich hatte man auch einen Spitzel, nämlich den ungarischen Produktionsleiter, in unseren Stab eingeschleust –, mussten wir Péter Rényi, den stellvertretenden Chefredakteur der *Népszabadság*, als wichtigsten

Interview-Partner einbeziehen. Er sprach übrigens ausgezeichnet Deutsch und hatte dieselbe Schule in Hamburg besucht wie der ehemalige deutsche Bundeskanzler Helmut Schmidt. Dieser zweiteilige Film „Die Kunst des Überlebens“ war mein erster größerer TV-Bericht über Ungarn; darin kam die Elite der ungarischen Intellektuellen zu Wort, so auch der Dichter Gyula Illyés und der (1957–1960 wegen feindlicher Tätigkeit verhaftete) Schriftsteller Tibor Déry.
In einem 1981 gedrehten Film konnte ich dann auch schon so exponierte Personen wie Miklós Vásárhelyi zu Wort kommen lassen – er war eine der Stützen von Imre Nagy gewesen und wurde nach der Revolution zu fünf Jahren Gefängnis verurteilt –, aber auch den Soziologen András Hegedűs, der 1955/1956 ungarischer Ministerpräsident gewesen war, später jedoch zu einem regimekritischen Wissenschaftler wurde. Die Auswahl der jeweils von offizieller Seite zugelassenen Gesprächspartner zeigte uns stets an, wie weit man im Kádár-Ungarn gehen konnte.

Aber du musstest doch gewiss immer mit der ungarischen Parteizentrale abstimmen, welche Mitwirkenden, also Figuren des öffentlichen Lebens, du für deine Filme gerne hättest, oder?
Natürlich! Es klingt heute schon fast unglaublich, aber ohne eine solche Abstimmung wäre es für mich und auch für andere nicht möglich gewesen, in Ungarn zu drehen. Selbstverständlich hat auch die ungarische Parteizentrale immer „Mitwirkende“ vorgeschlagen. Übrigens war es nur meiner Nähe zu Kreisky zu verdanken, dass ich für den Film 1981 auch ein zwanzigminütiges Interview mit Kádár führen konnte. Wir sprachen über die Regierungsgeschäfte im Allgemeinen, über Schach und übers Alter – er war damals schon siebzig.
Doch das alles änderte nichts daran, dass man mich für ein feindliches Element hielt, und dass mich die sozialistischen Länder 1965 auf Initiative des ungarischen Innenministers András Benkei auf die schon erwähnte Schwarze Liste gesetzt hatten. Noch viele Jahre später erhielten

Imre Pozsgay und Mátyás Szűrös, damals in der Parteiführung (heute Fidesz-freundliche „Wendehälse") noch Meldungen über mich.
Ich erinnere mich auch, dass bei meinem ersten Ungarn-Besuch zwei jüngere Schriftsteller zu mir kamen, die mich gewiss nicht von sich aus besuchten. Ihr durchsichtiger Vorwand war, dass ich der einzige Ungar sei, dessen im Westen erschienene Artikel sie in den vertraulichen Mitteilungen der Ungarischen Nachrichtenagentur zu lesen bekämen und der im Sender *Radio Free Europe* ständig zitiert würde; deshalb hätten sie sich entschlossen, mir ihre Bücher zu geben. Damals wusste ich natürlich noch nicht, dass einer sicherlich (vielleicht auch der andere) für den Geheimdienst arbeitete.

Und was wollten sie von dir?
Nichts. Verbindungen knüpfen. Aber die erwähnte Schwarze Liste hatte doch auch eine positive Folge, ich habe Serbokroatisch gelernt. Damals konnte ich nämlich jahrelang, wenn ich nach Osten wollte, nur nach Jugoslawien einreisen; allerdings haben mir später auch die Rumänen ein Visum erteilt, wohl um ihre Unabhängigkeit von der Sowjetunion zu beweisen. Und so wurde ich mit der Zeit auch zum „Balkan-Spezialisten". Ich war oft in Jugoslawien und habe viele Menschen in den Teilrepubliken kennengelernt. 1969 erschien mein Buch über den Balkan, das in mehrere Sprachen übersetzt wurde.
Meine Beschäftigung mit Jugoslawien begann damit, dass ich die dort erscheinenden Zeitungen der ungarischen Minderheiten gelesen habe, zum Beispiel *Magyar Szó* („Das Ungarische Wort"). Das kyrillische Alphabet kannte ich noch vom Russisch-Unterricht in der Schule – und mein Serbisch hatte deshalb keinen ungarischen, sondern einen russischen Akzent. Jedenfalls konnte ich bald serbokroatische Zeitungen lesen. Ich bekam zudem regelmäßig das Material der jugoslawischen Presseagentur, und ich besorgte mir entsprechende Informationen bei der Botschaft, um auch die komplizierten Wirtschaftsreformen, mit denen

man damals begonnen hatte, zu verstehen. Und dass die amerikanische und die englische Botschaft täglich eine vervielfältigte Presseschau von 30 bis 40 Seiten herausgaben, war mir eine große Hilfe. Man musste sie natürlich abonnieren, aber ich bekam sie von den Redaktionen, für die ich arbeitete.

Gut, dass du deine Quellen nennst. Du sagst in deinem Buch „Auf schwarzen Listen", über welche Themen du in deinen Anfängen als Ostmitteleuropa-Korrespondent geschrieben hast, und zählst dabei zahllose Themenbereiche auf: Du hast über die Verfolgung von Intellektuellen nach 1956 berichtet, über den geheimen Imre-Nagy-Prozess, über Korruption, über die Situation der Frauen und der Jugend, über kommunistische Millionäre und vieles andere mehr. Das setzt doch immense Kenntnisse voraus, über Ungarn und über Mittel- und Osteuropa insgesamt. Sicherlich war es nicht einfach, von Wien aus Informationen zu bekommen und ständig auf dem Laufenden zu sein?
Ich habe sehr viel gelesen und mir ein nach Themenbereichen gegliedertes Archiv aufgebaut, praktisch vom ersten Tag nach meiner Ankunft in Wien an. Schon in Budapest bei der Nachrichtenagentur MTI hatte ich gelernt, wie wichtig es ist, ein eigenes Archiv zu besitzen. Man steckt tatsächlich sehr, sehr viel Zeit und Arbeit hinein, aber ohne Archiv hätte ich auch meine Bücher nicht schreiben können. Diese Recherche- und Archivarbeit hat mir sogar Spaß macht. Später war mir dabei natürlich auch meine Frau behilflich. Ich hatte ja über die schon genannten Berichte hinaus auch andere Informationsquellen. Bei *Radio Free Europe* gab es eine Sonderabteilung, die keine Sendungen produzierte, sondern englischsprachige, aber auch ungarische Presseschauen lieferte; sie und dazu die von der BBC zusammengestellten Informationen waren für mich wichtige Quellen und eine große Hilfe: Ich wusste nicht nur, was in den mittel- und osteuropäischen Ländern vor sich ging, sondern auch, was die Zeitungen darüber schrieben.

Dazu kamen häufige Gespräche mit Diplomaten. Als ich zum ersten Mal wieder in Budapest war, besuchte ich auch die dortige britische Botschaft; später, als ich in der *Financial Times* über die ungarisch-britischen Handelsbeziehungen berichten wollte, fand ich einen Hinweis auf diesen Besuch in den ungarischen Geheimdienstberichten. Ich habe den amerikanischen Botschafter in Budapest und in der österreichischen Botschaft auch den deutschen Botschafter kennengelernt, hatte also Verbindung zu verschiedenen Diplomaten. Natürlich konnte man nicht alles, was man in solchen Gesprächen erfuhr, auch in Zeitungsartikeln verarbeiten; sonst hätten sich viele Kontakte gar nicht aufrechterhalten lassen.

Die *Neue Zürcher Zeitung* hatte einen Korrespondenten in Wien, der meinte, er habe immer nur fünf Prozent dessen, was er über Österreich wusste, auch schreiben können. In meinen Büchern aber ließen sich später manche bislang ungesagt gebliebenen Informationen durchaus verwerten.

Meine Artikel setzten also viel Vorarbeit voraus, und ich benötigte umfangreiches Grundlagenmaterial. So sammelten sich in meiner Wohnung wahre Papierberge an. Nur wenn es gar nicht mehr anders ging, trennte ich mich unter Schmerzen von diesem und jenem. Aber noch heute besitze ich das gesamte Arbeitsmaterial, eine Unmenge Blätter und Zettel, zu meinem Buch über Kreisky. Dabei ist es eigentlich sinnlos, sie noch länger aufzuheben.

Wenn meine Frau Margaret und ich Richtung Osteuropa fuhren, nach Jugoslawien, Ungarn, Albanien oder sonstwo hin, war ihre erste Aufgabe stets, zu notieren, was die Dinge des täglichen Bedarfs kosteten, ein Kilo Fleisch, ein Kilo Brot, und wie hoch die Einkommen waren. Das war mir wichtiger als die Daten aus offiziellen Statistiken; wir holten sie aus dem Alltag der Menschen.

Zu Albanien fällt mir ein: Es gab dort kaum fremdsprachige Bücher, aber trotzdem fand ich in einem Antiquariat einmal einen Band von Stefan Zweig. Und das in der Ära des Enver Hodscha.

Als du in Prag Flora Lewis begegnet bist, hat sie dir doch erklärt, wie die Medien im Westen funktionieren. Und sie machte dich darauf aufmerksam, dass in diesem Geschäft ein ziemlich rücksichtsloser Konkurrenzkampf herrsche und jeder, der in dem Metier tätig sei, mit vielerlei Intrigen rechnen müsse. Hast du solche Erfahrungen auch gemacht?

Natürlich. Bei der *Financial Times* wie auch bei der *Presse* habe ich das erlebt. Wer von außerhalb kommt, hat es schwer, überhaupt Fuß zu fassen, und noch schwerer, wenn er es zu etwas bringen will. Für die *Financial Times* habe ich anfangs, also in den Sechzigerjahren, nur Kurznachrichten geliefert, dann aber verfasste ich schon eigene Korrespondentenberichte, doch ich musste ständig darum kämpfen, dass man mich nicht mit Groschen-Honoraren abspeiste und bei der Bezahlung berücksichtigte, dass das britische Pfund im Verhältnis zum österreichischen Schilling ständig an Wert verlor. So ging es in meinen damaligen Redaktionsgesprächen oftmals ums Finanzielle. Probleme gab es auch dadurch, dass jede größere Londoner Zeitung einen Osteuropa-Korrespondenten hatte, auch die *Financial Times* hatte einen, von ihm stellte sich jedoch später heraus, dass er aufgrund einer dubiosen Affäre mit einer Frau erpresst bzw. in die Dienste seines Gastlandes gestellt wurde.

Ein anderer Kollege war eifersüchtig auf mich und versuchte mir zu schaden, wo er konnte. Der Belgrader Korrespondent der *Financial Times*, den ich erst zu der Zeitung gebracht habe, damit er als freier Mitarbeiter für sie schreiben konnte, regte sich mächtig auf, als ich über die Unabhängigkeitsbestrebungen von Kroaten und Albanern schrieb. Wie ich später erfuhr, hat er mich in London bei der Redaktion verleumdet und angeschwärzt.

In den Achtzigerjahren begann ich, gelegentlich für die *Neue Zürcher Zeitung* über Veränderungen in Osteuropa zu schreiben – der damalige Chefredakteur, Hugo Bütler, mochte mich und schätzte meine Arbeit. In dieser Zeitung arbeitete auch ein aus Ungarn stammender Redakteur, A. O., dem meine Beiträge über Osteuropa nicht gefielen; er regte des-

halb eine Art Gegenbericht an, kam mit diesem Vorschlag aber nicht zum Zug und machte sich dadurch nur lächerlich. Immerhin hat er schließlich erreicht, dass ich die Lust verlor, noch für die *Neue Zürcher* zu schreiben, ich wollte nicht Zielscheibe eines Intrigenspiels werden. O. wurde übrigens später Ungarn-Korrespondent und Lieblingsschreiber der Rechten in der ungarischen Emigration. Als Ulrich Schmid Mitteleuropa-Korrespondent der *Neuen Zürcher* wurde, griffen ihn die Emigranten heftig an, weil er, anders als A. O., nicht nur die linksliberale Koalition in Ungarn kritisierte, sondern auch die Orbán-Partei Fidesz und vor allem den ungarischen Antisemitismus. O. ist übrigens kürzlich als Journalist im Ruhestand bei einer Anhörung im Europa-Parlament in Straßburg sogar als Verteidiger der jetzigen ungarischen Regierung Orbán aufgetreten.
Es gab also den Kampf ums Brot, einen ziemlich harten Konkurrenzkampf, in meinem Fall nicht zuletzt auch deshalb, weil ich für mehrere Zeitungen gleichzeitig arbeitete. Dabei hatte ich es nie auf die Stellung eines anderen abgesehen, weil ich ja weder nach London noch nach Zürich wollte. Aber ein gewisses Konkurrenzdenken ist in der Branche normal, abstoßend wird es nur dann, wenn jemand das journalistische Ethos einer politischen Gesinnung oder dem Dienst für eine politische Partei unterordnet.

Du hast schon mehrmals erwähnt, dass du eine Zeitlang in kein Land des Ostblocks fahren durftest, weil man dich auf die Schwarze Liste gesetzt hatte. Wie lange hat das gedauert?
In Ungarn von 1965 bis 1972. Und es bezog sich, wie gesagt, nicht nur auf Ungarn, denn der ungarische Innenminister hatte seinerzeit an den Minister für Staatssicherheit der DDR, Erich Mielke, geschrieben, dass er auf jeden Fall meine Einreise in die DDR verhindern solle – 1996 habe ich dieses Dokument von der damaligen Gauck-Behörde bekommen. In der Begründung hieß es, dass Lendvai, ich zitiere, „der qualifizierte, in kurzer Zeit zu Ansehen gekommene Journalist, den man im Westen für

den besten Osteuropa-Spezialisten hält, tendenziöse, feindselige Berichte über die sozialistischen Staaten verbreitet, er konnte bisher aus seinen früheren Erfahrungen und Kenntnissen schöpfen, aber in Zukunft wird er darauf angewiesen sein, regelmäßig die sozialistischen Staaten zu besuchen". Das aber müsse unterbunden werden, indem man ihm die Einreise verweigere. Minister András Benkei hat diesen Brief auch den anderen sozialistischen Innenminister-Kollegen geschickt. Erst als Kreisky Bundeskanzler war, hat man mich von der Schwarzen Liste gestrichen. Aber damals durfte ich auch schon nach Polen und in die Tschechoslowakei einreisen; obwohl mir die Tschechen auch später noch mehrmals die Einreise verweigert haben. Bevor sie meine letzte Einreiseverweigerung hätten zurücknehmen können, war das ganze sozialistische System schon zusammengebrochen. Später bekam ich aus tschechischen Archiven übrigens mehrere hundert Seiten belastendes Material über mich.

Und wie war es mit der Einreise in die Sowjetunion?
Dort kam ich 1982, nach Breschnews Tod, auf die Schwarze Liste. In die DDR ließ man mich bis Ende der Achtzigerjahre nicht einreisen. Aber das hat mich nicht daran gehindert, über das Land zu schreiben, denn statt persönlicher Eindrücke hatte ich viele authentische Schilderungen anderer glaubwürdiger Personen. Heute schreiben manche außenpolitischen Experten über Afghanistan, obwohl sie selbst nie in dem Land gewesen sind. Gründliche Vorbereitung und glaubwürdige Vorab-Information können also durchaus persönliche Eindrücke ersetzen.

Es klingt fast unglaublich, dass du aus allen Staatssicherheitsarchiven das dich betreffende Material einsammeln konntest. Das muss ja riesig viel Zeit in Anspruch genommen haben?
Nun, die tschechischen Papiere mussten erst übersetzt werden. Der österreichische Botschafter hatte sie mir als Weihnachtsgeschenk mitgebracht. Ich vertraute die Unterlagen einer sehr gescheiten Frau an, die für mich

auswählen sollte, was wichtig war und was nicht. Von den Deutschen bekam ich aus den Archiven der Staatssicherheit nur vierunddreißig Seiten über mich, natürlich auf Deutsch, zum Teil aber auch auf Russisch. Die Ungarn haben mir zuerst nur wenige Unterlagen ausgehändigt, 2005 erhielt ich dann 395 Seiten, und später kamen noch neuere Dokumente dazu.

In Ungarn muss, nebenbei bemerkt, in den Archiven der Staatssicherheit ein ziemliches Durcheinander herrschen, denn mal bekam ich Texte inklusive aller Namen, dann dieselben Unterlagen mit geschwärzten Namen. Aber von dem III/I-Material, also den Papieren des Auslandsgeheimdienstes, ist vieles bis heute nicht bei mir angekommen. Von den Polen verlangte ich ebenfalls die mich betreffenden Aufzeichnungen, habe sie aber nicht bekommen. Auch die Russen liefern bis heute nichts. Aber inzwischen habe ich das Sammeln sowieso eingestellt.

Was ist dir denn von deinen zahlreichen journalistischen Aktivitäten in Österreich noch geblieben?

Seit 2003 schreibe ich für das liberale Blatt *Der Standard* wöchentlich einen Kommentar. Und das bis heute. Niemand redet mir da hinein, ich kann die Themen selbst wählen. Bisher ist es noch nicht vorgekommen, dass man darin ohne mein Wissen etwas geändert hätte. Geblieben ist mir auch die Arbeit als Chefredakteur der Vierteljahresschrift *Europäische Rundschau*.

Nach wie vor halte ich auch Vorträge, gebe Interviews, schreibe Bücher. Und wenn ich Zeit, Lust und etwas Wichtiges zu sagen habe, kann ich für angesehene deutschsprachige Tageszeitungen oder auch Zeitschriften schreiben.

Ich habe zudem im Österreichischen Fernsehen noch eine Diskussionssendung, die jetzt *Europastudio* heißt. Das sind acht bis zehn Sendungen im Jahr. Im Frühjahr 2012 konnte ich die achte große TV-Dokumentation über Ungarn drehen, diesmal mit der namhaften deutschen Dokumentaristin Andrea Morgenthaler. Nie zuvor hat eine TV-Sendung eine solche organisierte Hasskampagne in- und außerhalb Ungarns ausgelöst wie diese mit dem Titel: „Nationale Träume – Ungarns Abschied von Europa?" Obwohl nach der Sendung sofort eine weit über eine Stunde dauernde Diskussion, unter anderen mit einem stellvertretenden Staatssekretär des ungarischen Außenministeriums und dem langjährigen Leiter des Budapester Büros der konservativen Konrad-Adenauer-Stiftung ausgestrahlt wurde, trat der gesamte Apparat des Orbán-Regimes in Aktion, um mich und den ORF wegen „tendenziöser, ungarnfeindlicher Berichterstattung" anzuschwärzen und uns sogar der Verletzung des Rundfunkgesetzes zu bezichtigen. So wie seinerzeit Gerd Bacher die kommunistischen Angriffe gegen die von mir geleitete Ostredaktion zurückgewiesen hatte, blieb auch Generaldirektor Alexander Wrabetz felsenfest bei der Abwehr der offiziellen ungarischen Druck- und Einmischungsversuche.

Tutus, Justus, Stalin

Ich komme jetzt auf einen seltsamen Widerspruch zu sprechen, und zwar auf die Geschichte, als dir während deiner Militärzeit der Feldwebel Monori empfohlen hat, bei deinem Freund V. P. etwas vorsichtiger zu sein, weil der nämlich ein auf dich angesetzter Spitzel sei. Was du dem dann brühwarm erzählt und keinen Augenblick daran gedacht hast, dass du den Feldwebel Monori damit in Gefahr brachtest.
Gleichzeitig gibt es die andere Geschichte, nämlich wie du verhaftet wurdest und man dir Informationen über deinen Freund Endre Gömöri entlocken wollte, du dich aber nicht darauf eingelassen hast. Wie erklärst du dir dieses unterschiedliche Verhalten?
Ach, eine bodenlose Dummheit. Ich kann mir bis heute nicht erklären, warum ich mich bei Monori so blöd verhalten habe. Mir ist damals nicht im Entferntesten der Gedanke gekommen, dass ich dem Menschen, der mich warnen wollte, damit schaden könnte. Offensichtlich war ich der Meinung, der Verdacht sei so absurd und bestimmt auch völlig aus der Luft gegriffen, dass ich meinem Freund, dem ich vertraute, die Sache ruhig erzählen könne. Und natürlich habe ich vor allem mir selbst, meiner Menschenkenntnis nämlich, vertraut, genauso wie der Eisläufer, der selbstvergessen über die spiegelglatte Fläche gleitet und dabei übersieht, dass das Eis ringsum schon kracht und einbricht und dass die Menschen versinken. Ich drehte weiterhin unbekümmert meine Pirouetten.
Es gab eine ähnliche Begebenheit, als ich 1953 während meiner Militärzeit Urlaub bekam, weil ich mich als Schütze ausgezeichnet hatte. Schon im Zug nach Budapest fiel mir eine blonde Frau auf, der ich dann auch in Budapest begegnet bin. Ich ging auf der Straße, und sie folgte mir. Es

regte mich auf, ich blieb stehen und sprach sie an: „Wer sind Sie, warum verfolgen Sie mich, weisen Sie sich aus.“ Sie sagte, ich sei ein eingebildeter Pinsel und spinne wohl oder so etwas Ähnliches. Aber es war offensichtlich, dass sie mir folgte. Später, als mir die Spitzelberichte von damals ausgehändigt wurden, hat sich mein Verdacht bestätigt. Und statt mich vor Angst davonzumachen, hatte ich sie zur Rede gestellt. Das passierte vier Monate vor meiner Verhaftung. Ich hatte viel zu viel Selbstvertrauen und war mir ganz sicher, dass mir nichts Schlimmes passieren könne. Darauf, was in einem anderen Menschen stecken könnte, verschwendete ich keinen Gedanken.

Bist du diesem Spitzel aus der Militärzeit später noch einmal begegnet?
Ja. Als ich aus dem Gefängnis kam, rief er mich an und schlug vor, dass wir uns treffen sollten. Ich war dazu auch bereit. Vermutlich wagte ich nicht, ein Treffen auszuschlagen. Ich habe ihn damals nicht einmal zur Rede gestellt. Dafür schäme ich mich bis heute.
Ach ja, und dann, viel, viel später, kam eine offizielle ungarische Delegation nach Wien, natürlich in Begleitung von Journalisten. Kreisky gab einen Empfang für sie und machte mich darauf aufmerksam, dass auch ungarische Kollegen von mir anwesend seien, ich solle sie doch begrüßen. Da war er auch unter den Journalisten. Ich reichte ihm die Hand. Bei der nächsten Begegnung – ich stand damals in Ungarn nicht mehr auf der Schwarzen Liste – verbrachte ich gerade ein paar Tage im „Ferienhaus“ der ungarischen Journalisten am Plattensee, als er wieder auftauchte. Da habe ich ihn einfach nicht mehr zur Kenntnis genommen.

Nach 1957 hat er noch etwas gegen dich unternommen.
Siehst du, das hätte ich fast vergessen, obwohl es der Gipfel der Schamlosigkeit war. 1960 schrieb er unter einem Decknamen in der *Népszabadság* einen Artikel über die ungarischen Emigranten, u. a. über meinen Freund Stephan Vajda, den er beschuldigte, für Nazi-Blätter zu schreiben.

Mich stellte er als einen anrüchigen Lebemann hin, der mit gebrauchten Autos Geschäfte mache. Schon am Tag, nachdem der Artikel erschienen war, erreichten Stephan Vajda und auch mich Anrufe, wer hinter dem Decknamen stecken könnte. Zum Glück war der damalige Wiener Korrespondent der Ungarischen Nachrichtenagentur, László Endre Lóránt, sehr erschrocken darüber, dass man ihn in Wien verdächtigen könnte, der Verfasser dieses verlogenen Artikels zu sein – dabei war er ja selbst ein Spitzel –, er hat den Urheber eruiert und auch uns gesagt, wer hinter dem falschen Namen steckte. V. P. hat damit einen nicht wieder gutzumachenden Schaden angerichtet. Er konnte damit zwar meine Tätigkeit als Journalist in Wien nicht beeinträchtigen, aber meinem Vater hat er Schlimmes zugefügt. Er hat es offensichtlich nicht verwunden, dass *Népszabadság* diesen Rufmord an seinem Sohn beging – und starb wenige Wochen nach dem Erscheinen des Artikels an einem Herzinfarkt.
Für diesen Spitzel aber war es nicht genug, dass er schon in meiner Militärzeit über mich Berichte verfasst hatte, also dazu beitrug, dass ich als Trotzkist ins Gefängnis kam, er wollte Jahre später auch meinen Ruf im Ausland ruinieren. Heute weiß ich, dass seine Arbeit für den Geheimdienst ÁVH noch Jahre weiterging, offenbar auch noch, als er Korrespondent in Moskau und später in Washington war, und selbst nach dem Regimewechsel, als er für *Népszabadság* schrieb.

Gibt es bei dir eigentlich lebenslange Feindschaften?
Interessant, während wir reden, merke ich, dass ich viele Gemeinheiten, die mir angetan wurden, vergessen habe. Damals hat mich der Artikel in der *Népszabadság* wegen meiner Eltern schwer erschüttert, und doch hatte ich ihn fast vergessen. Sicher kein Wunder, denn das ist ja ein halbes Jahrhundert her. Und mein Leben steht schließlich nicht im Zeichen des Zorns und der Rache, derartige Hassgefühle trage ich nicht mit mir herum. Darüber bin ich wirklich schon hinaus, auch wenn immer wieder versucht wird, mich mit Anwürfen, wie sie jetzt von ungarischen Presseorganen,

von *Heti Válasz* und *Magyar Nemzet*, verbreitet werden, in die Vergangenheit zurückzuzerren. Dabei geht es denen ja gar nicht um die Vergangenheit, es sind Symptome der Gegenwart, Lügen von heute.

Wir kommen darauf noch zurück, aber dabei fällt mir ein: Wie hast du eigentlich nach deiner Emigration Verbindung zu deinen Eltern halten können?
Ich habe auch für die amerikanische Presseagentur UPI gearbeitet und dabei deren Budapester Korrespondenten kennengelernt. Über ihn konnte ich meinen Eltern Geschenkpakete und Geld schicken, denn mein Vater hatte damals lächerliche dreihundert Forint Pension, und auf diesem Weg bekamen sie Informationen über mich und Grüße von mir. Wir haben uns auch Briefe geschrieben. Die Briefe von meinem Vater hat meine Mutter immer noch auf der Post zensiert, bevor sie sie aufgab. Mein Vater hat es sich nämlich nicht nehmen lassen, immer wieder Andeutungen über das Regime in Ungarn zu machen. Hin und wieder konnten wir sogar telefonieren. Später, als ich verheiratet war, habe ich Margaret gebeten, meine Eltern in Budapest zu besuchen. Natürlich war es dort eine Sensation, als eine blonde Engländerin in einem Cabriolet vor dem Haus stand. Meine Eltern durften natürlich nicht nach Österreich kommen. Erst Ende 1962 konnte meine Mutter nach Wien übersiedeln – da war mein Vater schon tot. Acht Mal hatten wir die Reiseerlaubnis für beide beantragt, später dann nur noch für meine Mutter. Acht Mal wurde sie abgelehnt, obwohl ich dem Staat sogar die elterliche Wohnung als Draufgabe angeboten habe. Sie und auch ich schrieben außerdem unzählige Briefe an verschiedene einflussreiche Persönlichkeiten – vergebens. Bis schließlich einmal eine offizielle Volksfront-Delegation mit Gyula Ortutay an der Spitze nach Wien kam. Der bekannte Ethnologe Ortutay (eigentlich ein bürgerlicher Mitläufer der KP) war nicht nur Generalsekretär der Patriotischen Volksfront, sondern auch Mitglied des Präsidialrates. Ich erfuhr vom Pressereferenten der Volksfront – er hat mich angerufen –, dass er mit

Ortutay in Wien sei, und er habe von jemandem gehört, vielleicht von Endre Gömöri, meinem besten Freund, dass wir schon lange auf die Ausreisegenehmigung für meine Mutter warteten; er wolle mir ein Tauschgeschäft vorschlagen. Er wisse nämlich, das Tutus – Ortutays Spitzname – liebend gern eine Striptease-Bar besuchen würde. Wenn du ihn dahin ausführst, sagte er, wird er sich sicherlich für die Sache deiner Mutter einsetzen. Ich berichtete meiner Frau von dem Vorschlag, die sich zwar wunderte, dann aber meinte, warum denn nicht, und sie komme auch mit. Wir trafen uns in einem Café am Graben. Er, also der Politiker, mit ihm noch weitere drei Begleiter und wir beide, so gingen wir zu sechst ins *Chez Nous*. Ich glaube, diese Bar gibt es heute noch, aber ich war weder vorher noch nachher in einem solchen Nachtlokal. Was sage ich, einmal noch, wieder mit Ortutay. Tutus hat den Besuch ganz offensichtlich genossen; hübsche nackte Damen vollführten auf der Bühne allerlei Kunststücke, vielleicht sogar mit einem Pferd. Für alle sechs kostete mich das ein Vermögen. Ich habe natürlich erwähnt, dass ich meine Mutter gern zu mir nach Wien kommen lassen möchte. Er hat mir nichts versprochen, aber binnen zwei, drei Monaten bekam sie einen Reisepass und durfte ausreisen.

Bei seinem zweiten Besuch etwa ein Jahr später wiederholte sich das Ganze mit dem Unterschied, dass ich Ortutay ins *Maxim* ausführte und Margaret nicht mitkam. Ich habe diese Geschichte später in einem autobiografischen Buch beschrieben, aber in Ungarn wurde diese Schilderung, wie überhaupt alles, was von mir veröffentlicht wurde, in der späteren Verleumdungskampagne angezweifelt, weil Ortutay in seinem 2009 postum herausgegebenen Tagebuch nichts dergleichen erwähnt habe. Warum sollte er auch? Für ihn war es vermutlich nicht der Erwähnung wert, dass er mit mir in Wien in einer Striptease-Bar gesessen ist und mir im Gegenzug dabei behilflich war, meine Mutter nach Wien zu bringen. Für mich war es nach acht Ablehnungsbescheiden eine bleibende Erinnerung.

Später bin ich Ortutay noch einmal begegnet, dann aber schon in Budapest. Er hat mich und meine Frau in eines der besten Restaurants eingeladen und Margaret die englische Ausgabe seiner Sammlung ungarischer Volksmärchen geschenkt.

Deine Mutter ist dann in Wien geblieben?
Natürlich. Sie wurde später auch österreichische Staatsbürgerin.

War es nicht ein Schock für sie, die Heimat, ihre ganze gewohnte Welt, zurückzulassen?
Ja, sicherlich. In Wien kannte sie ja außer mir und meiner Frau niemanden. Sie stammte auch noch aus einer ganz anderen Welt, nicht zu vergleichen mit den Frauen meiner Generation oder gar denen von heute. Meine Mutter war 56, als sie nach Wien kam, und sie sah so aus wie heute eine Frau von 76 Jahren. Ich muss dazu sagen, dass sie während des Kriegs eine Gesichtslähmung erlitten hatte. Außerdem war ihr auch die deutsche Sprache fremd. Und dann sprach meine Frau noch dazu eine weitere fremde Sprache und hatte einen ganz anderen gesellschaftlichen Hintergrund als meine Mutter.

Hat deine Mutter bei euch gewohnt?
Anfangs ja. Aber dann ist sie in eine Pension übersiedelt. Später kauften wir eine kleine Wohnung für sie. Als sie dann krank wurde, erwarben wir die Nachbarwohnung dazu, so konnte immer jemand in ihrer Nähe und für sie da sein. Sie ist, nachdem sie 1972 die österreichische Staatsbürgerschaft bekommen hatte, sogar mehrmals zu ihrer Schwester nach Israel gereist. Und nach Budapest fuhr sie ein- bis zweimal im Jahr.

Wie hat sie ihre Tage verbracht?
Es war gar nicht so leicht für sie. Aber hauptsächlich mit Büchern. Sie las sehr gern. Eine Zeitlang hat sie sogar in einer Buchhandlung gearbeitet.

Sie machte natürlich auch Bekanntschaften, hat sich mit in Wien lebenden ungarischen Frauen angefreundet und diese oft getroffen. Mir blieb leider wenig Zeit für sie, ich arbeitete und reiste ja viel. Aber wenn ich in Wien war, gingen wir am Sonntag immer zu ihr zum Mittagessen. Sie hat mir meine weißen Hemden gebügelt und war natürlich auch häufig bei uns.

Alles, was ich geschrieben habe, wollte sie lesen, und alles, was mich betraf, hat sie aufgehoben. Sie war auch dabei, als ich im Kanzleramt eine Auszeichnung bekam. Ich glaube, sie war sehr stolz auf mich. Mehr als dreißig Jahre hat sie in Wien gelebt.

Wie du einmal gesagt hast, wollte dein Vater nicht, dass du Politiker wirst. Und auch nicht, dass du deine erste Frau heiratest. Eigentlich hat er in beiden Angelegenheiten Recht behalten.

In der Tat. Aber Politiker bin ich ja tatsächlich nicht geworden. Heute, in unserer multikulturellen Welt, kann eine aus Griechenland stammende junge Frau Vizebürgermeisterin von Wien werden. Aber damals, als ich in dieses Land kam, hätte ein Emigrant nicht im Traum an eine politische Karriere gedacht. Meine spätere Freundschaft mit Bruno Kreisky war etwas ganz anderes, sie hatte mit politischen Ambitionen meinerseits nichts zu tun.

Aber es waren natürlich nicht die Ermahnungen meines Vaters, die mich auf einen anderen Weg brachten. Vielmehr machte ich ganz persönliche Erfahrungen, die ich beim „Aufbau des Sozialismus“ gesammelt hatte. Sicher, was meine erste Heirat anging, hat er Recht behalten. Aber man soll ja aus den eigenen Erfahrungen lernen, und so ist es unvermeidlich, dass man erst im Rückblick erkennt, wo man Fehler gemacht hat.

Wir, die wir damals jung waren, haben unglaublich intensiv gelebt. Die Kinder meiner jetzigen Frau Zsóka sind dreißig Jahre alt; in diesem Alter hatte ich bereits alle Feuertaufen meines ersten Lebens hinter mir und war schon intensiv damit beschäftigt, an meinem zweiten zu bas-

teln. Doch bedauere ich heute keineswegs, dass ich all das miterleben musste.
Ich war auch überzeugt von dem gewesen, was ich in Ungarn gemacht hatte. Niemand kann sich vorstellen, dass ich wegen der lächerlichen zwei Forint Honorar ständig Vorträge gehalten habe, falls ich überhaupt dafür bezahlt wurde. Nein, es hat mir Spaß gemacht – genauso wie später das Schreiben. Nie habe ich damals etwas mit Blick auf künftige Chancen betrieben, nie daran gedacht, dass ich einmal dieses oder jenes werden wollte.
Viel später hat jemand in einem linken österreichischen Wochenblatt unter dem Titel „Wie wird man Paul Lendvai?" etwas über mich geschrieben; das Resümee lautete: „Eines ist sicher, Macht wollte Lendvai nie!" Genau so ist es!

Möglich, dass du es nicht gewollt hast, aber mit einer Karriere wie der deinen geht doch automatisch eine gewisse Macht einher. Du selbst hast erzählt, dass dir deine Visitenkarte von der Financial Times *in Österreich viele Türen öffnete. Das ist zwar keine politische Macht, aber immerhin die Macht der Presse.*
Stimmt, und ich hatte auch als Intendant sicher eine gewisse Macht. Aber nie fiel mir ein, diese Macht zu missbrauchen, um mir irgendwelche finanziellen Vorteile oder etwa die Gunst einer Frau zu verschaffen. Weder bei der *Financial Times* noch beim ORF hat je jemand versucht, mich zu bestechen. Ich war immer darauf bedacht, mir keinerlei zweifelhafte Privilegien herauszunehmen.
In den fünfzehn Jahren, die ich als Chefredakteur beziehungsweise Intendant beim ORF war, bin ich auch niemals auf den Gedanken gekommen, ein Verhältnis mit einer Mitarbeiterin anzufangen – dabei gibt es, wie jeder weiß, beim Fernsehen viele gut aussehende Frauen. Etwas anderes war es, als ich noch bei der Ungarischen Nachrichtenagentur MTI, im Rundfunk oder bei der Parteizeitung *Szabad Nép* gearbeitet habe.

Meinst du vielleicht deine Beziehung zu Júlia Poll, damals bei MTI, also noch in Ungarn, über die du in dem Buch „Auf schwarzen Listen" geschrieben hast?
Ja, zum Beispiel. Ich wurde Leiter des Wirtschaftsressorts, nachdem mein Chef eines Nachts von der Staatssicherheit ÁVH abgeholt worden war. Aber meine Tätigkeit als Ressortleiter dauerte nur ein paar Monate, die Abteilung wurde aufgelöst, und mich machte man mit mehreren anderen Kollegen zum sogenannten Schichtleiter in der Nachrichtenredaktion. Unsere Chefin war die erwähnte Júlia Poll, eine Genossin, zwanzig Jahre älter als ich. Als sie einmal krank war, habe ich sie besucht und sie hat mich schon Augenblicke später verführt – und überhaupt lag ich damals gerade mit meiner zukünftigen Frau im Streit, und jung war ich außerdem.

War das ein Verhältnis von Dauer?
Nein, es ging so ein, zwei Monate. Ich bekam auch Geschenke von ihr, das weiß ich noch: ein Buch mit Reproduktionen von Gauguin und eine kleine Stalin-Skulptur. Nachdem ich mich mit meiner Freundin versöhnt hatte, bin ich, ohne mich zu verabschieden, weggeblieben. Es stellte sich nämlich heraus, dass ich nicht der einzige junge Besucher bei ihr war. Aber an mir hat sie sich jedenfalls später gerächt – sie redigierte ja nicht nur die vertraulichen Texte der Agentur, sondern betätigte sich auch bei vertraulichen Diensten. Sie hat nämlich die Bibliothek des allmächtigen Parteiführers Mátyás Rákosi eingerichtet und betreut – und nach meiner Verhaftung gegen mich ausgesagt. Als man mich 1956 rehabilitierte, musste sie ihre Aussagen zurücknehmen.
Neid ist ja immer ein starkes Motiv des Menschen, ganz gewiss auch in unserem Metier, das weißt du so gut wie ich. Trotzdem wage ich zu behaupten, dass ich nie jemandem etwas geneidet habe, der klüger und erfolgreicher war als ich. Umgekehrt aber hatte ich oft durchaus unter Missgunst zu leiden.

Aber es war eine unbarmherzige Zeit, eine Welt, in der Frauen in Parteiversammlungen ihren Freund anschwärzten, er habe nach dem Liebesakt eine parteischädigende Bemerkung gemacht. Endre Gömöri wurde angezeigt, weil die Anzüge, die er trug, nicht jedem gefallen haben. Nie konnte man wissen, wann und woraus jemand irgendwelche Beweise gegen einen strickte.
Ich selbst habe mich an solchen Denunziationen nicht beteiligt, niemanden angeschwärzt. Vielmehr meldete ich mich einmal in einer Parteiversammlung mit der Frage, warum man die Familie einer Stenotypistin ausgesiedelt habe. Später war dieser unerhörte Vorfall einer der Anklagepunkte, die zu meiner Verhaftung führten. Die Kollegin hat mir Jahre später aus Deutschland geschrieben und sich dafür bedankt, dass ich mich seinerzeit für sie eingesetzt hatte.
Über einen, von dem ich zumindest glaubte, er sei mein Freund, hat sich nach meiner Freilassung herausgestellt, dass er während meiner Haft die Schreibkräfte im Büro ausgefragt hatte, welchen Eindruck sie eigentlich von mir hätten und ob ich überhaupt zuverlässig sei. Es kam auch ans Licht, dass, nachdem ich wieder in Freiheit war und für meine Rehabilitierung kämpfte, noch immer Berichte über mich angefertigt wurden, in denen es hieß, auf mich sei kein Verlass, weil ich verdächtige Freunde hätte. Dabei war einer der in einem solchen Bericht erwähnten Kollegen genau jener Mann, der die Schreibkräfte über mich ausgefragt hatte. Jeder war jedem verdächtig. So war auch ich ein Opfer dieser Atmosphäre. Immer wieder wurden Dossiers über mich geschrieben, und man hat mich auch denunziert.

Es gibt da noch eine interessante Sache aus dieser Zeit: deine Verehrung für Pál Justus, den du so bewundert hast, wie nur ein junger Mensch einen älteren Mann bewundern kann. Nicht nur, weil er auch Sozialdemokrat war, sondern vor allem wegen seiner bemerkenswerten Persönlichkeit und seiner Dichtkunst. Du hast es, wie du sagst, als Ehre empfunden, dass er dir einen seiner Gedichtbände signierte. Wieso hast du dieses Buch später trotzdem vernichtet?

Ja, es war ein Gedichtband von Justus, ich hatte ihn in einem Antiquariat gefunden und war glücklich, als mir der Verfasser eine Widmung hineinschrieb.

Als Justus dann 1949 während des großen Schauprozesses gegen „die imperialistischen und titoistischen Agenten um den Ex-Innenminister László Rajk" auf der Anklagebank saß, habe ich den Band im Ofen verbrannt, obwohl ich Justus sehr schätzte, es für einen Glücksfall hielt, dass ich ihn kennengelernt hatte und innerhalb der sozialdemokratischen Jugendbewegung zu seinem engeren Kreis gehören durfte: Von ihm habe ich unter anderem gelernt, dass man ein Linker sein kann, auch ohne sich ganz der Kasernendisziplin einer Partei zu unterwerfen. Später, im Jahr 1948, haben sich mehrere junge Leute, darunter auch ich, von ihm eher abgewendet, den sogenannten „revolutionären Kern" gegründet, ihm auch einen Brief geschickt, in dem wir uns distanzierten, weil er sich der Vereinigung der beiden Arbeiterparteien, also von Sozialdemokraten und Kommunisten, widersetzt hatte.

Aber nicht deshalb habe ich sein Buch verbrannt. Justus wurde 1949 verhaftet, er war der achthöchste Angeklagte im Rajk-Prozess. Und weil seine Widmung in meinem Buch doch sehr persönlich war, hatte ich Angst, man könnte den Band bei mir entdecken. Es war also Feigheit, die mich zu dieser Vorsichtsmaßnahme bewogen hat. Ich schrieb in dem Buch „Auf schwarzen Listen" darüber, weil ich mich geschämt habe. Als die ungarische Ausgabe erschien, bekam ich einen Brief von Éva Justus, in dem sie sich dafür bedankte, dass ich so viel Positives über ihren Vater geschrieben habe. Bei einem späteren persönlichen Zusammentreffen mit ihr zeigte sie mir die im Gefängnis mit Bleistift geschriebenen Memoiren ihres Vaters. Leider war der Text kaum noch zu entziffern. Ich trage immer noch den Plan mit mir herum, einmal einen Essay über Pál Justus zu schreiben.

Hast du denn damals, als man ihn verhaftete, an seine Schuld geglaubt? Du hast ihn doch sehr gut gekannt?

Die Anklage, die man gegen ihn erhob, habe ich damals nicht angezweifelt. Mir kamen keinerlei Bedenken. Und ich sprach auch mit niemandem darüber. Miklós Vásárhelyi hat die seinerzeit herrschende Atmosphäre ziemlich genau beschrieben: Er habe sich nicht getraut, es jemandem, nicht einmal seiner Frau, zu sagen, dass auch er Angst hatte, denn wer sich fürchtet, ist offenbar schuldig.

Die Nachricht über Justus kam also völlig überraschend, bestürzend, doch man hat sie zur Kenntnis genommen. Der entscheidende Meinungsumschwung scheint erst dann einzutreten, wenn die Willkür die eigene unmittelbare Umgebung, die Familie oder einen selbst, betrifft.

Als man mich verhaftete und einsperrte, wusste ich ganz genau, dass ich nichts getan und schon gar nichts verbrochen hatte. Bei Gesprächen im Internierungslager und im Gefängnis stellte sich dann heraus, ich war nicht der einzige, auch andere sind unschuldige Opfer dieser Maschinerie geworden. Dann erst kommt einem die Erkenntnis, dass man genau genommen selbst dabei gewesen ist und vielleicht sogar mitgeholfen hat, als sich dieses gefürchtete System etablierte, das schließlich auch seine Baumeister verschlungen hat. Manche wurden tödlich getroffen, andere schwer verletzt.

Im Nachhinein sage ich, für unsere damalige Blindheit haben wir Strafe verdient, obwohl es in meiner unmittelbaren Umgebung keinen gab, der nur aus Egoismus oder um seiner Karriere willen dem stalinistischen Regime in Ungarn gedient hat. Wir waren junge, überzeugte Linksintellektuelle und haben geglaubt, dass der Kommunismus uns eine bessere Welt bescheren würde. Ich habe mit meiner Mutter damals immer wieder gestritten, weil sie *Radio Free Europe* hörte. Es war mir schier unerträglich, dass sie manchmal diesen sogenannten Feindsender einschaltete.

Dann hast du also 1949 doch nicht nur aus Angst den dir gewidmeten Justus-Band in den Ofen gesteckt. Denn wenn es wirklich Angst gewesen wäre, hättest du doch nicht aus voller Überzeugung noch weitere drei Jahre, also bis zu deiner Verhaftung, in der kommunistischen Bewegung mitgemacht.

Es muss eine Mischung aus Angst und dem Wunsch nach Abgrenzung von ihm gewesen sein. Vermutlich wäre eine tiefenpsychologische Untersuchung nötig, um zu ergründen, welche Motive einen Menschen in Zeiten eines diktatorischen Systems bewegen, an dessen Ideen er übrigens trotzdem noch glaubt. Denn ich war ja bis 1952 tatsächlich aktiv. Noch als stellungspflichtiger Soldat bildete ich mir etwas darauf ein, dass ich an Vorträgen über Marxismus arbeitete, während die Jungen vom Land auf der faulen Haut lagen. Vermutlich ging es vielen aus meiner Generation so, und wenn sie Zweifel plagten, wurden diese verdrängt. Ich habe den Preis dafür bezahlt, nicht nur im Gefängnis, sondern auch damit, dass ich drei Jahre lang keine Arbeit bekam.

Du bist schon im Zuge der allgemeinen Amnestie aus dem Lager Kistarcsa entlassen worden?

Ja, wie damals so viele am 1. September 1953. Ich kam frei, und als ich mich mit meinem schäbigen Koffer vom Gefängnis auf den Weg zum Bahnhof machte, brach der Koffergriff ab. Ich sehe es noch vor mir. Mir war zum Heulen zumute. Die anderen haben mir dann geholfen. Wir stiegen in den Zug und, in Pest angekommen, bin ich mit dem Taxi nach Hause gefahren.

Es war niemand zuhause. Meine Frau erholte sich gerade am Plattensee. Sie wusste, dass ich bald freigelassen würde und hatte mir einen Zettel hinterlassen, auf dem stand, ich solle nachkommen. Das habe ich nicht getan. Auf dem Zettel stand auch, ich solle nicht mit Endre Gömöri, meinem Freund, telefonieren. Deshalb habe ich aufgelegt, als er mich anrief.

Und warum?
Weil ihn meine Frau angerufen hatte, als ich verhaftet wurde, und er wollte sich mit ihr nur irgendwo auf der Straße treffen. Verständlich damals, er hatte Angst wie jeder andere. Aber wir beide haben das Missverständnis bald aufgeklärt. Gömöri war ein Journalist von westeuropäischem Format in Ungarn. Er hat mich später einmal gefragt, ob es nicht ein verhängnisvoller Fehler von ihm war, dass er nach 1956 nicht in den Westen gegangen ist. Aber seine Situation war eine ganz andere als meine, er hatte eine Frau und eine kleine Tochter, war also nicht wirklich mobil.

Nach der Lagerhaft in Kistarcsa bist du doch zur Nachrichtenagentur MTI zurückgegangen, oder nicht?
Ja, die mussten mich noch für einen Monat nehmen, denn ich galt immer noch als Soldat und konnte laut Gesetz nicht unmittelbar nach meinem Wehrdienst entlassen werden. Ich tat also wieder meine Arbeit bei MTI, aber während dieser vier Wochen hat dort praktisch niemand mit mir gesprochen. Kein Mensch! Ich werde das nie vergessen. Kannst du dir eine solche Situation vorstellen? Du gehst jeden Tag zur Arbeit, und keiner redet auch nur ein Wort mit dir. Irgendwie war das noch deprimierender als das Gefängnis.
Ich stand jetzt auf der schwärzesten aller Schwarzen Listen. Meine Frau und ich haben alle Hebel in Bewegung gesetzt, aber vergebens. Es gab diesen Ukas von der Parteizentrale an Sándor Barcs, den Generaldirektor der Nachrichtenagentur: Mit Lendvai befassen wir uns nicht. Eigentlich bestimmten die Reformen unter Imre Nagy und der Kampf zwischen ihm und Rákosi von1953 bis1956 mein Schicksal wie das von uns allen, die wir auf die Rehabilitierung warteten, vor allem aber das Los derjenigen, die noch im Gefängnis saßen. Mein Rehabilitierungsverfahren kam immer dann ins Stocken, wenn gerade die Rákosi-Linie Aufwind hatte. Schon deshalb war ich für die Linie, die Imre Nagy vertrat.
Ich ging zu den Diskussionen des Petőfi-Kreises, der wichtigste Impuls-

geber für den Ungarn-Aufstand, behaupte aber nicht, dass ich gekämpft habe, um das ungarische Volk zu erlösen; ich kämpfte darum, wieder arbeiten zu dürfen. Denn für mich ging es ja um fünf verlorene Jahre: 1951 bis 1956 Soldat, Häftling, Berufsverbot. Es war eine demütigende Zeit. Eine solche Situation habe ich zweimal durchlebt: Im Frühjahr 1944, als ich nicht mehr am Unterricht teilnehmen durfte, weil man die jüdischen Kinder von der Schule gewiesen hat. Damals war für mich schlagartig alles aus, was bis dahin den Rahmen meines Lebens bedeutete, Ungewissheit überlagerte alles. Im Januar 1953, dem Jahr, in dem ich eingesperrt wurde, ist Imre Nagy zwar Regierungschef geworden und ich bin durch die Amnestie freigekommen, doch trotz aller Bemühungen und der Hilfe von Miklós Vásárhelyi, György Fazekas und anderen hat es drei Jahre gedauert, bis ich rehabilitiert war und wieder arbeiten durfte. Ich habe diese Zeit aber offenbar ohne bleibende Blessuren überstanden, weil ich noch sehr jung war. Das gleiche galt ja auch für Betroffene, die während des Krieges den sogenannten Arbeitsdienst und die Verschleppung in der Zeit des Pfeilkreuzler-Terrors je nach Alter mit ganz unterschiedlichen Folgen überlebt haben.
Mit fünfzehn Jahren ist mir die Flucht aus dem „Todesmarsch“, der Deportation aus Budapest, gelungen. Wäre ich älter gewesen, hätte ich es gewiss nicht gewagt. Diese Horrorgeschichte hat später ein Freund, Stephan Sattler, damals Leiter des Ressorts Kultur beim Nachrichtenmagazin *Focus*, aufgegriffen, nachdem mein autobiografisches Buch „Auf schwarzen Listen“ erschienen ist. Es gab damals mir zu Ehren ein Abendessen in München, und Sattler sagte in einer launigen Rede, ihm habe am besten die Episode gefallen, in der ich beschrieb, wie ich als Fünfzehnjähriger nicht etwa stolz darauf war, dass ich zusammen mit einem gleichaltrigen Jungen beim Todesmarsch in Richtung Österreich entkommen konnte, sondern darauf, dass wir nachher in der Vorortbahn schwarz, also ohne Fahrkarte, gefahren sind.

Trotzdem – du kommst 1953 aus Kistarcsa heraus. Hast keine Arbeit. Du erfährst, dass sich deine Frau inzwischen mit einem anderen eingelassen hat. Deine Kollegen wenden sich auf der Straße ab, wenn sie dir begegnen. Dafür, dass du das einfach abgetan hast, ist doch dein jugendliches Alter allein keine Erklärung.

Diese drei Jahre waren in mancher Beziehung schlimmer als das Internierungslager und das Gefängnis zusammen. Dort war ich wenigstens mit Menschen zusammen, die das gleiche Schicksal erlitten wie ich. Aber mir hat 1953 auch geholfen, diese Zeit zu überstehen, dass mir Bekannte verschiedene Arbeiten zukommen ließen, etwa Übersetzungen oder Korrekturarbeiten. Und vergiss nicht: Es war das Jahr 1953! Die Atmosphäre im Land war schon eine andere geworden, man konnte hoffen, dass es irgendeine Wende geben würde. Auch andere wurden freigelassen, und ich erfuhr, dass manche viel Schlimmeres erlitten hatten als ich. Außerdem waren mir nach meiner Heimkehr aus dem Gefängnis doch ein, zwei Freunde geblieben, etwa aus der Zeit, als ich jüngster Journalist bei *Szabad Nép* gewesen war. Zum Beispiel László Lukács, der Sportreporter. Er ging mir auf der Straße nicht aus dem Weg, setzte sich mit mir auch auf eine Bank, hat sich weder geschämt noch gefürchtet. Sein Leben lang ist er mein Freund geblieben; jetzt ist er leider schon tot.

Ein guter Freund war mir auch Endre Gellért, der später Hauptabteilungsleiter beim Ungarischen Fernsehen wurde. Er verdankte seine Karriere und auch, dass er überlebt hat, nicht zuletzt seinem Onkel Géza Kassai, der Sowjet-Emigrant gewesen war und auch in der KP wichtige Positionen bekleidet hatte. Anständig war auch Tibor Pethő, ein früherer Kollege bei MTI, der damals schon Chefredakteur der Zeitung *Magyar Nemzet* war. Und dann hatte ich zum Glück auch mehrere gute Freundinnen.

Wie bist du zu denen gekommen, wenn ich fragen darf?

Also Partys gab es ja damals noch nicht, man kam mit Kollegen, zufällige Begegnungen im Schwimmbad oder in der Trambahn zusammen und

knüpfte Kontakte. Oder man traf sich im Haus des Ungarischen Journalistenverbands. Als ich wieder zu Hause eingezogen war, brachten meine Eltern das Opfer, mir ihr großes Schlafzimmer zu überlassen und in mein Kinderzimmer umzuziehen. So konnte ich gelegentlich auch Damenbesuch mitbringen, natürlich verstohlen.
Mit der Liebe hatte man es in jenen Jahren noch ziemlich schwer. Die schönsten Augenblicke, an die ich mich erinnern kann, spielten sich in einer Zahnarztpraxis bzw. an einer Außenmauer beim Corvin-Kino ab. Ja, auch die Liebe hat mitgeholfen, mir meine Lebenslust nach der tristen Zeit im Lager, im Gefängnis und schon davor, während der Militärzeit, zu bewahren. Es kam allerdings auch gelegentlich zu Peinlichkeiten, wenn sich zum Beispiel herausstellte, dass ich einer Frau dasselbe Gedicht geschickt hatte wie kurz vorher einer anderen.

Und wie ist so was ans Licht gekommen? Haben die Frauen deine Liebesschwüre etwa verglichen?
Das nicht. Der Freund von dem einen Mädchen hat sich mächtig aufgeregt, weil sie ihn meinetwegen hatte sitzen lassen, obwohl ich doch ein Niemand und er Sekretär eines Ministers war. Er hat sogar gedroht, die Sache würde Folgen haben. Und er war es auch, der bei meiner früheren Flamme Einzelheiten über unsere Verbindung ausgeforscht hat und sie dann seiner Verflossenen auftischte; die war übrigens Sängerin. Aber sie hat mir verziehen.
Die große sexuelle Freizügigkeit im Nachkriegs-Ungarn war sozusagen der Ausgleich für die mangelnde Freiheit des Regimes. Kürzlich habe ich mir überlegt, mit wie vielen und mit welchen Frauen ich in meinem Leben geschlafen habe – in fortgeschrittenem Alter fällt einem eben so etwas ein. Von vielen weiß ich nicht einmal mehr ihren Vornamen. Aus diesen wilden Jahren stammt auch das Bonmot des berühmten Humoristen und Conférenciers Szilárd Darvas: „Heute“, sagte er, „hatte ich einen sehr parteikonformen Abend. Erst wurde gevögelt, dann haben wir diskutiert.“

Dieses Bonmot hat er aber sicherlich nicht vor dem Vorhang zum Besten gegeben! In deinem Buch „Auf schwarzen Listen" steht eine Geschichte, die ich nicht ganz verstanden habe. Als du noch in Budapest gelebt hast, wohntest du mit deiner Frau, ihrer Mutter und ihrem Kind aus der früheren Ehe zusammen. Nach deiner Verhaftung, als man die bei der Hausdurchsuchung beschlagnahmten Papiere durchsah, ist man auf zwei verdächtige Begriffe gestoßen, nämlich „Wildröschen" und „Schneewittchen". Man vermutete damals, es wären Geheimcodes, und hat dich lange mit der Frage gequält, was sie zu bedeuten hätten. Du hattest bei den Verhören keine Ahnung, wovon die redeten. Später bist du draufgekommen, es waren die Namen der Kinderheime, die ihr für das Mädchen ins Auge gefasst hattet. Warum wolltet ihr das Kind weggeben?
Sieh mal, das war noch 1949/1950. Wir wussten gar nicht, was aus uns wird. Und wir versuchten damals, eine Wohnung für uns aufzutreiben. Ich glaube, wir haben überlegt, ob wir das Kind vorübergehend irgendwo unterbringen könnten, bis wir etwas Passendes gefunden hätten. Eine andere Erklärung fällt mir nicht ein.

Aber das Kind hatte doch auch noch seine Großmutter?
Auch das erwies sich als Problem, die Großmutter hatte gesundheitliche Sorgen, sie ist bald danach gestorben. Man konnte ihr das Kind nicht mehr überlassen.

Ihr suchtet also nicht deshalb eine Bleibe für das Kind, weil ihr nicht wolltet, dass es bei euch lebt?
Daran kann ich mich nicht mehr erinnern. Aber damals waren wir noch gar nicht verheiratet. Ich lebte noch bei meinen Eltern, und sie hatte ihren Mann verlassen. Mit Hilfe von Bekannten fand sie die Wohnung in der Innenstadt, die übrigens dem Freund der berühmten Operetten-Diva Hanna Honthy gehörte. Genaueres weiß ich über die damaligen Umstände

nicht mehr, allerdings ist mir noch in Erinnerung, dass man nach meiner Verhaftung bei der Hausdurchsuchung noch Papiere gefunden hat, die von Hanna Honthy oder von ihrem Freund stammten. Darunter war der berühmte Porno-Roman „Die erotische Liebesgeschichte der Wiener Dirne Josephine Mutzenbacher“. Der wahre Verfasser dieses schlüpfrigen Klassikers ist, wie man weiß, Felix Salten, Autor der berühmten Erzählung „Bambi“. Meine Frau hat mir später berichtet, dass einer der Ermittler die ganze Zeit darin vertieft war, während die Kollegen die Wohnung durchwühlten. Und dass zwei der Beamten nach der Hausdurchsuchung noch geblieben sind, damit meine Frau meine Eltern nicht verständigen konnte. Denn anschließend fand auch bei uns daheim eine Durchsuchung statt. Dabei ist meine Mutter ohnmächtig geworden und auf das Kanapee gefallen, in dem ich meine Sammlung westlicher Zeitungen aufbewahrte. Die haben sie zwar nicht gefunden, aber als die Fahnder weg waren, begannen meine verschreckten Eltern sofort, alles Verdächtige, auch die Landkarten meines Vaters aus dem Ersten Weltkrieg, zu beseitigen, damit man sie nicht etwa der Spionage verdächtigte. Was sie damit erreicht haben? Das Klosett war restlos verstopft, denn das Papier des Kartenmaterials war zu steif und zu sperrig gewesen.

Im Buch „Auf schwarzen Listen“ schreibst du: „Von 1949 bis 1952 habe ich sowohl als Mensch wie auch als Journalist versagt.“ Wieso das? Und warum nur bis 1952?

Vielleicht betrachte ich das Jahr 1952 deshalb als Schlusspunkt, weil ich 1953 schon eingesperrt wurde. Bis dahin aber habe ich das Regime vorbehaltlos unterstützt, und auch mein Konflikt mit Justus und mein Verrat an ihm resultierten daraus, dass einige von uns jungen Sozialdemokraten, ich gehörte auch dazu, Anhänger der Fusion mit den Kommunisten waren. Also war ich mitschuldig, obwohl ich damals gerade erst dem Flegelalter entwachsen war. 1951, mit einundzwanzig Jahren, als jeder einen neuen Lebenslauf schreiben musste, war ich sehr stolz darauf, dass meiner schon fünf Seiten lang war. Ich hatte darin meine ganze sozialdemokratische Vergangenheit geschildert, die bisherige Parteiarbeit aufgelistet und auch den Kontakt zu Justus erwähnt. Das hat mich in den Augen des Regimes sicher belastet.

Von den Unterlagen, die zu meiner Verhaftung geführt hatten, ist ein großer Teil, an die 170 Seiten, vernichtet worden. Weder von den Papieren, die die konzeptionelle Anklage begründeten, noch von den Verhörprotokollen ist etwas übrig geblieben. So habe ich, als ich um meine Rehabilitierung kämpfte, nie erfahren, wer alles an der Formulierung der Anklage gegen mich beteiligt war, ja, es ließ sich nicht einmal feststellen, warum ich überhaupt verhaftet worden bin. Es war lediglich zu erfahren, dass ich mich noch am Plattensee sonnte, als die Polizei jene Teilnehmer am Justus-Seminar, die bereits verhaftet worden waren, über mich ausfragte. Auch Pál Justus selbst und andere.

Viele haben gegen mich ausgesagt, aber ich habe das keinem übel genommen. Vermutlich empfinden Menschen, die schon inhaftiert sind und verhört werden, ein natürliches Gefühl von Zorn oder Neid gegenüber denen, die noch frei herumlaufen. Noch dazu war ich der jüngste Leiter einer Schicht in der Nachrichtenagentur, später auch jüngster Mitarbeiter der Tageszeitung *Szabad Nép* und der ideologischen Monatsschrift *Társadalmi Szemle*. Kurz, ich war immer ganz vorne mit dabei. Das hat sicherlich auch eine Rolle gespielt.

Bis heute kann ich nur vermuten, dass die Verhaftung eine späte Folge meiner sozialdemokratischen Vergangenheit und meiner Kontakte im Kreis um Justus war. Hinweise darauf fand ich aber erst viel später in den Archiven. Ich nehme an, dass meine Unterlagen um das Jahr 1962 in den Reißwolf gekommen sind; damals, als auch meine Mutter vorgeladen und ihr mitgeteilt wurde, dass ich infolge meiner Verhaftung keinerlei Nachteile haben würde. Ich war zu dem Zeitpunkt schon fünf Jahre in Wien, und in einer anderen Abteilung wurde längst neues Material gegen mich gesammelt.

Aber ich will mich gar nicht beklagen, schließlich war ich kaum ein Jahr in Untersuchungshaft und im Internierungslager, zusammen mit ehemaligen Pfeilkreuzlern, mit Ödön Málnási, einem irredentistischen Historiker, und auch mit Graf Fidél Pálffy, Minister der faschistischen Szálasi-Regierung. Sie alle haben mich nicht interessiert, dafür aber umso mehr der ungarische Schachmeister Pál Benkő, der emigrieren wollte, aber aus Ost-Berlin zurückgelockt und dann, wie ich, in Kistarcsa interniert wurde.

Es hat mich überrascht, dass in diesen Lagern und Gefängnissen ehemalige Nazis und Pfeilkreuzler als Wächter und Aufsichtsbeamte eingesetzt wurden. Ich hatte schon gelesen, dass 1945 in Ungarn viele Pfeilkreuzler aus niedrigen Diensträngen in die kommunistische Partei eingetreten sind. Aber dass sie während der stalinistischen Schauprozesse als Wachpersonal eingesetzt wurden, sogar noch 1952/1953, das wusste ich nicht. Gab es das auch in anderen Ländern?

Ich weiß es nicht, denn ich habe mich mit dem Thema Internierungslager nicht weiter beschäftigt. Vermutlich war es auch in Polen nicht anders; in Russland aber war es sicher genauso; man weiß, dass in den dortigen Lagern und Kerkern einstige Schwerverbrecher das große Wort führten – mit Duldung der offiziellen Aufsichtsbehörde.

Ich weiß nur, was mir Györgyi Vándori erzählt hat, sie war im Justus-Kollegium noch die Freundin von Justus – auch er hatte viele Freundinnen, unter anderen Judit Máriássy, die spätere Filmregisseurin, die nicht nur seine Geliebte war, sondern auch Spitzel, und die regelmäßig Meldung über ihn gemacht hat. Györgyi Vándori berichtete also, dass in den Baracken in Kistarcsa, wo Edit, die Frau von Justus, eingesperrt war, die Witwe des faschistischen „Führers der Nation“ Szálasi das Zimmerkommando hatte.

Eines ist jedenfalls sicher: Früher oder später hat das Schicksal, also die Säuberung, jeden eingeholt. Wer 1949 nicht ins Gefängnis kam,

wurde irgendwann später eingesperrt. Manche hatten Glück, unter ihnen auch ich.
Mein Glück war auch, dass Imre Nagy kam, und später, dass ich nicht mehr nach Ungarn zurückkehren musste. Glück hatten auch andere Intellektuelle, die rechtzeitig geflohen waren. Andere hingegen, wie Miklós Gimes, mein ehemaliger Kollege bei der Parteizeitung *Szabad Nép*, und seine Schicksalsgenossen, wurden nicht nur eingekerkert, sondern zusammen mit Imre Nagy 1958 hingerichtet. Aber zumindest hat ihnen die Geschichte Gerechtigkeit widerfahren lassen.
Doch wenn wir schon bei der Gerechtigkeit beziehungsweise Ungerechtigkeit sind, bleibt doch eine Frage: Warum dürfen sich fünfzig Jahre später und lange nach der demokratischen Wende diejenigen, die nach 1956 eifrig dem wiedererrichteten kommunistischen System gedient haben, jetzt herausnehmen, die damals Eingesperrten und Hingerichteten zu schmähen? Eine höchst unappetitliche Angelegenheit und ein himmelschreiendes Unrecht, aber offenbar eine echt ungarische Spezialität!

Hast du eigentlich nie bedauert, dass du damals emigriert bist?
Niemals, keine Sekunde. Das einzig Schmerzhafte dabei war, dass ich meinen Vater nie mehr wiedersehen konnte. Aber ich glaube, dass ich aus moralischen wie aus persönlichen Gründen richtig gehandelt habe. Auch deshalb macht es mich traurig, wenn mich die ungarischen Rechten heute angreifen und beschimpfen. Ich weiß natürlich, wie solche Angriffe zu vermeiden gewesen wären. Auch ich hätte mir, wie manche andere Emigranten, die höchste Auszeichnung, die sogenannte Corvinus-Kette, umhängen lassen können, wenn ich mich als Anhänger von Viktor Orbán in die Reihe der Befürworter seiner Politik gestellt hätte. Aber eine solche Politik kann man nicht befürworten oder gar unterstützen. Das ist eine ebenso bewusste und unumstößliche Entscheidung von mir wie seinerzeit die Emigration. Das Bild, wie ich auf den Straßen von Budapest nach der Niederschlagung des Aufstandes einmal kurz im Fond eines schwarzen

Dienstwagens neben einem damals prominenten Parteifunktionär saß und die Arbeiter uns voller Hass von der Ladefläche eines LKW anstarrten, hat mich lange verfolgt. In einem solchen Land konnte man nicht leben.

Lass mich bitte noch einmal auf deine Militärzeit zurückkommen: Du hast doch in einer Einheit mit besonders schlechtem Ruf gedient, nämlich bei der Miliz?

Ja, dorthin hat man mich nach der Musterung abkommandiert. Gemeldet hatte ich mich zu einer für Ungarn ganz speziellen Truppe, die sich Folyamőrség, also Fluss- oder Strom-Patrouille, nannte. Denn Endre Gömöri und ich hatten uns überlegt, dass der Dienst bei dieser Einheit für uns beide eigentlich ideal wäre, da wir doch so gern schwammen und in der Sonne lagen. Aber weil man mich für einen zuverlässigen Kader hielt, kam ich zur internen Miliz, die – wie in jedem kommunistischen Land – dem Innenministerium unterstellt war. Das bedeutete, dass ich eine sehr harte Ausbildung durchzustehen hatte. Schon auf dem Weg zu meinem ersten Standort, in der Bahn nach Szombathely, schloss sich mir der bereits erwähnte Spitzel an, also muss diese „Verbindung" ein gut vorbereiteter Coup gewesen sein.In Szombathely wurde ich vom ersten Tag an eingesetzt, um Vorträge zu halten, Fortbildungskurse und politische Seminare zu organisieren und um Texte zu schreiben. So dass ich neben der Ausbildung auch im Parteikomitee arbeitete. Doch war ich während der ganzen Zeit einfacher Soldat ohne Dienstgrad.

Von Szombathely wurde ich dann nach Veszprém überstellt und im Spätherbst nach Budapest in die Agitprop-Abteilung der internen Miliz – natürlich war auch V. P., mein Schatten, wieder dabei. Ich schrieb und redigierte Texte für Broschüren und arbeitete gelegentlich auch schon für den Ungarischen Rundfunk. Schließlich hatte ich sogar das Privileg, dass ich hin und wieder zu Hause übernachten durfte und auch, dass man mich von daheim abholte. Einmal sogar in ziemlich benebeltem Zustand, denn wir beide, meine Frau und ich, waren stark erkältet und hatten quasi als

Medizin am Abend vorher reichlich kubanischen Rum getrunken. Ich wurde dann aber sehr schnell nüchtern.
Auf jeden Fall gab all das viel später Anlass zu diversen Lügengeschichten über mich. Zum Beispiel, als ich Anfang der Achtzigerjahre für einen Dokumentarfilm über die Revolution von 1956 in den Vereinigten Staaten ein Interview mit dem ehemaligen General Béla Király geführt habe; er unterrichtete damals am Brooklyn College und züchtete Tauben, und er hat Ungarn immer wieder gern geholfen. Ich kannte ihn nicht von früher. Aber wir wurden danach beide in diesem sogenannten „Schwarzen Lexikon", einem dreisten Gebräu aus Dummheit und Halbwahrheiten, hart angegriffen, das ein ehemaliger Zuträger fabriziert hat.
Király wurde attackiert, weil er gesagt hatte, unter den damaligen Umständen sei Kádárs Regime in Ungarn noch immer die bessere Lösung gewesen, man müsse sich ja nur die anderen kommunistischen Staaten ansehen. Über mich wurde in diesem Machwerk verbreitet, man hätte mich als Offizier der Staatssicherheit zu Király geschickt. Aber wer zum Teufel sollte mich 1981 zu Király schicken? Und dass ich sogar Major gewesen sei. Um Himmels Willen! Ich habe meinen ganzen Militärdienst als gemeiner Soldat abgeleistet. Király hat die Verleumder verklagt, sie mussten ihm eine Menge Geld bezahlen; mir haben die Anwälte abgeraten, vor Gericht zu gehen, darauf würde man nur warten, um aus der Sache eine öffentliche Scheindebatte zu machen und mir so erst recht zu schaden.
Ein wohlmeinender Zeitgenosse fragte mich, wozu ich, der ich doch zusammen mit Persönlichkeiten wie Henry Kissinger an Konferenzen teilnehme, mich mit dem beschäftigte, was längst diskreditierte Zeitungsleute in Ungarn über mich schrieben. Doch es fällt mir schwer, Lügen und reine Verleumdungen einfach so zu schlucken.

Darauf können wir später noch einmal zurückkommen, aber lass uns noch einen Augenblick in der Chronologie bleiben: Ihr beide, also dein Freund Endre Gömöri und du, könnt doch nicht allen Ernstes geglaubt haben, der Militärdienst würde vorwiegend aus Baden, Schwimmen und Sonnen bestehen. Sicher war eine gehörige Portion jugendliche Unbekümmertheit dabei, wenn ihr dachtet, die Zeit beim Militär sei ein Abenteuer, das ihr nicht ganz ernst nehmen müsstet. Schließlich war doch auch das Militär ein Abbild der herrschenden Diktatur. Hat denn der Militärdienst an eurer, sagen wir leichtfertigen, Einstellung zum Regime irgendetwas geändert?

Ich war ja schon ein Jahr, bevor ich einrücken musste, bei der Musterung gewesen, wurde aber freigestellt. Und es erschien mir selbstverständlich, dass man mich, damals schon ein vielbeschäftigter Journalist, auch weiterhin nicht einziehen würde. Dass ich dann doch zum Militär musste, war schon ein Hinweis, dass ich beobachtet, ja einer Kontrolle unterzogen wurde.

Das Militär hat mich insofern hart gemacht, als ich nach einem anstrengenden Ausbildungstag, wenn die anderen Ruhezeit hatten, mit Blasen an den Füßen von dem schlechten Schuhwerk ins Parteikomitee gehen und Redeskizzen für politische Seminare schreiben musste.

Deine Altersgenossen, Freunde und andere ungarische Intellektuelle haben berichtet, wie ihr blinder Glaube an die Segnungen des kommunistischen Regimes, falls sie ihn je hatten, beim Militär endgültig verflogen ist. Den stalinistischen Schauprozess gegen László Rajk im Jahr 1949 hielten sie noch fast ausnahmslos für richtig. Und der Schriftsteller István Eörsi hat beschrieben, wie er und seine Frau, sie waren schon schlafen gegangen, schluchzend zuhörten, als 1953 im Radio Stalins Tod gemeldet wurde. Der Glaube war also auch 1953 noch vorhanden. Du warst damals schon im Internierungslager in Kistarcsa.

Ja, ich saß im Gefängnis und erinnere mich, dass ich dem Offizier, der mich verhört hat, erklärte, unter allen sowjetischen Parteigrößen müsse Beria der Begabteste sein, denn er habe Stalins Namen in seinem Lobartikel zum 70. Geburtstag des großen Führers nur elf Mal erwähnt,

während die anderen Präsidiumsmitglieder seinen Namen mindestens vierzig Mal genannt hätten. Und dann wurden Neue eingeliefert, die sich in irgendeiner Form versündigt hatten, darunter jemand, der seinem Freund gegenüber gesagt haben sollte, er habe trotz des Ablebens vom großen Stalin ganz gut geschlafen. Am nächsten Morgen stand schon die Geheimpolizei vor seiner Tür.
Ich habe damals keinen dramatischen Ernüchterungsprozess durchgemacht. Mir ging es um meine Rehabilitierung, aber ich war ohne Illusionen, auch später. Ich zog gleich Konsequenzen, habe Tabula rasa gemacht, anders als diejenigen, die in Ungarn geblieben sind, die Lehren ihres früheren Lebens für sich aufgearbeitet haben und auf ihre Weise gegen die fehlende Freiheit im Kádár-Regime kämpften. Ich bin außer Landes gegangen und habe mich in Wien nicht damit beschäftigt, wann ich bei mir erste Anzeichen des Zweifels entdeckt haben könnte; ich versuchte, mich in meinem Metier zu behaupten und auf meine Weise, nämlich mit journalistischen Mitteln, dem Westen zu erklären, was für ein Regime in Ostmitteleuropa herrschte.

Hast du denn deine Verhaftung für einen Irrtum oder für einen Fehler des Regimes gehalten?
Für einen Irrtum. Es gelang mir sogar, meine Mitgefangenen davon zu überzeugen, dass ich unmöglich etwas Falsches getan haben könnte.

Aber das ist schwer zu verstehen, denn vorher hatte man vor deinen Augen schon eine Reihe von Menschen verhaftet, die du gekannt hattest und von denen du dachtest, dass sie nichts verbrochen hatten.
Diejenigen, die man eingesperrt hat, gehörten sämtlich einer anderen Generation an. Woher sollte ich wissen, was zum Beispiel György Ádám, mein Chef bei der Nachrichtenagentur, getan hatte? Wenn sie ihn verhafteten, würden sie ihre Gründe haben. So haben wir Jungen damals gedacht. Von mir selbst aber wusste ich definitiv, dass ich unschuldig war.

Parajd, Üllői-Straße, Auschwitz

Wie haben deine Eltern sich kennengelernt?

Mein Vater entstammt einer jüdischen Familie aus der Slowakei. Sein Vater war Prokurist einer Firma. Von seinen drei Geschwistern ist einer Arzt, eine Schwester deutschsprachige Korrespondentin bei diversen Firmen, die jüngere Schwester Lehrerin geworden. Mein Vater hat Rechtswissenschaften studiert, wurde 1914 in die österreichisch-ungarische Armee eingezogen und geriet zwei Jahre später als Leutnant in Gefangenschaft. Er kam erst 1920, nach vier Jahren Sibirien, wieder zurück. Seine Eltern wohnten in der Üllői-Straße in Budapest, wo mein Vater später auch seine Anwaltskanzlei eröffnete und ich mit meinen Eltern bis 1956 lebte.

Er hatte meine Mutter, die einer einfachen Familie aus Parajd in Siebenbürgen entstammte, 1928 durch einen Heiratsvermittler kennengelernt. Ihr Vater, Ármin Polacsek, betrieb dort einen Krämerladen, ihre Mutter hieß Mária Farkas. Mutter hatte ebenfalls drei Geschwister und war siebzehn Jahre jünger als mein Vater. Ihm ging es vor allem um eine gute Ehefrau mit schöner Mitgift. Er war ziemlich leichtsinnig und hatte für meine Mutter nicht viel Zeit übrig. Seine Leidenschaft war das Kartenspiel, aber auch in der Politik mischte er gern mit; das alles kostete, deshalb war die Mitgift bald aufgebraucht, Silber und Teppiche wanderten in die Pfandleihe. Meine Mutter hat oft erzählt, wie sie mich einmal vom Museumsring bis zur Üllői-Straße zu Fuß heimtragen musste, weil sie kein Geld mehr für die Trambahn hatte.

Hat denn dein Vater am Kartentisch viel Geld verspielt?

Das glaube ich nicht, er spielte ja nicht um große Einsätze; aber Vater

verdiente einfach nicht genug, seine Kanzlei ging nicht besonders gut. Erst während des Zweiten Weltkriegs liefen die Geschäfte allmählich besser. Meine Mutter war gläubig, der Vater aber ein absolut assimilierter, ungläubiger Budapester Jude. Doch auch Mutter war nicht etwa eine orthodoxe Jüdin, und sie kochte auch nicht koscher, ging aber doch an großen Feiertagen in die Synagoge.
Meine Eltern siezten sich bis zuletzt. Die zwei Schwestern von Vater sahen auf meine Mutter ein wenig herab, denn schließlich standen der Budapester Anwalt und die Krämerstochter aus Siebenbürgen doch nicht auf derselben gesellschaftlichen Stufe.

Warum glaubst du, dass sie nicht noch mehr Kinder wollten?
Vermutlich waren die wirtschaftlichen Verhältnisse der Grund. Mir ist in meiner Kindheit nichts abgegangen, doch sobald sich die Gelegenheit ergab, habe ich mich bemüht, mein eigenes Geld zu verdienen. Schon während der Gymnasialzeit habe ich Nachhilfestunden gegeben. Ich hatte einen Schüler, dessen Familie recht wohlhabend war, weil sie einen Stand in der Großen Markthalle hatten; ein Elternteil von ihm stammte aus Italien. Dieser Junge besaß eine wunderbare Modell-Eisenbahn. Als ich ihn einmal fragte, ob ich auch damit spielen dürfte, wies er mich zurecht: Du bist nicht zum Spielen hier. Ein Fest war es für mich, als ich mein erstes Fahrrad bekam.
Im Sommer verbrachte ich mit meiner Mutter immer ein paar Wochen in Parajd. Als ich dreizehn war, wurde dort meine Bar Mizwa gefeiert. Ich war zwar überhaupt nicht gläubig, musste aber doch dafür lernen, schon wegen der Verwandten. In Siebenbürgen hatten wir sehr viele Verwandte, nicht nur in Parajd, sondern auch in Alsósófalva und in Erdőszentgyörgy. Fast alle sind von den Nazis in Auschwitz umgebracht worden. Dabei waren sie alle überzeugte Ungarn.
Die jüngere Schwester meines Vaters hatte einen Schuldirektor geheiratet, der Christ war, und auch sie ließ sich taufen. Ihr Sohn trat sogar in

einen Orden ein, er wurde Zisterzienser. Einmal hat er mich zu Hause besucht, doch als er in meinem Bücherregal ein Buch des Religionshistorikers Ernest Renan erblickte, ergriff er die Flucht.

Was hat dein Vater zu den Judengesetzen gesagt? Habt ihr darüber gesprochen?

Merkwürdig, ich weiß nicht, wie er zu ihnen stand. Im Grunde habe ich mit meinem Vater nie ein richtig ernsthaftes Gespräch geführt. Der Altersunterschied zwischen uns war wohl einfach zu groß. Bei meiner Geburt war er schon neununddreißig Jahre alt. So hat er natürlich auch nie etwas davon mitbekommen, wie mein Sexualleben mit den bei uns beschäftigten Hausmädchen aus Siebenbürgen begonnen hat. Mit fünfzehn bin ich einfach mal, noch mit kurzer Hose, ins Freudenhaus in der Nap-Gasse gegangen, weil mir mein Freund Pali Elekes – er wurde später Schauspieler – erzählt hatte, dass er schon bei den Mädchen gewesen war. Also musste ich auch hin. Doch mich hat die Madame davongejagt, wahrscheinlich wegen der kurzen Hose. Wie man das ja auch aus Romanen kennt.

Jedenfalls habe auch ich die Judengesetze schon zu spüren bekommen. In die Höhere Schule wurde ich nur deshalb aufgenommen, weil mein Vater gute Verbindungen hatte; ihm verdankte ich, dass ich trotz Numerus clausus für Judenkinder das Vörösmarty Gymnasium besuchen durfte. Vorher hatte ich die Klassen der sogenannten Versuchs- und Musterschule besucht. Dort wurden allerlei Erhebungen, also Tests, durchgeführt. Bei mir stellte man fest, dass ich mich auf mehrere Dinge gleichzeitig konzentrieren konnte.

Im Gymnasium schloss ich viele Freundschaften; nie war dort so etwas wie Antisemitismus zu spüren. Dann kam, im März 1944, der Einmarsch der Deutschen, und auch wir mussten in das sogenannte „Haus mit dem gelben Stern“ an der Katona-József-Straße 2/d ziehen. Dort wohnten wir zusammen mit dem Onkel meiner Mutter, seiner Frau und ihrem Sohn in einer Zwei-Zimmer-Wohnung mit Vorzimmer.

In dieser Wohnung habe ich zum letzten Mal Tagebuch geführt. Aber nicht lange, denn Onkel Hermann hat es entdeckt, und eines Tages stürmte er mit rotem Kopf, das Heft in der Hand, zu meinem Vater, er solle sich doch mal ansehen, was sein Sohn da über sie geschrieben habe.

Wieso, was hattest du denn geschrieben?
An Einzelheiten kann ich mich nicht mehr erinnern, irgendetwas über die Dummheit des Onkels, und dass seine Frau zwar klüger, dafür aber gehässig sei. Damit war meine Tagebuch-Schreiberei ein für allemal zu Ende. Dann, nach Horthys missglücktem Absprung im Oktober 1944, kamen die Pfeilkreuzler. Uns gelang es, in das „Schweizer Schutzhaus" in der Hollán-Straße 47 umzuziehen, weil mein Vater irgendwo einen Schweizer Schutzpass hatte auftreiben können. Ich weiß bis heute nicht, ob der wirklich echt oder gefälscht war, denn damals wurde mit vielerlei falschen Papieren gehandelt. Wir waren dann fünfzig Personen in einer Drei-Zimmer-Wohnung.
Aber ich kann mich erinnern, dass ich darunter nicht sonderlich gelitten habe, das Aufregende, Neue und oft Abenteuerliche überlagerte das Elend – ich war damals fünfzehn.
Und es gab da auch ein schon größeres Mädchen, das mir gefallen hätte, Csöpi hieß sie, aber ihr Vater war von ziemlich imposanter Statur, und das schüchterte mich ein. Außerdem vertraute mir mein Vater schon wichtige Aufgaben an: Ich musste kontrollieren gehen, ob die von uns an verschiedenen Plätzen versteckten Wertsachen noch vorhanden waren. Deshalb war ich ständig unterwegs; bei diesen Erkundungszügen nahm ich natürlich meinen gelben Stern ab. Ich setzte mich auch manchmal in ein Kino, und von der Straßenbahn bin ich, wenn Ausweiskontrollen kamen, einfach abgesprungen und habe mich davongemacht.
Als ich dann zu Hause stolz von meinen „Heldentaten" berichtete, hat mich mein Vater zum ersten und letzten Mal geohrfeigt.
Von da an durfte ich das „Schutzhaus" nicht mehr verlassen. Aber ich half

zum Beispiel beim Essenverteilen, und als sich einmal der berühmte Operettenkomponist Béla Zerkovitz vordrängte, weil er mit Rücksicht auf seinen Ruf bevorzugt werden wollte, schaltete ich mich mit dem Hinweis ein, dass ich jetzt hier der Stellvertreter des Kommandanten sei: Also bitte zurück in die Reihe!
Dieses unvergessliche Haus ist übrigens kaum hundertfünfzig Meter von unserer jetzigen Budapester Wohnung entfernt.

Du berichtest von deinen Erlebnissen im besetzten Budapest so, als hätte dich damals die Situation in der belagerten Hauptstadt gar nicht besonders erschüttert. Hast du diese grauenvolle Pfeilkreuzler-Zeit in Budapest etwa als Abenteuer erlebt?
Ich glaube nicht, dass ich all das, was damals geschah, richtig einschätzen konnte. Natürlich habe ich mitgekriegt, dass wir am Rande des Abgrunds standen. Jeder hat gesehen, was die Pfeilkreuzler in der Stadt anrichteten. Aber ich war fünfzehn, sicher hatte es für mich auch etwas Abenteuerliches. Und das half mir, diese Zeit zu überleben.
Jetzt empfinde ich das natürlich ganz anders. Je älter ich werde, desto intensiver kehren die Bilder von damals zurück. Früher habe ich mit niemandem über die Vierziger- und Fünfzigerjahre geredet. Sie beschäftigten mich auch nicht.
Ich glaube, es ist zehn Jahre her, seit ich über diese Zeit mit der Nichte meiner Mutter, also mit Kató, und ihrem (inzwischen verstorbenen) Mann gesprochen habe; er war in derselben Schule wie ich, aber zwei Jahre über mir. Kató erzählte, wie sie, damals sechzehnjährig, Auschwitz überlebt hat, berichtete von Menschen, die um sie herum gestorben sind oder umgebracht wurden, über die Gräuel, deren Augenzeugin sie werden musste. Ich hatte vorher all das aus meinem Leben ausgeblendet und in jeder Beziehung Tabula rasa gemacht, bevor ich in Wien mein zweites Leben begann. Dabei wusste ich, woher meine Mutter die Lähmung ihrer Gesichtsnerven hatte, wusste, wie sehr es sie getroffen hat, als sie erfuhr,

dass ihre Eltern in Parajd abgeholt und in den Tod verschleppt worden waren. Es traf mich erstmals wie ein Schock, als ich in den Siebzigerjahren den damaligen österreichischen Finanzminister Hannes Androsch als Journalist nach Auschwitz begleitete. Ich bin völlig zusammengebrochen. Hatte einen Weinkrampf, als ich die Berge von Kindertäschchen sah und daran denken musste, dass auch die Täschchen von Lydia und Hugo, meiner Nichte, meinem Neffen aus Siebenbürgen, darunter sein mussten.
Aber die Hektik nach 1945, der Aufbruch nach dem Krieg, die überzogene Aktivität dieser Jahre hatten das alles überlagert und schließlich zugedeckt.
Heute, in meinem dritten Leben, kehren die Erinnerungen an das erste Leben umso intensiver zurück – wohl auch als Folge dessen, was gerade jetzt in Ungarn vor sich geht. Die Zustände dort regen mich auf, quälen mich unsagbar.

Da in Ungarn die Vergangenheit bis zum heutigen Tag nicht zu Ende gedacht und aufgearbeitet ist, kehrt sie ungehindert zurück; die als neue Nazis betrachteten Jobbik-Leute sitzen jetzt schon im Parlament, und man kann wieder offen ein Antisemit und Rassist sein.
Anders als in Ungarn wurde und wird in Österreich und Deutschland viel getan, um die eigene ungeheuerliche Vergangenheit zu bewältigen. Trotz der Versäumnisse nach 1945, trotz der hartnäckigen Überbleibsel der NS-Ideologie und trotz der starken rechtsradikalen Versuchung kann man die politische Atmosphäre und die Haltung der Medien gegenüber antisemitischen und rassistischen Erscheinungen mit der Lage in Ungarn nicht vergleichen.
Das spielt für mein Verhältnis zu Ungarn eine wichtige Rolle. Ich könnte heute nicht meinen ständigen Wohnsitz in Ungarn nehmen, mich dort nicht mehr zu Hause fühlen. Es ist zwar das Land, in dem ich geboren bin, doch es kann nicht meine Heimat sein, wenn dort so vieles geschieht, was nicht geschehen dürfte. Mein Zuhause ist Wien. Dabei ist mein drit-

tes Leben aber stark bestimmt von dem, was in Ungarn passiert, einerseits, weil wir häufig in Budapest sind, andererseits, weil immer wieder böse Erinnerungen aufsteigen. Das war offenbar auch der Grund dafür, dass ich mich nach 1945 so bald auf einen kompletten Neuanfang festlegte. Wir wollten eine neue Gesellschaft, eine andere politische Ordnung schaffen, in der so etwas wie die Jahre vor dem Zweiten Weltkrieg und die Herrschaft der Pfeilkreuzler in Ungarn nie mehr möglich sein würden. Heute, im Rückblick, weiß ich, dass aus demselben Grund damals viele Ungarn jüdischer Abstammung in der Sozialdemokratie und in der Kommunistischen Partei denselben Weg gegangen sind wie ich, vor allem die jungen Leute in Budapest, denn auf dem Land hatte man ja die meisten Juden umgebracht. Ich selbst hatte das Glück, dass mein Vater mich und meine Mutter nach dem Krieg bei den Sozialdemokraten und nicht in die Kommunistische Partei hatte einschreiben lassen; so kamen wir damals zu einem Ausweispapier.

Ja, das hast du an anderer Stelle schon einmal erwähnt, aber nicht dazu gesagt, welche Beweggründe dein Vater dafür hatte.
Es war eine sonderbare Geschichte: 1945 wurde mein Vater in Budapest auf der Straße angehalten und aufgefordert, sich auszuweisen; voll Stolz zeigte er sein russisches Entlassungsdokument von 1918 oder 1919 aus einem russischen Gefangenenlager. Aber damals stellten dort, im russischen Bürgerkrieg, die bürgerlichen sogenannten Weißen den Kommandanten des Lagers, und das machte meinen Vater selbst nach so vielen Jahren noch verdächtig. Man brachte ihn nach Rétság, nördlich der Hauptstadt, wo es eine Basis des Militärischen Abwehrdienstes gab; 1956 wurde übrigens der Fürstprimas Kardinal József Mindszenty auch dorthin gebracht. Mein Vater muss bei dieser Dienststelle wohl die beste Verteidigungsrede seines Anwaltslebens gehalten haben, denn nach ein paar Tagen ließ man ihn wieder frei. Auf jeden Fall hat er daraus die Lehre gezogen, dass wir Ausweispapiere brauchten, die uns unverdächtig mach-

ten und Sicherheit boten. Und so wurden wir gleich alle drei, also die ganze Familie, Mitglieder der Ungarischen Sozialdemokratischen Partei.

Wenn ich es richtig verstanden habe, ist also der größte Teil deiner Verwandten aus Siebenbürgen in Auschwitz umgebracht worden.
Die Verwandten aus Parajd, auch die aus Erdőszentgyörgy und Alsósófalva wurden fast ausnahmslos in Auschwitz ermordet: meine Großeltern, Tanten, Onkel, Vettern und Kusinen und auch die entferntere Verwandtschaft. Eine Tante, die in Bukarest lebte, und ein jüngerer Bruder meiner Mutter, er war beim Arbeitsdienst, waren die einzigen, die überlebt haben.

Wann habt ihr das alles erfahren?
Dass sie alle nicht mehr da waren, wussten wir seit Mai 1944, denn damals kamen Mutters Briefe der Reihe nach zurück, alle mit dem Vermerk „Adressat verzogen“. Aber erst gegen Jahresende hatten wir Gewissheit, dass sie abgeholt worden waren, und damals wussten wir auch schon, was das bedeutete, „sie wurden abgeholt“.
Meine Mutter aber hatte inzwischen noch ein Schicksalsschlag getroffen, im Oktober 1944 wurden auch ihr Mann und ihr Sohn, also Vater und ich, „abgeholt“. Aber uns beiden gelang die Flucht. Mein Vater setzte sich von der Sammelstelle schon in einer Schule in Budapest ab. Es ist merkwürdig, aber irgendwie charakteristisch für die Atmosphäre damals, dass ich mich nie nach den Details seiner Flucht erkundigt habe. Für mich war nur wichtig, dass er auch wieder da war!
Ich wurde zur Pferderennbahn gebracht, wo schon Tausende darauf warteten, dass man sie abtransportierte. Natürlich protestierte ich immer wieder – ich wusste ja, wohin es gehen sollte –, habe ständig und jedem gesagt, dass ich erst fünfzehn sei, und erst mit sechzehn könne man Jugendliche zum Arbeitsdienst schicken. Natürlich interessierte das keinen Menschen. Aber dann kam unsere Hausmeisterin, denn mich hatte man zusammen mit Dönci, dem Sohn unseres Hausbesitzers, mitgenom-

men. Der schickte uns die Hausmeisterin nach, die eine besonders gewitzte Frau war. Nicht nur, dass sie uns ausfindig machte – was nicht einfach war –, sie hat auch die „richtigen" Pfeilkreuzler bestochen, die dann „gar nicht bemerkt haben", wie Dönci und ich uns absetzten. Wir rannten zu Fuß zur Station der Vorortbahn, und hier folgte die Episode, die ich später gern erzählt und sogar stolz beschrieben habe, dass wir nämlich den Schaffner überlisteten, das heißt, auf dem Rückweg nach Budapest schwarzgefahren sind. Ohne Dönci oder besser ohne das Geld seines Vaters wäre ich sicherlich ganz woanders gelandet.
Dönci wanderte dann später nach England aus, und ich habe nie mehr von ihm gehört.

Und was ist aus der Familie deines Vaters geworden?
Seine jüngste Schwester, Isabella Lendvai, das habe ich schon erwähnt, hatte nach Zalaegerszeg geheiratet, ihr Mann, ein Christ, war dort Direktor einer Schule. Isabella war eine blonde Schönheit, deren Konterfei man als prototypisch für eine reinrassige Arierin in die Schulbücher hätte aufnehmen können, sie wurde von ihrem Mann gerettet. Er war Reserveoffizier und als Oberleutnant zum Militär einberufen. Sobald er erfuhr, dass seine Frau als „jüdisch-rassig" aufgegriffen und festgenommen worden war, setzte er seine Entlassung durch. Ihm gelang es dann, in Zalaegerszeg Ärzte zu finden, die bei meiner Tante irgendeine Geschlechtskrankheit diagnostizierten und sie in der Frauenabteilung für Haut- und Geschlechtskrankheiten unterbrachten. Dort hat sie den Terror der Pfeilkreuzler überlebt.
Später sind die beiden nach Budapest gezogen, wo ihr Mann wieder als Schuldirektor eingestellt wurde; soviel ich weiß, hat sie als gläubige Christin die Demokratische Volkspartei unterstützt; ihr Sohn Zsolt wurde übrigens von Kardinal Mindszenty zum Priester geweiht.
Die andere Tante väterlicherseits, hat als Witwe ebenfalls irgendwie überlebt, auf welche Weise, weiß ich nicht.

Oskar Lendvai, der ältere Bruder meines Vaters – Hautarzt in Pressburg und dort ein ganz überzeugter ungarischer Patriot, war im Unterschied zu meinem Vater ein richtiger Herzensbrecher und berühmt für seinen Witz und Humor. Er hat die Judenverfolgung überlebt, aber einer seiner Söhne wurde nach Auschwitz verschleppt, wo er zwar überlebte, aber nach seiner Befreiung auf dem Heimweg starb. Der jüngere Sohn meines Onkels wurde versteckt und ist durchgekommen; er wanderte später, nach der sowjetischen Intervention im August 1968 in der Tschechoslowakei, nach Deutschland aus.

Wie bist du mit der Tatsache fertig geworden, dass man deine Großeltern, Vettern, Kusinen und andere Verwandte umgebracht hat?
Ich nahm das als unabwendbare Tragödie auf, die man eben hinnehmen musste. Aber dass die vernarbte Haut über all diesen Wunden nur ganz dünn war, das habe ich erst in den Neunzigerjahren gespürt.
Ich bin ja bereit, alles, alle Fehler und Sünden zu verzeihen, wenn die Täter später nicht nur einsehen, was sie getan haben, sondern auch bestrebt sind, so etwas wie Wiedergutmachung zu versuchen. Aber wer sein ganzes weiteres Leben lang nicht sehen will, was er angerichtet hat, den kann ich nur verachten. Das gilt ganz besonders für diejenigen, die so bereitwillig mithalfen, den roten Totalitarismus zu errichten und heute schon wieder bereit stehen, die totalitaristische Gesinnung der Dreißigerjahre neu zu beleben. Als wäre die Zeit stehen geblieben und als sei inzwischen gar nichts geschehen und als könnte man wieder etwas aus der Horthy- und der Pfeilkreuzler-Zeit zurückholen. Das ist ja fast so, als wenn ein berüchtigter Hetzer der antisemitischen Zwischenkriegszeit und späterer Pfeilkreuzler nach 1945 Mitglied des kommunistischen Zentralkomitees der Partei geworden und dann im Ungarn der Neunzigerjahre mutig und ohne Probleme wieder zum Pfeilkreuzler mutiert wäre. Unglaublich, was in Ungarn in dieser Beziehung möglich war und gegenwärtig möglich ist.

Wenn ich darüber in der österreichischen oder in der deutschen Presse schreibe, muss ich mich sehr zurücknehmen, um nicht von Zorn, Hilflosigkeit und Empörung überwältigt zu werden. Unbegreiflich ist mir, dass man mich, Charles Gati, einst junger Journalist und nach seiner Flucht bekannter Historiker und Universitätsprofessor, oder Ágnes Heller, die heute weltweit angesehenste ungarische Philosophin, beide jüdischer Herkunft, aus derselben Ecke angreift. Das lässt sich im Westen nur schwer oder gar nicht erklären. Um die Ungeheuerlichkeit dieser Vorgänge zu begreifen, müsste man die ungarische Geschichte und auch die ungarische Gesellschaft besser kennen.
Bei diesem erschreckenden Prozess sind die rechtsgerichteten ungarischen Emigranten und der Weltverband der Ungarn im Ausland sehr aktiv und versuchen dort anzuknüpfen, wo sie 1944 oder 1945 aufhören mussten. Auch diese Kreise werden leider vom Regime Orbán unterstützt und benutzt. Deshalb halte ich es heute für meine wichtigste Aufgabe, diese unheilige Allianz zu entlarven.
In den Siebzigerjahren sah ich es als meine vordringliche Pflicht an, den wieder auflebenden Antisemitismus in Polen anzuprangern; deshalb schrieb ich damals das Buch über den Antisemitismus und wies darin unter anderem auf dessen polnische Spielart hin. Nie hätte ich mir vorstellen können, dass ich auch in Ungarn einmal – noch dazu nach der Wende – vor solchen Anzeichen würde warnen müssen, während man in Polen oder Kroatien inzwischen schon ein ganz anderes Verhältnis zur eigenen Vergangenheit und auch zum Antisemitismus gefunden hat.
Das ist der Lackmustest für die Sensibilität einer Gesellschaft und ihre Fähigkeit zur Selbsterkenntnis und auch für das, was man von ihr erwarten kann. Ungarn, seiner Gesellschaft, seiner Bevölkerung hat nichts so sehr geschadet wie das, was es zwischen den beiden Weltkriegen, während des Kriegs und in der Zeit des Pfeilkreuzler-Wahnsinns zugelassen und zum Teil mitgemacht hat. In Österreich und Deutschland hat man das nach anfänglichem Zaudern schließlich begriffen, in Ungarn erkennt man

es bis heute nicht. Die beschämenden Aktionen, die dort immer noch oder schon wieder passieren, beweisen es.
Gleichgültig, wo man lebt, in Wien oder Budapest, man darf nicht dulden, dass sich solcher Hass noch einmal ins Denken und Verhalten der Menschen einschleicht. Das bedeutet: Darüber muss offen und unerbittlich gesprochen werden. Denn man kann nicht in der Lüge leben. Das Schlimmste ist aber, dass die Rechte, die Viktor Orbán hervorgebracht hat, die ungarische Gesellschaft erneut in die Lüge drängt; dass frühere kommunistische Funktionäre, die 1989 ihr Mäntelchen geschwind in den neuen Wind gehängt haben, heute auf der rechten oder sogar der extrem rechten Seite ihr trübes Süppchen kochen. Sie versuchen, Philosophen, Schriftsteller, Publizisten, Wissenschaftler, Künstler zu diskreditieren, indem sie ihnen Dinge vorwerfen, die diese vor einem halben Jahrhundert gesagt oder geschrieben haben. Und sie genieren sich nicht einmal zu erwähnen, dass die Verleumdeten Nachfahren jener Juden seien, die Ungarn einst so großzügig aufgenommen habe.

Ich würde gerne mit der nächsten Frage auf deine Eltern zurückkommen. Du hast erzählt, dass dein Vater seinerzeit durch einen Vermittler mit seiner Frau, deiner Mutter, zusammengekommen ist. Wie hat so etwas eigentlich funktioniert?
Ich habe wirklich keine Ahnung. In der Familie wurde darüber natürlich nie gesprochen. Was ich davon weiß, habe ich aus alten Briefen und Ansichtskarten, die meine Mutter aufbewahrt hat; in denen redeten Vaters Freunde meiner Mutter gut zu, doch in die Ehe einzuwilligen. Sie sahen es vermutlich als einen Glücksfall für Vater an, weil sie die Eltern von Mama für viel reicher hielten, als diese tatsächlich waren. Sie besaßen ein Haus, ein Geschäft – sonst absolut nichts.
Und mein Vater hatte vermutlich gar kein Verhältnis zum Geld und keinen Sinn fürs Geschäft. Ein einziges Mal hat er sein Glück an der Börse versucht: Er kaufte Aktien von irgendeinem Trust, deren Kurs von die-

sem Tag an im freien Fall nach unten ging. Ich erinnere mich auch, dass er 1946/1947 mehrere Male dem Vater meines Freundes Pali Elekes Geld geliehen hat, denn auch unsere Familien waren gut befreundet. Dann versuchte Vater, auch meine Mutter zu überzeugen: „Wissen Sie, Edit", sagte er, „dieser Mann wird uns sicher so viel Geld einbringen, dass wir gar nicht wissen, wohin damit." Die Aktion brachte uns natürlich nichts ein, es gab keine Zinsen, und das gesamte Kapital war schließlich futsch.

Aber das scheint ein Grundübel in unserer Familie zu sein, denn auch ich habe absolut keinen Sinn fürs Geschäftliche. Deshalb bin ich in Geldsachen extrem konservativ, nehme zum Beispiel nie einen Kredit auf. Nur einmal in meinem Leben sah ich mich gezwungen, mir zwanzigtausend Schilling zu leihen, um an eine Wohnung zu kommen, aber ich habe diesen Kredit innerhalb von drei Jahren zurückgezahlt. Ich gehe nicht an die Börse, spekuliere nie, besitze überwiegend Staatspapiere. Wahrscheinlich leide ich an einer Art Sicherheitssyndrom.

Und was wolltest du mit dem Halbsatz sagen, dass dein Vater sich nicht viel um deine Mutter gekümmert hat?

Sieh mal, meine Mutter kam aus Siebenbürgen nach Budapest, wo sie keinen Menschen kannte. Auch später hatte sie kaum Freundinnen in der Stadt. Sie war in Parajd zu Hause, in diesem Dorf und in seiner Umgebung lebte ihre ganze Verwandtschaft. Auch die Geschwister meines Vaters wohnten nicht in Budapest, eine Schwester in Zalaegerszeg, der Bruder in Pressburg, und mein Vater verbrachte seine Freizeit am liebsten in seiner Kartenspielerrunde. Sie pflegten auch keinerlei Geselligkeit. Der ganze Sinn des Lebens bestand für meine Mutter darin, dass sie uns versorgte. Sie kochte für uns, obwohl sie keine große Kochkünstlerin und ihr Repertoire an Gerichten ziemlich beschränkt war. Hatte ich einmal gesagt, wie gut doch das Schnitzel war, gab es eine Woche lang täglich Wiener Schnitzel zu Mittag. Ich habe ihr manchmal Gedichte vorgelesen,

vor allem aus Antal Szerbs Anthologie *Száz Vers* (Hundert Gedichte der Weltliteratur im Original und in ungarischer Übersetzung).
Es war kein Wunder, dass sie schließlich depressiv wurde, zuerst verlor sie ihre Eltern im Holocaust, dann begann der Terror der Pfeilkreuzler in Budapest, ihr Mann und ihr Sohn wurden abgeholt, nach dem Krieg hat man mich verhaftet. Das Schlimmste für sie war, als sie mich im Februar 1961 in Wien anrufen musste, um mir zu sagen, dass ich stark sein solle, weil Vater gestorben sei. Die Nachricht hat mich tief getroffen, ich hatte keine Stimme mehr. Gern hätte ich ihn noch einmal gesehen. Und dann dauerte es auch noch anderthalb Jahre, bis ich meine Mutter zu mir nach Wien nachkommen lassen konnte.

Was meinst du, haben deine Eltern sich richtig gern gehabt?
Sicher; aber Küsse und Zärtlichkeiten gab es kaum. Als ich noch ein Kind war, schliefen wir alle drei in einem Zimmer, erst später wurde ich dann in das kleinere Zimmer ausquartiert. Wir hatten nur drei Zimmer, Vaters Arbeitszimmer inklusive. Als die Anwaltspraxis besonders schlecht lief, setzte sich meine Großmama immer ins Vorzimmer hinaus und tat, als wäre sie eine Klientin, die auf den sehr beschäftigten Herrn Rechtsanwalt warten müsse.
Aber auch Vater hatte kein einfaches Leben, er hat beide Kriege miterlebt. Im Ersten Weltkrieg verlor er sechs Jahre seines Lebens, dann, ab 1944, lebte er in ständiger Angst um sich und seine Familie. Nach dem Aufstand 1956 musste er erfahren, dass er überflüssig war. Man schickte ihn aus der Anwaltskanzlei, die er selbst gegründet hatte, in die Frühpension. Ich glaube, für beide Eltern war ich die einzige Hoffnung.

Die Hoffnungen deiner Mutter konntest du ja durchaus erfüllen.
Ja, in der Tat war sie glücklich, dass ihr Sohn es in Wien zu etwas gebracht hatte.

Ich kann mir deinen Vater noch nicht recht vorstellen. Von deiner Mutter habe ich nach deinen Erzählungen ein deutlicheres Bild. Was für ein Mensch war dein Vater?

Er hat sehr viel gearbeitet, war ständig unterwegs und immer erst spät zu Hause. Morgens kam er allerdings ziemlich schwer aus dem Bett. Unsere Dienstmädchen – solange wir eines hatten – fragten immer, ob der Herr Doktor sich nicht wohl fühle oder krank sei. Nein, er liebte es, spät aufzustehen, hat sogar gern im Bett gefrühstückt. Dann ging er weg und kam erst zwischen zwei und drei am Nachmittag zum Mittagessen heim. Aber er hat immer darauf geachtet, dass ich anständig lernte.

An eine Peinlichkeit erinnere ich mich noch, ich war damals vielleicht acht oder neun Jahre alt. Das Telefon klingelte, und ich nahm den Hörer ab. „Nicht um vier, Liebling, wir treffen uns erst um sechs“, sagte eine fremde Frauenstimme. Ich war aufgeregt, rannte zu meiner Mutter und erzählte ihr von dem Anruf. Mein Vater hat die Sache natürlich heruntergespielt, eine falsche Verbindung, ein Missverständnis; so blieb dieses Telefonat folgenlos, doch mich beunruhigte es und berührte mich irgendwie.

Meine Mutter hat bestimmt nie einen anderen Mann gehabt als meinen Vater. Er war sich übrigens seiner gesellschaftlichen Stellung als Akademiker und Anwalt sehr bewusst, hatte sogar so etwas wie Standesdünkel. Mit unseren Nachbarn, den Fischers, kamen wir sehr gut aus; die Frau war Mutters Freundin, ihr kleiner Sohn mein Spielkamerad, doch weil Fischer nur ein einfacher Verkäufer in einem Warenhaus war, hielt mein Vater Distanz zu ihnen. Sie waren für uns nicht der richtige Umgang, fand er. Mit Nicht-Lateinern, also Leuten aus einer weniger gehobenen Bildungsschicht, sollten wir keinen Umgang pflegen.

Nach solchen Grundsätzen lebte er, auch wenn er ein nicht gerade erfolgreicher Anwalt war. Er hatte zwar ein paar wohlhabende Klienten, aber insgesamt ging die Kanzlei nicht gut. Mein Vater war ein zu verschlossener Mensch, er pflegte keine Verbindungen in der Gesellschaft, die ein-

zige Ausnahme waren seine Kartenpartien. Ich erinnere mich, dass er oft am Fenster stand und den regen Verkehr auf der Üllői-Straße beobachtete – ich habe nie verstanden, was er daran so interessant fand.
Seinerzeit, als ihn meine Mutter bei ihrer ersten Begegnung gefragt hatte, wo der Herr Rechtsanwalt denn seinen Urlaub verbringe, musste Vater passen: Wo? Nirgends. Er fuhr niemals irgendwohin auf Urlaub. Er hatte weder Geld dafür noch das Verlangen danach. Als er verheiratet war, genoss er es wie seinen Urlaub, wenn meine Mutter mit mir nach Siebenbürgen fuhr. Er kam niemals mit nach Parajd. Kein einziges Mal. Immer blieb er in Budapest und freute sich, dass er endlich einmal allein war.

War er denn wenigstens nett zu deiner Mutter?
Gewiss. Die tägliche Choreografie bestand darin, dass sie, wenn Vater am frühen Nachmittag heimkam, in die Küche stürmte, um ihm das Mittagessen anzurichten; Vater mochte es nicht, dass sie, während er von einem seiner Fälle berichtete, dauernd wegrannte, weil etwas anbrennen könnte oder der zweite Gang serviert werden sollte. „Edit, Sie hören mir schon wieder nicht zu“, pflegte er dann etwas gereizt zu bemerken. Es lieferte immer wieder Stoff für einen Konflikt, dass meine Mutter bei seinen Berichten nur im Kopf hatte, wie sie ihn bedienen, versorgen und zufriedenstellen könnte.
Ich aber war, so oft ich konnte, weg von zu Hause. Ich trieb mich viel herum, drehte ständig mit dem Fahrrad irgendwo meine Runden; deshalb sind mir auch nur Bruchstücke vom Umgang meiner Eltern miteinander in Erinnerung geblieben. Ich interessierte mich nicht für ihr Verhältnis zueinander.

Dich hat dein Vater doch gemocht. Konntest du spüren, dass er dich gern hatte?
Natürlich. Ich erinnere mich, dass am frühen Nachmittag, wenn er heimkam, seine erste Frage lautete: „Was ist mit dem Buben?“ Wenn ich krank

war, blieb er zu Hause, brachte mir Zeitungen. Und noch etwas weist auf unser Zusammengehörigkeitsgefühl hin: Wenn meine Mutter aus religiösen Gründen fastete, frühstückten wir beiden „Männer“ im Kaffeehaus. Das war für mich natürlich ein ganz besonderes Ereignis. Später, als finanziell schon alles besser lief, gingen wir samstags auch öfter zu dritt ins Kaffeehaus. Das war für mich eher langweilig, wohl deshalb fing ich an, die dort ausliegenden Zeitungen zu lesen.
Als ich von daheim ausgezogen war, habe ich mich, das muss ich heute leider einsehen, nicht viel um meine Eltern gekümmert. Doch sobald ich schon etwas verdiente, habe ich sie finanziell unterstützt. 1954 bin ich, nachdem ich mich von meiner ersten Frau getrennt hatte, wieder bei meinen Eltern eingezogen, aber bis dahin hatten wir keinen ständigen Kontakt. Mein Vater bekam noch meine journalistischen Anfänge in Österreich mit, den richtigen Erfolg aber nicht mehr. Er ist sehr früh gestorben, mit siebzig, aber er war doch schon ein irgendwie gebrochener Mann. Dass er nicht mehr Anwalt sein durfte, ließ ihn verzweifeln, zumal die Arbeitsgemeinschaft der Anwälte, die er gegründet hatte, weiterhin in unserem Haus existierte. Ein erneuter Schicksalsschlag traf ihn, als 1960 in der *Népszabadság* jener Artikel über mich erschien, über den wir schon gesprochen haben und der mich als zwielichtigen Lebemann verleumdete.

Du sagtest doch, dass du deine Eltern von Wien aus manchmal angerufen hast. Konntest du sie nicht davon überzeugen, dass das Ganze eine infame Lüge war?
Nein, nach Ungarn zu telefonieren, war zu dieser Zeit nicht so einfach. Es war eine Prozedur und ein Ereignis, wenn man überhaupt durchkam. Erstens kostete es viel, und zweitens konntest du sicher sein, dass das Gespräch abgehört wurde. Für meine Eltern war das eine harte Zeit.
Die Lebensgeschichte meiner Mutter endete zum Glück versöhnlich. Sie konnte ja zu mir nach Wien kommen. Hier haben wir sie später auch beer-

digt, während ihre Eltern ja in Auschwitz den Tod fanden. Mein Vater ruht in Budapest neben seinen Eltern.
Auch mich wird man hier begraben, wo schon die sterblichen Überreste meiner Mutter und meiner zweiten Frau Margaret, die aus einer englischen, protestantischen Aristokratenfamilie stammte, im Wiener jüdischen Friedhof ruhen, natürlich mit Zustimmung ihrer Söhne aus erster Ehe. Zu ihrer Verabschiedung sind damals viele gute Bekannte gekommen: Unser bester gemeinsamer Freund, der angesehenste österreichische Publizist und Fernsehstar Hugo Portisch, hat die Abschiedsrede für Margaret gehalten.
Eigentlich wollte ich die Asche von Margaret bei mir zu Hause behalten, bekam auch die Erlaubnis dazu, doch dann habe ich mich mit Margarets Söhnen aus erster Ehe besprochen, und wir beschlossen schließlich, dass sie neben meiner Mutter begraben werden sollte. Ihre Söhne hatten kein Problem damit, sie sind Agnostiker, wie es ihre Mutter war. Ich habe dann mit dem Wiener Oberrabbiner gesprochen, denn eigentlich hätte man sie nicht im jüdischen Friedhof bestatten dürfen, aber der Rabbi hat ihr Begräbnis dort genehmigt. So konnten wir das Grab meiner Mutter öffnen und Margarets Urne neben ihr begraben.
Heute ruhen also Edit Lendvai, die siebenbürgische Jüdin, und Margaret Lendvai, die englische Protestantin (allerdings ohne Bekenntnis zu einer Religion), unter einem Grabstein. Mich aber erfüllt es mit Zufriedenheit und Beruhigung, dass sie beide hier sind.

Zwischen Wien und London

Kommen wir zu deinem Leben in Wien: Fast zum selben Zeitpunkt, als du mit dem Flugzeug in Wien gelandet bist, ist auch deine spätere Frau mit dem Auto hier eingetroffen.

Ja, zusammen mit ihrem Mann Boris Kidel, der Korrespondent der britischen Zeitung *News Chronicle* war. Kidel stammte aus einer jüdischen Familie in Bessarabien, sein ziemlich begüterter Vater hatte ihn zum Studium nach England geschickt. Er und Margaret haben sich während des Kriegs kennengelernt, ihre beiden Söhne wurden 1943 und 1947 geboren.

Nach dem Krieg arbeitete Kidel als Korrespondent der Nachrichtenagentur Reuters in der Schweiz, daher musste Margaret ihren Beruf – sie war Schauspielerin – aufgeben. Dann lebte die Familie sieben Jahre lang in Paris, bevor Boris nach Wien versetzt wurde. So lernte ich bei meinem Aufenthalt in Warschau zuerst ihn, später auch Margaret kennen. Eine Zeitlang waren wir nur gut befreundet – ich hatte damals gerade eine Beziehung mit der Frau eines anderen Kollegen, einer Schriftstellerin, die recht erfolgreiche Romane schrieb. Sie hat sich später von ihrem Mann scheiden lassen, aber nicht mich, sondern einen anderen geheiratet.

Meine engere Verbindung mit Margaret begann 1958. Wir verliebten uns ineinander. Sie trennte sich 1959 von ihrem Mann und wir zogen zusammen. Ihre Scheidung war kein Drama, sie hatten schon immer eine ziemlich offene Ehe geführt und beide zwischendurch auch andere Beziehungen gehabt. Margaret und ich heirateten 1962. Unsere Trauzeugen waren der Korrespondent des *Christian Science Monitor* und der Berichterstatter der *Neuen Zürcher Zeitung* in Wien, ein Schweizer – zufällig waren beide mit Polinnen verheiratet.

War das für dich oder für euch eine schwierige Entscheidung?
Ja. Besonders für Margaret, schließlich hat sie ihren Mann und zwei Kinder, die in Wien noch zur Schule gingen, verlassen. Einer der Söhne war zwar schon fast erwachsen, er stand kurz vor der Matura. Später sind dann beide Söhne nach England zurückgegangen, der eine an die Universität, der andere in eine Internatsschule. Die beiden bekamen oft Besuch von ihrer Mutter.
Margarets Schwester war übrigens mit dem Sohn eines berühmten deutsch-jüdischen Psychiaters verheiratet, die Familie also international ziemlich vernetzt. Ihr Bruder, ein renommierter Mikrobiologe, Mitglied der Akademie der Wissenschaften und Professor an der Universität Edinburgh, hat sich über unsere Heirat keineswegs erfreut gezeigt. Er war nämlich überzeugter Kommunist, sein Hund hieß passenderweise „Munka" („Arbeit"). Orangen kaufte er nur, wenn sie nicht aus Südafrika, dem Land der Apartheid, kamen; neben der *Times* las er auch den *Daily Worker*, das Organ der britischen Kommunisten; kein Wunder also, dass er sich nicht für einen Schwager erwärmen konnte, der dem Paradies des Sozialismus den Rücken gekehrt hatte.
Margarets Leben war stark von einem tragischen Ereignis geprägt: Ihre Eltern hatten während des Kriegs Selbstmord begangen. Vermutlich tötete der Vater zuerst seine Frau und dann sich selbst. Er war schwer depressiv und fürchtete, England würde den Krieg verlieren, die Deutschen das Land besetzen, ihm seine Anwaltskanzlei nehmen und damit ihr Leben ruinieren. Margaret war damals zwanzig, doch sie hat den Tod der Eltern ihr ganzes Leben lang nicht verwunden. Dazu kam noch beruflicher Misserfolg. Sie wollte schreiben, doch ein von ihr verfasster Roman ist nie erschienen, und auch für ihre Novellen fand sie keinen Verlag.

Was hat sie denn beruflich in der Schweiz, in Paris und in Wien gemacht, wo ihr Mann doch überall ein vielbeschäftigter Korrespondent war?
Sie hatte die Kinder und einen Haushalt zu versorgen, und sie hat geschrieben. Mit mir aber begann für sie ein völlig neues Leben. Wir reisten zusammen durch die Welt, hatten einen riesigen Bekanntenkreis und viele Freunde, die wir schätzten und die uns mochten. So genossen wir also ein reges gesellschaftliches Leben. Margaret sprach Englisch, Französisch und Deutsch, war sehr gebildet und kannte den gesellschaftlichen Verhaltenskodex.
Aber auch sie neigte zu Depressionen, vor allem, weil sie fälschlicherweise das Gefühl hatte, dass ich meine Artikel und Bücher gleichsam aus dem Ärmel schüttelte, was ihr nie gelungen war. Aber zwischen uns gab es deswegen niemals ein Problem.

Hattet ihr wegen ihrer Scheidung nie Konflikte mit ihrem früheren Mann?
Die gab es natürlich, doch mit der Zeit hat sich unsere Verbindung wieder normalisiert. Er war dann mit einer französischen Pianistin verheiratet und arbeitete noch eine Zeitlang für französische Zeitungen. Später ließ er sich auf der griechischen Insel Paros nieder, lebte damals aber schon mit einer Deutschen zusammen. Schließlich ist er nach Südfrankreich übersiedelt, wo Margaret und ich ihn auf einer Tour durch die Provence einmal besuchten. Er erkrankte dann schwer und beging Selbstmord. Sein Sohn Mark hat einen Dokumentarfilm über ihn gedreht.

Und was war Margarets Rolle in Eurer Ehe?
Sie hat mich unglaublich unterstützt, in jeder Beziehung. Vor allem dadurch, dass sie an meiner Seite war. Sie war der ruhende Pol, ich der dynamischere, explosive; ihre ausgleichende und ruhige Art sorgte dafür, dass ich mich nicht restlos verausgabte. Außerdem hielt sie mir immer und überall den Rücken frei. Sie führte den Haushalt und betreute das

Archiv, erledigte die Steuererklärung, lektorierte meine englischen Texte, und auch wenn sie keine große Stilistin war, sorgte sie doch dafür, dass alles, was gedruckt wurde, in Ordnung war. Sie war in unserem gemeinsamen Leben eine mächtige Säule für mich – menschlich und auch in der Arbeit.

Interessanterweise ging sie nicht gern ins Theater, nicht einmal ins English Theatre in Wien. Sie konnte wohl nie ganz verwinden, dass sie die Bühne hatte aufgeben müssen. Und in deutscher Sprache hätte sie Shakespeare wahrscheinlich ohnehin nicht sehr genossen.

Wir hatten viele gemeinsame Freunde, sie kannte von den vielen Stationen ihres bisherigen Lebens unzählige Menschen und hatte überall in Europa, in Deutschland, England und Frankreich, zahllose Bekannte; auch mit Malern, Literaten und anderen Künstlern stand sie in Verbindung, mit der Frau von Elias Canetti war sie befreundet. Ihre französischen Bekanntschaften lagen ihr nicht so sehr am Herzen. In den sieben Pariser Jahren hatte sie nicht nur Positives erlebt. Ich war mit ihr dann erstmals in Paris, und wir trafen uns an der Riviera, als ich zum ersten Mal in den Süden Frankreichs reiste.

Und sie hatte noch eine außerordentlich wichtige Eigenschaft: Sie hasste jede Art von Rassismus und Antisemitismus. Als ihr Bruder einmal über einen französischen Biologen, der den Nobelpreis bekommen hatte, eine kritische Bemerkung in dieser Richtung fallen ließ, hat sie sich verbeten, dass sich jemand in ihrer Gegenwart irgendwie rassistisch äußert; das galt auch in der Familie. Als wir später in Salmannsdorf am Rande Wiens wohnten, ging sie immer in dieselbe Metzgerei, bis sie eines Tages nach Hause kam und empört feststellte, sie werde keinen Schritt mehr in diesen Laden tun, weil der Inhaber irgendetwas Antisemitisches gesagt habe. Aus demselben Grund hat sie auch kurzerhand Bekanntschaften und Freundschaften beendet.

Wie lange habt ihr zusammengelebt?
Von 1959 bis zu ihrem Tod. 2001 ist sie sehr krank geworden, 2003 gestorben. Auch vorher musste sie schon mehrere Male operiert werden. Sie hat darüber Buch geführt, welche Operationen wegen ihrer Osteoporose wann gemacht wurden: Es waren Hüft- und Knieoperationen.
Im Jahr 2001 – ich war gerade in den Vereinigten Staaten, um Material für ein neues Buch zu sammeln – kam aus England die Nachricht, dass bei ihr eine schwere Demenz ausgebrochen sei und sie auch schon vergesse, ihre Medikamente einzunehmen. Ich flog gleich nach London, wo wir zusammen ihren achtzigsten Geburtstag feierten. Doch nachdem wir zurück in Wien waren, ist sie nicht mehr aus dem Krankenhaus gekommen. 2002 mussten wir sie in ein Heim bringen, aber ihr Zustand verschlimmerte sich, sie schrie unaufhörlich und wurde daraufhin in ein anderes Heim verlegt, später noch einmal in ein drittes. Es waren zwei sehr schwere Jahre, für sie, für mich und auch für ihre Söhne.
Wenn ich heute auf diese Zeit zurückblicke, ist mir unbegreiflich, wie ich mein Arbeitspensum bewältigen konnte, denn ich besuchte sie praktisch jeden Tag und war dann lange mit ihr beisammen. Zum Glück, denn so blieb mir keine Zeit, mich zu bedauern. Aber es ist grausam, so zugrunde zu gehen.
Ich sehe die Bilder alle noch vor mir – aus der Zeit, als sie anfing, mit dem Stock zu gehen, dann mit einer Krücke, schließlich schob ich sie im Rollstuhl, und als sie dann auch geistig völlig abgebaut hatte … Es war schrecklich, mitzuleiden. Immer wenn ich irgendwo am Flughafen einen Rollstuhl sehe, stockt mir der Atem, denn wenn wir verreisten, musste ich organisieren, dass am Flughafen ein Rollstuhl auf uns wartete. Auch in dieser schweren Zeit haben uns Freunde viel geholfen, unter ihnen einer der besten Neurologen des Landes, Universitätsprofessor Franz Gerstenbrand, der selbst damals schon fast achtzig war. Es sind Freunde, die man nicht jeden Tag trifft, doch wenn sie benötigt werden, braucht man nur anzurufen, und sie sind zur Stelle.

Dazu fällt mir etwas ein, es kann im Jahr 1976 gewesen sein, damals hatte ich gerade in Ungarn einen Film gedreht, als mich einer meiner besten Freunde, der katholische Journalist Kurt Vorhofer, anrief. Ich brauche mir keine Sorgen zu machen, so begann er, er sitze gerade bei Margaret im Krankenhaus, sie musste am Blinddarm operiert werden. Wie sich dann herausstellte, hatte sie zu Hause schon Schmerzen gehabt, aber doch zuerst noch den Rasen gemäht, und war dann mit ihrem Mini ins Krankenhaus gefahren. Es war wirklich höchste Eisenbahn, ihr Blinddarm war kurz vor dem Durchbruch. Nach diesem Anruf setzte ich mich sofort ins Auto und fuhr los. Zwei Stunden zwanzig Minuten später war ich schon an der Grenze, denn es gab zu der Zeit zwischen Budapest und Wien nur die Anfänge einer Autobahn. Dann musste ich an der Grenze zweieinhalb Stunden warten. Aber ich traute mich nicht, ungeduldig zu werden oder mich zu beschweren. So war die Welt damals. Als Margaret später an der Galle operiert wurde, war ich gerade in Jugoslawien, aber auch von dort konnte ich rechtzeitig wieder bei ihr sein.

Wusste Margaret, als sich bei ihr erste Anzeichen von Demenz bemerkbar machten, was auf sie zukam? Ahnte sie, dass sie allmählich ihre Aufnahmefähigkeit und geistige Urteilskraft verlieren würde?
Weißt du, das Ganze fängt damit an, dass du vergisst, wie manche Sachen gemacht werden, und zwar die ganz alltäglichen Dinge. Margaret hat zum Beispiel sehr oft in London angerufen, aber mit der Zeit bereitete ihr das Telefonieren Probleme. Sie konnte sich nicht mehr merken, wie sie zu einer Fernleitung kam und in welcher Reihenfolge dann die Nummern gewählt werden mussten. Einmal rief sie mich ratlos an, sie wisse nicht, wie sie die Steuererklärung ausfüllen müsse, es sei zu schwierig für sie. Dabei hatte sie das über Jahrzehnte gemacht. Sie vergaß immer mehr, ihr Zustand verschlimmerte sich rapide. Auch konnte sie wegen ihrer Osteoporose nicht mehr wandern oder spazieren gehen. Aber das Schrecklichste ist, wenn ein Mensch buchstäblich seinen Verstand verliert. Wie

sehr ihr das alles noch bewusst war, weiß ich nicht. Aber immer wenn sie die furchtbaren Schrei-Symptome hatte, klagte sie, sobald sie wieder zu sich kam, dass sie das einfach nicht abstellen, dem Zwang nicht widerstehen könne.
Sie ist am 20. Oktober 2003 gestorben, ich war gerade dienstlich in Madrid. Als der Anruf kam, habe ich alles stehen und liegen lassen, bin nach Wien zurückgeflogen und war noch am selben Abend im Spital, wo sie gestorben ist. Man hatte sie schon aufgebahrt, aber ich konnte noch Abschied von ihr nehmen. Ich benachrichtigte ihre Söhne – dann kamen die Einäscherung und das Begräbnis.
Ich habe sehr viele Briefe bekommen, als Margaret starb – aus der ganzen Welt. Die meisten natürlich aus Österreich. Bis heute bewahre ich sie in einer Mappe auf.

Hattest du ein gutes Verhältnis zu Margarets Söhnen?
Ja. Die beiden sind ganz unterschiedliche Menschen. Aus dem einen wurde ein erfolgreicher Banker, der andere ist eher eine romantische Seele, aber sehr begabt. Er macht TV-Filme, vor allem für Kulturprogramme. Auch über die ungarische Revolution hat er schon einen Dokumentarfilm gedreht.
Die beiden wuchsen in einer englischen Familie der gehobenen Mittelklasse auf und sind typische Vertreter ihrer Kreise geblieben; auch ich wurde dort „akzeptiert". Wir haben schließlich in vierzig Jahren, trotz mancher Verletzungen, ein gewisses Zusammengehörigkeitsgefühl entwickelt.

Eine Frau der gehobenen britischen Mittelklasse und der aus Ungarn stammende Journalist, ein halber Bohemien, wie konnte das funktionieren?
Wie du weißt, stammte ja auch Margarets erster Mann aus Osteuropa. Aber entscheidend war, dass Margaret ein grundgütiger Mensch und sehr bescheiden gewesen ist. Am Anfang hat sie mir in allem geholfen, auch

materiell – später durfte ich sie versorgen. Sie brachte mir beispielsweise bei, wie man sich in ihrer Welt bewegen muss, wie man Konversation macht, isst, eben wie man sich benimmt. England ist nämlich bis heute eine Klassengesellschaft, und dort spielen Umgangsformen eine enorm wichtige Rolle. Deine Zugehörigkeit zu einer bestimmten Klasse zeigt sich nicht darin, wie du dich anziehst, sondern wie du redest. Ein provinzieller oder etwas zu derber Ton wird ebenso registriert wie akzentfreies Sprechen. Wenn du Letzteres beherrschst, dann gehörst du sicher zur Oberschicht oder bist ein Intellektueller. Natürlich kann man darüber auch spotten, aber erst nachdem man solche ungeschriebenen Gesetze verinnerlicht hat.
Für mich war es auf jeden Fall unerlässlich, dass ich mich anpassen konnte, da ich ja für die *Financial Times*, also für das Establishment schlechthin, schrieb.

Du bewahrst unzählige Dossiers auf, die deine Frau über Jahrzehnte aus deinen in der Presse erschienenen Artikeln und Veröffentlichungen über dich zusammengestellt hat.
Ja, sie betrieb einen gewissen Personenkult. Inzwischen fallen diese Mappen schon auseinander, der Kleber hält nicht mehr. Aber das alles beweist mir, dass Margaret diese Zeit mit mir genossen hat, auch all die Auszeichnungen, Orden und Preise; auch die Tatsache, dass zu den Cocktailpartys in unserem nicht sehr eleganten Haus in einer keineswegs vornehmen Gegend Minister, Verleger, wichtige Presseleute und andere interessante Persönlichkeiten kamen, und das seit 1963.

Ihre Theaterkarriere hatte sie aufgegeben, als Autorin hatte sie keinen Erfolg, sie wurde Ehefrau in einem ihr fremden Land. Und trotzdem war sie zufrieden mit ihrem Schicksal?
Eigentlich fühlte sie sich überall fremd. Aufgewachsen ist sie auf einem ländlichen Gut, die Schauspielschule besuchte sie in London, wo sie sich

sehr allein gefühlt hat. Dann verlor sie ihre Eltern, mit ihrem ersten Ehemann hat sie in drei verschiedenen Ländern gelebt; sie schloss Freundschaften hier und dort. Aber das ist trotzdem ein anderes Leben als das, was die meisten Menschen anstreben. Dass sie schließlich „nur" Ehefrau war, hat sie, glaube ich, nicht gestört, dass sie am Ende depressiv wurde, hing sicher mit ihrem gesamten Lebenslauf zusammen.
Ich wiederhole es, sie war ein außerordentlich gütiger Mensch, ebenso wie meine Mutter, aber doch ganz anders, sie lebten eben in zwei verschiedenen Welten.

Hat es wegen dieser Unterschiede Konflikte gegeben?
Ich kann mich an keinerlei offene Konflikte erinnern. Vielleicht war Margaret manchmal gekränkt, weil meine Mutter nicht so reagiert hat, wie sie es erwartete, und auch keine Freude erkennen ließ, wenn sie besonders lieb zu ihr war. Also Kleinigkeiten, Empfindlichkeiten. Doch nie gab es einen richtigen Streit zwischen den beiden, niemals.

Wie sehr war dir Margaret auch intellektuell eine Partnerin?
Du musst wissen, dass sie an Politik nicht sonderlich interessiert war, aber sie hat natürlich sehr viel gelesen, französische, englische Romane, Biografien, sie war gebildet und kultiviert. Die Politik hat sie bis zu einem gewissen Grad verfolgt, vor allem die österreichische, sicher mehr als meine jetzige Frau Zsóka. Margaret wusste immer, um was es gerade ging bei dem, was ich schrieb, und sie zeigte sich stets solidarisch mit mir. Sie war eine intellektuell aufgeschlossene Partnerin für mich, liebte Literatur und Musik, wir gingen auch regelmäßig in die Oper; Margaret war nicht nur Hausfrau, nein, wir ergänzten uns auch in unseren kulturellen Interessen. Aber über Themen wie zum Beispiel die Situation in Jugoslawien habe ich mit ihr nicht gesprochen.

Inwiefern hat sie sich auch für Ungarn interessiert? Wie weit ging ihr Interesse an dem Land und den Menschen?

Sie hat sogar angefangen, Ungarisch zu lernen. Ihre Lehrerin war die Frau eines namhaften österreichischen Grafen, eine gebürtige Ungarin. Margaret war unheimlich gründlich, sie wollte immer alles bis ins Detail erklärt haben. Die beiden Söhne hatten übrigens großen Erfolg in meiner ehemaligen Heimat, und das kam so: Wir sind in Österreich und nach Frankreich oft mit meinem Auto gefahren und ich habe unterwegs manchmal unbekümmert auf Ungarisch geflucht. Die beiden haben die derben Flüche aufgeschrieben, eingeübt und in Budapest gekonnt zum Besten gegeben.

Mit Margaret war ich später oft in Budapest, sie hat auch einige meiner Freunde kennengelernt, mochte meinen besten Freund Endre Gömöri zum Beispiel sehr gern, und auch er bewunderte sie.

Natürlich spielte bei unseren Ungarn-Kontakten die Sprache eine wichtige Rolle, Margaret konnte sich natürlich nur mit denen unterhalten, die Englisch oder Deutsch sprachen. Eine Kusine zweiten Grades sagte kürzlich zu mir, Margaret und Zsóka seien wie Himmel und Erde. Wieso, fragte ich, und sie meinte, mit Zsóka könne sie sich unterhalten. Das war leider immer ein Problem.

Aber abgesehen von den sprachlichen Schwierigkeiten hat Margaret unsere Ungarn-Besuche sehr genossen. Einmal bekam sie von jemandem ins Englische übersetzte ungarische Gedichte. Wir haben sie gelesen und verglichen und dabei festgestellt, dass die Übersetzungen sehr schwach waren.

Margaret war übrigens mit mir zusammen nicht nur in Ungarn, sondern auch in Jugoslawien, Rumänien und Russland; sie war sehr stolz darauf, dass man gelegentlich sogar auch sie beschattet hat.

War deine Frau eigentlich nicht eifersüchtig?

Doch, doch, eifersüchtig war sie. Ich hatte natürlich auch mal die eine oder andere Freundin, aber davon wusste sie nichts. Wenn mich eine Frau wollte, so war der Preis dafür, dass sie nie in der Öffentlichkeit mit mir erscheinen durfte.

Bist du eigentlich nie in Versuchung gekommen, dich scheiden zu lassen? War keine der Verbindungen mit anderen Frauen so intensiv?
Nein, nie!

Was glaubst du, warum nicht?
Aus Dankbarkeit und Liebe. Ich hätte Margaret nie verlassen. In dieser Beziehung war Kreisky mein Vorbild: Auch er hat seine Frau nie im Stich gelassen, obwohl sie so krank war. Selbst wenn Margaret zehn Jahre in diesem dementen Zustand gewesen wäre, verlassen hätte ich sie nicht. Und, wie gesagt, ich pflegte auch nie so intensive Kontakte, dass daraus die große Liebe hätte werden können. Ich bin, auch wegen meiner Vortragstätigkeit, viel herumgereist, war mal hier, dann wieder ganz woanders, ja natürlich gab es da gelegentlich eine kleine Romanze.

Dann gehörst du also nicht zu denen, die schnell ihr Herz verlieren?
Ach, ich war einfach verwöhnt. Was soll ich sagen: Ich wusste immer, wann es an der Zeit war, eine Affäre zu beenden, deshalb hat auch nie eine Frau mich verlassen. Als ich Zsóka begegnet bin, habe ich allerdings sofort alle anderen Beziehungen abgebrochen.

Aber irgendwas muss Margaret doch geahnt haben, wenn du sagst, dass sie eifersüchtig war?
Es war meistens nur irgendein Verdacht. Wenn mir jemand zu Silvester um Mitternacht einen Kuss gegeben hat, gefiel ihr das gar nicht. Grundsätzlich konnte sie es nicht leiden, dass mir eine schöne Frau Augen machte.

Hatte Margaret ein gutes Verhältnis zu ihren Söhnen?
Ja, aber auch ihre Söhne konnten sie gelegentlich kränken. Margaret hat sehr viel für sie getan, viel mehr als der Vater. Sie besuchte sie oft in England. Manchmal ist sie auch ein wenig geknickt zurückgekommen, weil sich der eine Sohn nicht so viel um sie gekümmert hat, wie sie erwartete. Der jüngere Sohn war der Liebling der ganzen Familie, aber mir kam es oft so vor, als hätte Margaret ihn lieber als umgekehrt.

Haben die Kinder ihr eigentlich übel genommen, dass sie sich von ihrem Vater scheiden ließ?
Nein, das glaube ich nicht. Die Trennung wurde auf eine sehr zivilisierte Weise abgewickelt, und die Kinder hatten zu beiden Elternteilen immer ein gutes Verhältnis. Sie haben ihren Vater später mehrmals auf Paros besucht, trafen auch seine Frau Marie-Françoise und halten sogar weiterhin Verbindung zu ihr.
Jedenfalls glaube ich, dass Margaret und ich zusammen ein interessantes und abwechslungsreiches Leben gehabt haben. Natürlich habe ich wegen meiner vielen Verpflichtungen manches versäumt.

Wir sprachen vorhin schon über Krankheiten. Du hattest doch einmal einen Herzinfarkt. Hast du dieses gesundheitliche Problem völlig überwunden?
Das hoffe ich. Die Sache hat so begonnen, dass ich 1989 als Intendant von ORF International mit einer Delegation nach China reisen musste, um dort ein Abkommen über die Ausstrahlung eines Kurzwellenprogramms zu unterzeichnen. Schon vor der Reise hatte ich gelegentlich Schmerzen im Brustkorb, aber ich nahm genügend entsprechende Medikamente mit auf die Reise. Da ich mich aber auch dort nicht wohlfühlte, ging ich zu einem chinesischen Arzt. Der untersuchte mich gründlich, machte danach ein bedenkliches Gesicht und empfahl mir, die Heimreise anzutreten. So sind dann nur zwei Mitglieder unserer Delegation weiter-

gereist, ich bin zurückgeflogen. Daheim wurde ich erneut untersucht und bekam weitere Medikamente.
Zwei Jahre vergingen, dann bekam ich einen Herzinfarkt, zum Glück in meinem Büro. Die Notärztin, eine fantastische Frau, musste mich wiederbeleben, denn mein Herz hatte seine Funktion schon eingestellt. Ein Hubschrauber brachte mich ins Wiener Allgemeine Krankenhaus. Dort hat man mich vier Wochen lang behandelt, danach ging ich zur Rehabilitation in ein Sanatorium. 1994, nach einem erneuten Anfall, bekam ich einen Stent ins Herz eingepflanzt. Seither habe ich Gott sei Dank keine Beschwerden mehr. Ich nehme meine Medikamente und gehe jährlich zur Untersuchung. Als Empfehlung für meine weitere Lebensführung hieß es: möglichst keine Aufregung, keinen Stress! Aber wie du selber weißt, in unserem Beruf und in dieser Welt regt man sich oft genug auf.

Irgendeiner findet sich immer

Du hast in einem deiner Bücher einmal eine bedenkenswerte Frage gestellt: ob nämlich Ungarns Schicksal ein anderes gewesen wäre, wenn die Sowjetunion im November 1956 nicht János Kádár die Führung des Landes anvertraut hätte, beziehungsweise ob die Geschichte des Sowjetreiches genauso verlaufen wäre, wenn 1978 der Sekretär des Zentralkomitees Fjodor Kulakow nicht unerwartet verstorben und an seine Stelle nicht Michail Gorbatschow als Sekretär des Gebietskomitees Stawropol getreten wäre. Deine Frage deutet doch darauf hin, dass du der Meinung bist, der Ablauf einer historischen Epoche hänge entscheidend von den sie bestimmenden Persönlichkeiten ab. Sehe ich das richtig?

Ja, ich bin davon überzeugt, dass Individuen in Geschichte und Politik eine entscheidende Rolle spielen. Das soll nicht heißen, dass Persönlichkeiten allein Geschichte schreiben, aber sie können doch großen Einfluss auf ihren Verlauf haben.

In dieser Überzeugung haben mich Denker und Philosophen bestärkt, die ich mit Vorliebe zitiere, darunter der in Riga geborene Isaiah Berlin, Abkömmling einer in den Zwanzigerjahren aus Russland nach England emigrierten jüdischen Familie; er hat als politischer Philosoph und Soziologe eine eindrucksvolle Karriere gemacht und sich großes Ansehen erworben. Ich bin ihm einmal bei Philip Kaiser, dem amerikanischen Botschafter in Wien, begegnet – der übrigens Botschafter in Budapest war, als die Vereinigten Staaten die Stephanskrone an Ungarn zurückgaben. Kaiser gab zu Ehren Isaiah Berlins ein Abendessen; bei dieser Gelegenheit habe ich mich mit ihm unterhalten und war tief beeindruckt, als ich erfuhr, wer alles zu seinem Bekanntenkreis zählte. Darunter waren zwei ungarischstämmige, in den Adelsstand erhobene englische Nationalökonomen, nämlich Thomas Balogh und Nicholas Kaldor, sie wurden spaßeshalber Buda und Pest genannt.

In mehreren Büchern von Isaiah Berlin und auch in seinem als Buch veröffentlichten Interview mit einem indischen Philosophen heißt es, die Geschichte sei nun mal keine Autobahn ohne Ausfahrt, auf der man nur in einer Richtung ohne Abfahrten vorwärtskommen könne. Und so sei es in bestimmten Situationen möglich, dass eine einzelne Persönlichkeit tatsächlich nur einen Bruchteil, ein paar Prozentpunkte des historischen Geschehens bestimme. Aber die Rolle eines Einzelnen könne auch von entscheidender Bedeutung sein; ohne Lenin hätte sich einst das Schicksal Russlands sicher anders gestaltet, ebenso wie die deutsche Geschichte ohne Adolf Hitler.

Ich bin sicher, dass Kádárs Person und Politik für das Schicksal Ungarns in der zweiten Hälfte des 20. Jahrhunderts wichtig war. Ohne sein schlaues und geschicktes Lavieren gegenüber der Sowjetunion und auch gegenüber seinen Feinden im Inneren wäre Ungarn in den Sechzigerjahren nicht das Land im sogenannten Ostblock gewesen, in dem es sich, wenn auch mit Abstrichen, am besten leben ließ.

Ich bin sogar der Meinung, dass man Kádár aufgrund seiner politischen Fähigkeiten und Winkelzüge zweifellos als begabten Politiker bezeichnen kann. Dank dieser Fähigkeiten ist er, der vielfach als farblos und abhängig eingeschätzt und damit unterschätzt wurde, an seinen schwierigen Aufgaben gewachsen. Ohne die von ihm gewährten kleinen Freiheiten wäre Ungarn vermutlich das gleiche Schicksal beschieden gewesen wie der Tschechoslowakei unter Gustáv Husák.

Als ich mit Kreiskys Unterstützung bei Kádár 1981 einen Interview-Termin bekam – was damals fast eine Sensation war – habe ich ihn auch dazu befragt. Seine Antwort war natürlich, dass sich für eine anstehende Aufgabe immer eine geeignete Persönlichkeit finden lasse.

Das gleiche gilt übrigens auch für Gorbatschow, der – trotz aller Fehler und Illusionen, trotz einer gewissen Naivität – eine unsagbar wichtige Rolle für das Schicksal ganz Mitteleuropas und natürlich auch Russlands gespielt hat. Gorbatschow wollte reformieren, doch er konnte oder wollte nicht einsehen, dass das sowjetische Regime nicht reformierbar war und dass die Reform am Ende zur Zerschlagung des Regimes führen müsse.
Politische Persönlichkeiten dieses Kalibers wählen dann ihren Ansprüchen entsprechende Mitarbeiter aus. Kádárs Kulturpolitik mit relativer Pressefreiheit hätte nicht diesen Erfolg gehabt ohne György Aczél und seine Arbeit im Hintergrund. Ähnliches gilt auch für Gorbatschow, der sich seinen wichtigsten Ideologen, Alexander Jakovlev, aus der kanadischen Botschaft in die Sowjetunion zurückgeholt hat.
Also kommt es gerade in kritischen Situationen darauf an, wer in einem Staat die Zügel in der Hand hat. Wer hätte denn gedacht, dass in Syrien aus dem biederen Augenarzt Baschar al-Assad ein solcher Massenmörder würde, der sich mit allen Mitteln an die Macht klammert?
Es gibt Politiker, die sich von Anfang an als begabt und erfolgreich erweisen, andere wachsen erst in ihre Rolle hinein. Ich hätte nicht geglaubt, dass aus Kreisky ein so erfolgreicher Politiker würde, andere Kollegen haben das auch von Willy Brandt und Helmut Kohl nicht erwartet. Daneben gibt es Politiker, die begabt sind und dazu auch noch Glück haben, denen aber der ganz große Erfolg trotzdem versagt bleibt.
Der Franzose Nicolas Sarkozy verlor die Macht, obwohl er gewiss ein begabter Politiker ist. Denn es gibt auch begabte Menschen, die in ihre Aufgaben als Politiker einfach nicht hineinwachsen. Zu ihnen würde ich auch Viktor Orbán zählen, den gegenwärtigen Ministerpräsidenten von Ungarn. Denn alles, was er anfasst, verrät, dass er ein Improvisationskünstler und ein guter Mime ist; von politischen und gesellschaftlichen Zusammenhängen hat er allerdings wenig Ahnung, ihm fehlt ein Konzept. Deshalb klammert er sich an die Vergangenheit, an das Ungarn der Zwischenkriegszeit. Weil er selbst keine Vision, keine Zielvorstellung für

die politische Gestaltung des Landes hat, lenkt er es wie eine fehlgeleitete Lokomotive ins Gestern zurück. Er ist das klassische Beispiel dafür, dass Intelligenz und Bildung allein nicht immer ausreichen. Auch der Tscheche Gustáv Husák war eine solche Augenblicksfigur der Geschichte. Doch das alles stellt sich oft erst in der Rückschau heraus.

Die Eigenschaften, die du Kádár zuschreibst – schlau, geschickt – sind im Alltagsleben eher negativ besetzt. Gilt das in der Politik nicht auch?
Nein. Kádár hatte mehrere Gesichter. Er war ein Mensch wie viele, Aktivist, Verräter, einer, der unter Folter denunzierte, seinen Freund verriet, doch wer hätte unter solchen Umständen nicht seinen Freund verraten? 1956 wurde Kádár so plötzlich und schnell nach Moskau gebracht, dass er sich nicht einmal ein zweites Paar Socken einpacken konnte. Und selbst nach dieser Vorgeschichte wurde aus ihm kein seelenloses Scheusal, sondern er wuchs nach und nach in seine politischen Aufgaben hinein und konnte unter den gegebenen historischen Umständen einigermaßen erträgliche Zustände in Ungarn schaffen. Das aber hatte seinen Preis, Kádár musste dazu Freunde und Genossen verraten, er trug auch persönlich die Verantwortung für den Tod von Imre Nagy. Alle Dokumente geben Zeugnis davon.
Ich habe Bruno Pittermann, den ehemaligen Vorsitzenden der SPÖ und Präsident der Sozialistischen Internationale, nach seiner Begegnung mit Kádár gefragt, welchen Eindruck er von Kádár gewonnen habe. Er meinte, Kádár komme ihm vor wie ein österreichischer Landesparteisekretär. Heinz Fischer, damals ein junger Sozialdemokrat, heute Bundespräsident, erzählte nach einem Besuch in Budapest, er sei gerade mit dem Sekretär der ungarischen KP für internationale Fragen im Gespräch gewesen, als plötzlich Kádár dazukam, um, wie er sagte, einen jungen österreichischen Sozialdemokraten kennenzulernen.
Am Ende wurde Kádár eine Art Pater familias, eine Vaterfigur wie Kaiser Franz Joseph eine gewesen ist. Das aber hätte ohne seine Begabung und

ohne sein Geschick nicht funktioniert. Kádár hat vieles und viele geopfert, doch das Resultat war immerhin, dass er den Ungarn in diesem von vornherein diktatorischen Regime schließlich allerlei kleine Freiheiten verschafft hat. Bis er am Ende ein zerknirschter, von Dämonen verfolgter, kranker alter Mann geworden ist.

Ja, mit dem Hausverstand mag man es nur schwer akzeptieren, dass die Politik immer auch eine Kette von Spielzügen ist, die Fähigkeit, zwischen Interessenskonflikten und Machtkämpfen geschickt zu lavieren. Also verlangt sie wohl nicht nur andere Instrumente, sondern auch andere Charaktereigenschaften als der normale Alltag, ganz besonders, wenn jemand im Schatten einer diktatorischen Großmacht ein Land regiert.

Die Situation wird noch komplizierter durch die Tatsache, dass sich auch die Politik dank der neuen Möglichkeiten der Kommunikation und der Medien völlig verändert hat. Der Charakter der Politik hat sich gewandelt, sowohl aus der Sicht des Politikers wie aus der des normalen Bürgers. Denn die Mittel, die heute den Medien zur Verfügung stehen, beherrschen in vieler Hinsicht die Politik. Nicht nur, weil sie den Politiker zu ständiger Teilnahme an der Kommunikation zwingen und ihm zugleich ein mächtiges Mittel zur Manipulation in die Hand geben, sondern auch, weil sie ihn zugleich kontrollieren. Sie können hinter seine Absichten schauen, hinterfragen die Begründung für seine Handlungen, entlarven geheime Abmachungen und Pläne.

Kreiskys beispielloser Erfolg als Politiker ist gar nicht zu verstehen, wenn man nicht weiß, dass er – obwohl nicht gerade ein Adonis – das Medium Fernsehen wie ein Star zu nutzen wusste, er konnte glänzend diskutieren und seine Beweggründe für eine Entscheidung auch vor einer Kamera oder einem Mikrofon überzeugend erklären.

Die Medien können ja einem Politiker auch zum Verhängnis werden. Ich meine damit beispielsweise die Wahlen in Frankreich, die Sarkozy verlor; diese Niederlage ging nicht zuletzt darauf zurück, dass die linke wie die liberale Presse fünf Jahre lang gegen ihn getrommelt haben. Und die Medienschlacht fand nicht nur in Zeitungen und Magazinen statt, sondern auch in Talkshows und anderen TV-Sendungen mit Journalisten. Oder was meinst du?

Sarkozy hat natürlich selbst wesentlich dazu beigetragen, dass seine Demontage so erfolgreich war. Wenn man die guten Beziehungen zu Unternehmen, Presse, Banken, Schickeria so hemmungslos zum eigenen Vorteil nützt, sich auf Urlaubsfotos den Bauchspeck wegretuschieren lässt oder seinen Wahlsieg ausgiebig bei Fouquet's auf den Champs Elysées feiert und dem eigenen Sohn mal eben ein wichtiges politisches Amt besorgt, dann ist das für die Medien natürlich ein gefundenes Fressen.

In der Politik spielen Verhältnismäßigkeit und Augenmaß eine wichtige Rolle. Man darf in keiner Beziehung maßlos werden. Sarkozy aber hat das richtige Maß von Anfang an vermissen lassen. Auch Alfred Gusenbauer, der zwei Jahre lang österreichischer Bundeskanzler war, hat, wenn auch in bescheidenerem Ausmaß, solche Fehler gemacht. Es begann damit, dass er das erste Interview nach seinem Wahlsieg in Frankreich gegeben hat, seine Weinkennerschaft ostentativ zur Schau stellte und überhaupt gern aufgetreten ist wie ein geborener Aristokrat, obwohl er aus einfachen Verhältnissen kam. Oft fertigte er Menschen in seiner Umgebung auf beschämende Weise ab, interessierte sich nicht für das, was ihm andere sagten, und hat sich damit höchst unbeliebt gemacht.

Es ist wie beim Tontaubenschießen. Je höher die Taube fliegt, desto mehr Spaß macht es, sie abzuschießen. Die Medien schreiben oder reden jemanden in lichte Höhen und schießen ihn dann umso genüsslicher ab.

Wirklich große Politiker aber können auch solche Medienattacken überleben. Dem US-Präsidenten Roosevelt ist das, unter anderen Umständen, nach dem New Deal gelungen; und auch Kreisky, der fünf Wahlen gewonnen hat, drei davon mit absoluter Mehrheit, obwohl ihn die meisten Medien regelmäßig angriffen, hat das geschafft. Aber an Giscard d'Estaing erinnert man sich heute nicht deshalb, weil er zum Nutzen Europas so gut mit Helmut Schmidt zusammenarbeitete, sondern weil er sich von Bokassa, diesem furchtbaren kongolesischen Herrscher, der sich selbst zum Kaiser ausrief, Diamanten schenken ließ.

Das alles trifft aber doch wohl nur auf die westlichen Medien zu. Der ungarische Ministerpräsident Viktor Orbán geht zusammen mit dem Chef der größten Bank des Landes, Sándor Csányi, und anderen Großunternehmern ins Fußballstadion, und der Innenminister sitzt Seite an Seite mit ebendiesem Csányi auf der Zuschauertribüne des Roland-Garros-Tennisstadions. Warum stört das in Ungarn keinen? Niemand nennt das eine unappetitliche Verquickung von Politik und Wirtschaft.

Nun ja, es zeugt vom Zustand der ungarischen Gesellschaft, von mangelnder Sensibilität, denn es gibt keinen Aufschrei, kein entrüstetes Kopfschütteln; aber das ist auch ein Hinweis auf die Beherrschung der Medien durch die Regierung und die Einschüchterung oder Korrumpierung der Journalisten, darauf, dass sie aus solchen Vorkommnissen keine Affäre machen können.

Viktor Orbán, der nach außen durch seine Propagandisten als Champion der Freiheit und Bescheidenheit präsentiert wird, ist inzwischen Mittelpunkt einer Familie, die dank seiner Stellung und seines politischen Aufstiegs reich geworden ist. Doch die Minen, die seinem Vater gehören, die Weingüter seiner Frau und den Besitz der Familie an Grund und Boden versucht er damit zu erklären, dass er allein für eines seiner Bücher vom Verlag mehr als zwanzig Millionen Forint bekommen habe – ein Verlag, der kurz darauf in Konkurs gegangen ist.

Doch zurück zum Grundsätzlichen: In der Politik sind Sensibilität, Begabung und Schläue natürlich gefragt. Ein Abgeordneter zum österreichischen Nationalrat, Vertreter des Niederösterreichischen Bauernbundes, wollte einmal Kreisky mit folgendem Sager treffen: Er verstehe nicht, wie Kreisky österreichischer Außenminister sein könne, wo doch Israel keinen österreichischen Außenminister habe. Damit wollte er Kreisky als Juden diffamieren. Kreisky verklagte ihn und beauftragte einen Anwalt, der bekanntermaßen Vertreter der rechten Szene war, mit seiner Verteidigung. Auch wer die Gesinnung dieses Anwalts nicht kannte, konnte sie von seinem Gesicht ablesen, das von ehemals aktiver Mitgliedschaft in einer schlagenden Verbindung zeugte. Mit diesem Coup brachte Kreisky die öffentliche Meinung auf seine Seite und konnte demonstrieren, wie indiskutabel die Anschüttung des politischen Gegners war.

Jedenfalls kann das Zusammenwirken von menschlichen Schwächen mit der Gier der Medien verheerend sein. Aber deshalb mag ich keinen Politiker bedauern. US-Präsident Harry Truman hat einmal den Satz geprägt: „If it is too hot, get out of the kitchen." Er hatte Recht, niemand wird gezwungen, Politiker zu werden. Das Politiker-Dasein bietet mancherlei Vorteile, sein Nachteil aber ist, dass sich die politischen Gegner und die Medien mit Lust auf jede kleine wie große Schwäche des Politikers stürzen.

Natürlich habe ich in Österreich Politiker gekannt, die keinen persönlichen Nutzen aus ihrem Amt ziehen wollten, unter ihnen Bruno Kreisky und sein Vorgänger Josef Klaus, den er 1970 bei der Nationalratswahl besiegt hat, oder Alois Mock, der langjährige Außenminister, auch ex-Bundeskanzler Wolfgang Schüssel, der zwar Korruptionsritter in seiner Regierungsmannschaft hatte, aber persönlich integer ist; er wohnt in der gleichen Wohnung und fährt mit dem gleichen Auto wie früher.

Aber hat Schüssel nicht diese ganze Korruption geduldet? Als Regierungschef war er doch mitverantwortlich für das, was die Mitglieder seines Kabinetts anstellten, oder nicht?

Schüssel behauptet heute, von Korruption nichts gewusst zu haben. Mög-

licherweise war der Preis für dieses Nichts-wissen-Wollen, dass das schwarz-blaue Bündnis, also die konservativ-extremrechte Koalition, nach dem Jahr 2000 überhaupt regieren konnte.
Einen politischen Preis hat die Volkspartei nicht dafür bezahlt, denn anders als die gegenwärtige ungarische Regierung haben die Konservativen in Österreich der extrem rechten Freiheitlichen Partei Haiders keinerlei Zugeständnisse gemacht. Im Gegenteil, diese Regierung regelte endgültig die Wiedergutmachung an die zur Zwangsarbeit verschleppten Osteuropäer und an die Juden, die die Konzentrationslager überlebt hatten. Diesbezügliche europäische Ängste waren also unbegründet.
Doch leider ist es auch eine Tatsache, dass diese Koalition der politischen Elite und dem Ansehen Österreichs geschadet hat, weil Personen in führende Positionen gehievt wurden, deren moralische Integrität zweifelhaft war und deren Fähigkeiten den Anforderungen an ein Regierungsamt in keiner Weise entsprachen.

Du hast das Kádár-System der Kleinen Freiheiten erwähnt. In anderen sozialistischen Ländern gab es ein solches Tauschgeschäft mit der Supermacht – ich stelle deine Machtbasis nicht in Frage, dafür erlaubst du mir eine freiere Gestaltung meines Alltagslebens – nicht. Das geht auf Kádár zurück, denn nirgends sonst wurde dieses Mittel zur Erhaltung des sozialistischen Systems angewandt. Wie kannst du dir erklären, dass Kádár diesen Weg eingeschlagen hat?
Kádár wurde von den Sowjets an die Macht gehievt, gegen den Willen des ungarischen Volkes, das er in den ersten Jahren rücksichtslos unterdrückt hatte. Dann wendete sich das Blatt, und Kádár musste für seine Politik im Inneren den Rücken frei haben, anders gesagt, er brauchte eine Art Neutralisierung der Bevölkerung. Vermutlich war er zu der Einsicht gekommen, dass man die Menschen nicht mit dem Gummiknüppel ins Paradies treiben kann.

Und warum ist nicht auch Gustáv Husák in der Tschechoslowakei auf diese Lösung gekommen?

Dort war die Situation eine ganz andere. In Ungarn ist das System 1956 unglaublich schnell zusammengebrochen, die Revolution hat vorläufig gesiegt. Und dann war Ungarn das erste Land der Welt, in dem ein gefallenes totalitäres Regime erneut installiert wurde. Diese Aufgabe hat Kádár erledigt, natürlich mit Hilfe der Sowjetunion. In der Tschechoslowakei gab es einen solchen Sieg nicht. Dort führten innerparteiliche Auseinandersetzungen zu einem Prozess des langsamen Hinsiechens, an dessen Ende schließlich 1989 der Untergang des Regimes und des gesamten sozialistischen Lagers stand.

In Polen war die Situation trotz der Aufstände ebenfalls eine andere, weil Gomułka an der Spitze der Partei stand und weil die Polen erst später merkten, dass er nicht nur ein national gesinnter Kommunist war, sondern doch auch ein Kommunist sowjetischer Prägung, der die Diktatur für das allein seligmachende System hielt. Im Unterschied zu Kádár, der einen anderen Akzent setzte: Er war zwar „Gauleiter" und Beauftragter Moskaus, aber er „baute am Sozialismus" als ein ungarischer Kommunist und unter Bedingungen, die es anderswo in Europa nicht gab, nämlich nach einer Revolte des Volkes. Es kam also zu einer stillschweigenden Übereinkunft mit seinem Volk: Das Volk stellte seinen Machtanspruch und die Allianz mit der Sowjetunion nicht in Frage und durfte sich im Gegenzug ein Wochenendhäuschen bauen, eine kleine private Hofstelle betreiben, sogar gelegentlich mit dem Trabant zum Einkaufen nach Wien fahren. Ungarn war also nicht nur 1956, sondern auch danach eine Ausnahme. Dieser Erfolg des Kádár-Regimes hatte aber meiner Meinung nach auch die fatale Folge, dass der Regimewechsel von 1989 in Ungarn nicht vollständig gelungen ist. Dieselben Leute, die das Kádár-Regime getragen hatten, konnten weiterhin aktiv bleiben: Manche von ihnen blieben Kommunisten, andere wurden Sozialisten, wieder andere liefen sogar, ohne rot zu werden, zu den Rechten über. Aber auch das ist eine

besondere ungarische Spezialität, dass es vielen Menschen in diesem Land an Schamgefühl fehlt.
Man zerrt einen selbstkritischen Brief der Philosophin Ágnes Heller hervor, den sie 1959 an das Zentralkomitee der Ungarischen Sozialistischen Arbeiterpartei geschrieben hat, und überschüttet sie mit Hohn und gemeinen Vorwürfen; dabei wird völlig ausgeblendet, dass sie sich durch ihren späteren Protest und ihre gesamte Arbeit wohltuend von all denen unterschied, die sich bereitwillig mit dem Kádár-System abfanden und ungeniert mitgelaufen sind. In Ungarn misst man auch heute noch mit zweierlei Maß, wenn es um politische Interessen geht, und die Gesellschaft nimmt das ebenso hin, wie sie sich mit dem Machtmissbrauch abfindet.

Nach Ansicht vieler ist es ja dem einstigen Kádár-Regime zuzuschreiben, dass Leute in Ungarn immer noch versuchen, Umwege zu finden und zur Wahrung ihrer persönlichen Interessen Gesetze zu umgehen. Denn mehr als vierzig Jahre lang hat niemand je daran gedacht, in Gemeinschaft aufzutreten, um gemeinsame oder individuelle Rechte und Prinzipien durchzusetzen, sondern es ging immer nur um das persönliche Wohl. Das charakterisiert den sogenannten Homo kádáricus, und dieser Menschentyp ist in der heutigen ungarischen Gesellschaft weit verbreitet. Mit solchen Leuten aber macht die rechte Staatsmacht, was sie will, denn auf ihrem Rücken kann man Kleinholz hacken, ohne dass sie rebellieren oder auch nur protestieren.
Der Schriftsteller und Publizist Rudolf Ungváry hat einmal gesagt, dass sich all das schon am 1. Mai 1957 abgezeichnet habe, was ich damals übrigens nicht so empfand. Niemand wurde gezwungen, und trotzdem gingen Hunderttausende zur offiziellen Staatsfeier, und das nur wenige Monate nach Niederschlagung der Revolution. Dies zeigt doch, dass die Menschen nach Ordnung verlangten, nach der starken Hand, der einfache Arbeiter genauso wie der Unternehmer oder der Banker.

Genau diese Mentalität nutzt Viktor Orbán bewusst aus, wenn er antidemokratische Schritte auf seine Weise ideologisiert. Und nicht nur viele Ungarn lassen sich noch immer von ihm blenden. Vor gar nicht langer Zeit war zum Beispiel der ungarische Ministerpräsident zu einem halbamtlichen Besuch in Wien, wo er vor einer geschlossenen Gesellschaft von Wirtschaftsführern einen Vortrag hielt. Einer der Teilnehmer, sonst ein hervorragender österreichischer Finanzfachmann, sagte mir anschließend: „Wissen Sie, ich verfolge die ungarische Wirtschaftpolitik durchaus kritisch, nicht zuletzt, weil man neuerdings in Ungarn Steuern von ausländischen Banken und Unternehmen einhebt, aber ich muss doch sagen, diese Rede hat mir imponiert. Orbán ist eine starke Persönlichkeit."

Selten war ich so überrascht. Unter dieser Starker-Mann-Psychose leiden also offenbar nicht nur die Menschen in Ungarn.

Bruno Kreisky oder Willy Brandt waren nicht in diesem Sinne starke Persönlichkeiten, sondern als Staatsmänner im intellektuellen und menschlichen Sinn. Doch es war das Verlangen des Volkes nach der starken Persönlichkeit, die in Ungarn dazu geführt hat, dass die Fidesz-Partei im Jahr 2010 eine Zweidrittel-Mehrheit im Parlament erreichte.

Jetzt hast du etwas Wichtiges gesagt. Ein österreichischer Finanzfachmann müsste doch die hohlen Phrasen und den manipulativen Charakter einer Rede auch dann durchschauen, wenn sie mit geschickten Wendungen und in gefälliger Form vorgetragen wird. Natürlich haben wir ein Problem, wenn Orbán selbst einen „hervorragenden Fachmann" so stark beeindrucken und trotz dessen eigener negativer Erfahrungen so sehr blenden kann.

Es war natürlich eine spontane Äußerung, und dieser Mann hat Orbáns Rede eben auf österreichische Verhältnisse projiziert. Immerhin hätte er sich gewünscht, dass wir in Österreich ähnlich kraftvolle Politiker hätten. Ich fragte ihn daraufhin, ob er es gut fände, wenn auch hier gleich für

neun Jahre von der Regierung festgelegt würde, wie die Gerichte und die Medien zu funktionieren haben. Oder wenn gegen den Präsidenten der Nationalbank gleich fünf verschiedene Verfahren angestrengt würden. Nein, nein, so habe er das doch gar nicht gemeint. Aber seine spontane Reaktion war eben genau so.
Ich glaube, dass viele im Ausland noch immer nicht verstehen, dass diese ungarische Regierung nicht konservativ, sondern nationalistisch ist, eine sozialpopulistische Regierung, die ihre eigene Oligarchie nährt.

Kehren wir noch einmal zurück in die Zeit der Kádár-Regierung: Wie würdest du, wenn du Bilanz ziehen müsstest, sein Regime nachträglich einschätzen? Du sagtest schon, es sei zwar aus Verrat hervorgegangen, aber es habe immerhin innerhalb des Sowjetimperiums diese speziellen ungarischen Verhältnisse hervorgebracht. Du hast auch die Folgen des Regimes für die Gegenwart erwähnt. Sicher, Kádár war Statthalter der Sowjets, aber Tatsache ist auch, dass zwei Generationen von Ungarn ein einigermaßen normales Leben frei von Verfolgung führen konnten, zumindest verglichen mit der DDR-Bevölkerung und den Rumänen; es gab eine gewisse materielle Sicherheit und die schon erwähnten kleinen Freiheiten.
Seit ich nach dem Tod meiner zweiten Frau meine dritte Ehe mit Zsóka eingegangen bin, berichtet sie mir vieles zur damaligen Situation, das ich selbst nicht erlebt habe. Beispielsweise, dass die Menschen das Kádár-Regime nicht als eine Zeit der „finsteren Unterdrückung" wahrgenommen haben (wie übrigens auch die Horthy-Ära vor dem Zweiten Weltkrieg nicht). Die Kádár-Zeit, das waren die Jahre der Gewohnheit. An die blanke Diktatur hatte man sich seinerzeit nicht gewöhnen können, danach aber an einen bescheidenen Wohlstand und an relative Freiheit. Auch Meinungsumfragen von heute deuten darauf hin: Die ältere und die mittlere Generation haben die Kádár-Zeit genau so in Erinnerung. Sie stellte in der damals gegebenen internationalen Situation das kleinere Übel dar.

Man freute sich, dass man im Urlaub nach Bulgarien ans Meer fahren konnte, später reiste man in den Westen, wenn es einem gelungen war, auf dem Schwarzmarkt an zusätzliche Devisen zu kommen.
Solche Erfahrungen aber hat jeder in die neue Ordnung mitgenommen. So war man sozialisiert, und so sieht man sich auch rückblickend nicht als Opfer oder wenigstens nicht nur als Opfer. Ich habe das damals auch von hier, von Österreich aus, so gesehen, denn ich kannte ja die Verhältnisse in anderen sozialistischen Ländern; und mir war klar, dass man unter diesen Umständen, also im Einflussbereich der Sowjetunion, in der Kádár-Ära das Maximum für die Menschen herausgeholt hat.
Natürlich war die Situation nicht immer gleich, es gab ja diese Abhängigkeit von den aktuellen inneren und äußeren Kräfteverhältnissen. Mal ging es restriktiver, mal freizügiger zu, aber im Allgemeinen herrschte in Ungarn die erträglichste Variante des Sozialismus. Der Franzose sagt „reculer pour mieux sauter", wenn er meint, es lohne sich, vorübergehend zurückzustecken, um dann eine Änderung zum Positiven durchzusetzen. Genau das war Kádárs Politik. Wie so viele war ja auch ich davon überzeugt, dass der sowjetische Block in absehbarer Zeit nicht kollabieren würde. Sicher, die Auflösung hat schon 1985, als Gorbatschow Generalsekretär der Partei wurde, eingesetzt, aber lange sah es so aus, als könnten seine Reformen bestenfalls einige positive Änderungen zur Folge haben, nicht aber den Zusammenbruch des gesamten Systems.

Du hast doch in deinen damaligen Veröffentlichungen das Kádár-Regime auch so eingeschätzt, oder?
Ja. Sieh mal, mich persönlich hat das Kádár-Regime doch nicht betroffen, ebenso wenig wie mich innenpolitische Veränderungen in Österreich betrafen, ich war ein unabhängiger Mensch. Das haben auch schon damals nicht alle verstanden. Als Kreisky zurücktrat, rief mich ein besorgter Verwandter meiner Mutter an und fragte, was denn jetzt aus mir werden sollte. Was sollte schon werden? Nichts. Ich hatte Sympathie für manche

Menschen, und ich hatte eine Überzeugung, aber abhängig war ich von niemandem. Und die Änderung der Verhältnisse in Ungarn betraf mich nur insofern, als ich nun wohl endlich von der Schwarzen Liste gestrichen würde und wieder ins Land einreisen könnte, um meine Arbeit zu tun.
Aber als unabhängiger Journalist habe auch ich im Kádár-Regime eine Möglichkeit gesehen, die man dem Regime von Husák in der Tschechoslowakei und dem Sozialismus Honeckers in der DDR entgegenstellen konnte.
Das erklärte auch die ablehnende Haltung der tschechischen Genossen mir gegenüber. Als ich Mitte der Neunzigerjahre das Material des tschechischen Geheimdienstes über mich einsehen konnte, fand ich darin eine Meldung des damaligen Presseattachés in Wien, in der er sich auf eine Instruktionsveranstaltung des Prager Außenministeriums für die tschechischen Presseattachés im Ausland bezog; dort war zur Sprache gekommen, wie gefährlich für ihr Land die Osteuropa-Redaktion des ORF unter meiner Leitung sei. Zudem beklagte man sich, dass ich über Ungarn ganz anders berichte, und nur deshalb würden mich die ungarischen Genossen auch ins Land lassen.

Das haben die Tschechen dann sicher richtig gesehen?
Natürlich, genauso dachte ich ja. Und das war der Grund dafür, dass in meiner Sendung, im *Oststudio*, regelmäßig auch Ungarn auftreten konnten. Jenő Randé, der eine Zeitlang ungarischer Botschafter in Wien war, versicherte mir einmal, dass die Haltung der ungarischen KP mir gegenüber eine andere sei als die der Genossen in anderen sozialistischen Ländern, es gelte das quid pro quo, oder salopp gesagt, eine Hand wäscht die andere. Randé, der seine Karriere interessanterweise als Mussolini-Stipendiat begonnen hatte, war später ein geschätzter Journalist, auch in Rundfunk und Fernsehen. 1956 stand er nicht auf der Seite der Aufständischen und wurde in der Folge Botschafter in verschiedenen Hauptstädten.

Auch ich habe damals von der, verglichen mit anderen sozialistischen Staaten, relativen Freiheit unter dem Kádár-Regime gesprochen und hatte ja Recht damit; dafür haben mich die Ungarn ins Land gelassen, um ihre Aufgeschlossenheit zu beweisen. Die Sache funktionierte im gegenseitigen Interesse. Das wurde auch an Kleinigkeiten deutlich: Mich griff zum Beispiel einmal die sowjetische *Iswestija* an, später sogar die *Prawda*, weil ich in einem Rundfunk-Kommentar aus Prag erwähnt hatte, dass selbst der Partei- und Staatschef Gustáv Husák nach Breschnews Tod noch nichts von dieser Top-Meldung wusste. Husák hatte nämlich am Rande eines Interviews mit mir am Vorabend eines geplanten Wien-Besuches noch ausdrücklich bestätigt, dass der (damals schon tote) Breschnew zu einem Warschauer-Pakt-Gipfeltreffen nach Prag kommen würde. Die sowjetischen Genossen hatten also auch ihn, wie die ganze Welt, erst einige Tage später über den Tod Breschnews informiert. Husák war wütend wegen meiner „Indiskretion". Mich beschuldigte man, mit *Radio Free Europe* zusammenzuarbeiten und Unterwanderung zu betreiben und so weiter.

Für den Sonntag darauf hatte ich auch den Zeit- und Literaturhistoriker István Nemeskürty, der sehr gut Deutsch sprach, ins *Oststudio* eingeladen; er erzählte mir, dass er nach den Angriffen der sowjetischen Zeitungen das Mitglied des ungarischen Politbüros György Aczél angerufen und gefragt habe, ob er nach all diesen Angriffen die Einladung nach Wien noch annehmen dürfe oder nicht. Natürlich, habe Aczél gemeint, geh nur hin.

An solchen Nebenschauplätzen gab es schon eine gewisse Eigenständigkeit, und das hat auch zu den guten Beziehungen zwischen Österreich und Ungarn beigetragen. Eine ähnliche Rolle spielten für das Kádár-Regime auch die Öffnung gegenüber der Sozialdemokratie und der Beitritt zum Internationalen Währungsfonds. Aus solchen Mosaiksteinchen formte das Kádár-Regime sein Image. Aber es war viel mehr, als sich andere sozialistische Länder erlaubten. Ich habe das gewürdigt.

Rückblickend erkenne ich, dass ich wohl den Fehler begangen habe, die demokratische Opposition zur Kádár-Zeit nicht gebührend ins Blickfeld zu rücken. Doch weil damals, sobald ich mich in Ungarn aufhielt, jeder meiner Schritte beobachtet wurde und es ohnehin bei jedem Film, den wir dort drehten, zwischen den eingefleischten Kommunisten und den Kádár-Anhängern zu Streitereien kam, ist es vielleicht verständlich, dass ich gar nicht wagte, entsprechende Kontakte zu knüpfen.
Ich traf aber damals viele Menschen, habe über vieles geschrieben; so hatte beispielsweise Péter Bacsó mir zu verdanken, dass sein Film *Der Zeuge* aufgeführt wurde, denn ich habe in der Wiener Zeitung *Die Presse* einen großen Artikel darüber geschrieben. Auch wegen solcher Möglichkeiten musste ich immer sehr genau abwägen, was ich mir gerade noch erlauben konnte.

Du hast ja später auch die Quittung dafür bekommen, dass du den Oppositionellen nicht geholfen hast, nicht wahr?
Es gibt überall fanatische Sektierer, bis heute, und leider nicht nur bei der extremen Rechten, sondern auch den einen oder anderen unter den Liberalen und Linken. Man hat mir vorgeworfen, ich hätte der damaligen Opposition nicht geholfen, während ihnen Erhard Busek sogar ein Vervielfältigungsgerät mitbrachte. Diese Leute verstehen nicht, dass Busek damals Minister war oder eine andere hohe politische Funktion hatte; ich erinnere mich nicht genau, aber jedenfalls genoss er zu der Zeit diplomatische Immunität, daher wurde sein Gepäck auch nicht durchsucht. Ich dagegen wurde regelmäßig gefilzt; als ich einmal über die Tschechoslowakei nach Ungarn einreiste, hat man meine Koffer und Taschen bis in die letzte Falte durchwühlt. Später erfuhr ich dann zudem, dass man mir bei meinen Ungarn-Aufenthalten im damaligen Hotel Intercontinental deshalb immer dasselbe Zimmer gegeben hat, weil darin Wanzen installiert waren.
So erging es mir auch in Bukarest und anderswo. Es war nicht zu überse-

hen, dass ich unter Beobachtung stand. In dieser Beziehung waren die Länder des sogenannten Ostblocks alle gleich.

Doch so etwas wie in Polen gab es in Ungarn nicht; dort konnte 1968/1969 die nationalistische Gruppe um Mieczysław Moczar den Antisemitismus wieder aufleben lassen. Und in der Tschechoslowakei wurde ein Mitarbeiter des American Jewish Committee, der dort zu Besuch war, sogar umgebracht.

Wenn in Ungarn auf irgendeiner Ideologie-Konferenz ein Teilnehmer einen antisemitischen Ton anschlug, also beispielsweise kritisierte, dass im Land sogar Stücke wie „Anatevka" aufgeführt würden, so rückte das der zuständige ZK-Sekretär, beispielsweise Miklós Óvári, auf der Stelle zurecht, indem er feststellte, dass man den Sozialismus aufbauen wolle, aber nicht den Nationalsozialismus. Insofern war das Kádár-Regime aufgeschlossener und anderen gesellschaftlichen Gruppen gegenüber toleranter als seine Nachbarn.

Ich habe auch nicht nur über positive Zeichen in Ungarn berichtet; von der Entwicklung im Jugoslawien der Sechzigerjahre war ich sogar begeistert. Heute weiß ich natürlich, dass ich all diese Ansätze seinerzeit überschätzt habe. Immerhin konnte man in Jugoslawien damals frei reisen, im Ausland privat Arbeit annehmen, lesen, denken. Ich sah aber auch, wohin ein Personenkult führte, wie er in Rumänien gepflegt wurde. Das Land war der lebende Beweis für den Spruch von Lord Acton, dass Macht korrumpiert und absolute Macht absolut korrumpiert.

Sicher ist jedenfalls, dass für die in der Tschechoslowakei und in Rumänien lebenden Ungarn Zustände, wie sie im Mutterland Ungarn herrschten, damals ein unerreichbarer Traum waren.

Nichts ist so bezeichnend für den kämpferischen ideologischen und politischen Antikommunismus der Orbán-Partei wie die Tatsache, dass in ihrer neuen Verfassung die Geschichte Ungarns vom März 1944, also von der Besetzung durch die Deutschen, bis Mai 1990, als sich das erste

Mit meiner Mutter 1929

Mein Vater in der Uniform eines Reserveoffiziers 1943

Die Familie väterlicherseits 1933: Die Großmutter, die Geschwister meines Vaters und deren Kinder. Cousin Gyuri (links) wurde aus der Slowakei nach Auschwitz deportiert und dort umgebracht.

Die Familie mütterlicherseits 1937: Ein Onkel (2. Reihe links) und seine Frau, die Großeltern und die zwei Enkelkinder Lydia und Hugo wurden in Auschwitz vergast.

Vater und Sohn in Budapest 1946

Mit dem ersten eigenen Auto (beim Kauf Kilometerstand 93.000) in Wien 1957

Vor dem Internierungslager Kistarcsa 1993; hier war ich von Mai bis September 1944 in Haft.

Am Donauufer in Budapest beim Denkmal für die Tausenden im Winter 1944/1945 hier durch die Pfeilkreuzler erschossenen Juden

Meine Frau Margaret (1921–2003) in Altaussee

Hochzeit mit Zsóka in Budapest 2004

Mit Hugo Portisch, meinem ältesten Freund, 2010

Mit Bruno Kreisky im *Europastudio* des ORF 1985

Mit Kardinal Franz König an der ungarischen Botschaft in Wien 1995

Mit Außenministerin Ursula Plassnik bei einem Empfang in Bundeskanzleramt 2006

Mit Ex-Vizekanzler Erhard Busek im *Europastudio* des ORF 2009

Überreichung der englischen Ausgabe des Österreich-Buches an Bundespräsident Heinz Fischer in der Hofburg 2010

Signieren des Ungarn-Buches für Landeshauptmann Erwin Pröll 2010 in Sankt Pölten

Mit ORF-Generalintendant Gerd Bacher bei einer Tagung des Internationalen Presseinstitutes in Venedig 1993

Beim runden Geburtstagsempfang 2009 mit ORF-Generaldirektor Alexander Wrabetz und dem Vorsitzenden des Herausgeberkomitees der *Europäischen Rundschau*, RZB-Generaldirektor Walter Rothensteiner

Mit dem amerikanischen Politologen Professor Zbigniew Brzeziński 1993 in Wien

Mit dem albanischen Präsidenten Sali Berisha in Tirana 1993

Mit Bundespräsident Thomas Klestil und dem russischen Staatschef Wladimir Putin in der Hofburg 2001

Interview mit dem libyschen Diktator Muammar Gaddafi in Tripolis 2000

Vor dem Interview mit Bill Clinton bei einer Veranstaltung in Schönbrunn 2001

Mit Simon Wiesenthal in Wien 1990

Interview mit KP-Chef János Kádár in Budapest 1981

Signieren des Ungarn-Buches für Ministerpräsident Viktor Orbán bei der Frankfurter Buchmesse 1999

Der frühere Ministerpräsident Ferenc Gyurcsány (2004–2009) zeigt 2009 eine Büste des 1958 hingerichteten Ministerpräsidenten der 1956er Revolution, Imre Nagy.

Mit dem Chef der Übergangsregierung (2009–2010) Gordon Bajnai in seinem Arbeitszimmer 2010

Dreharbeiten mit dem Schriftsteller Péter Esterházy vor dem Familienschloss in Eisenstadt 1999

Mit dem tschechischen Außenminister Karel Schwarzenberg beim runden Geburtstag 2009 in Wien

frei gewählte Parlament konstituierte, ausgeklammert ist. Und damit hat sie natürlich auch das Leben von mehr als einer Generation aus der Reihe der sogenannten „legitimen menschlichen Schicksale" ausgeklammert – während sie andererseits mit aller Kraft bemüht ist, mitten im demokratischen Europa das halbfeudale, ständische Horthy-Ungarn der Zwischenkriegszeit zu rekonstruieren.

Dabei sind beide, das Regime von Horthy und das Kádár-System, im Zeichen des Terrors gezeugt worden, denn Horthys Leute sind nach der Liquidation der Räterepublik mordend übers Land gezogen. Die Möglichkeiten beider Systeme aber wurden von den Machthabern bestimmt, in deren Schatten sie existierten. Wie kannst du dir diese Art der Geschichtsbetrachtung mit zweierlei Maß erklären, dass nämlich im Gegensatz zur Kádár-Ära das Horthy-Regime weißgewaschen wird?

Horthy war Admiral, ein Adliger in Uniform, und er hat dann im engen Zusammenwirken mit dem Hochadel, dem Großkapital und der katholischen Kirche regiert; der Katholizismus war nämlich während seiner Herrschaft in Ungarn Staatsreligion.

Natürlich galt damals der Revisionismus, oberstes Ziel war die Wiedererlangung der mit dem Friedensvertrag von Trianon 1920 verlorenen Landesteile. Solange dies noch möglich war, hat Horthy, im unseligen Bund mit Hitler-Deutschland, versucht, aus dieser Verbindung etwas herauszuholen. Die Horthy-Politik war in mancher Beziehung auch eine Art Wettlauf zwischen dem rumänischen Diktator Antonescu und Horthy.

Letzterer hatte, fast bis zum Ende, sogar einen gewissen Bewegungsspielraum, doch ihm fehlte die Fähigkeit, klug mit seinen Möglichkeiten umzugehen; anders Kádár, der nach seinem Verrat während des Aufstandes 1956 und nach seiner blutigen Abrechnung mit den Revolutionären mit großem taktischen Geschick seine persönliche Position und die Macht der Partei konsolidiert hat. Bei Horthy war es nicht nur der stümperhafte, misslungene Versuch, aus dem Krieg auszuscheiden, der beweist, dass dieser Mann für eine kluge Politik ungeeignet war. Bis zum Schluss nahm er hin, dass der gesamte Generalstab aus Offizieren bestand, die ganz auf Deutschland fixiert waren. Dadurch war Horthys Spielraum im Inneren auf ein Minimum eingeschränkt.

Kádár dagegen hat mit der Sowjetunion, aber auch mit der Opposition im eigenen Land klug taktiert. Natürlich muss man sehen, dass er sich bereitfand, nach der niedergeschlagenen Revolution in einem Land, das in äußerster Not war, die vom Okkupanten angebotene Statthalterposition zu übernehmen; und er war auch dazu bereit, mehrere Hundert Menschen hinrichten und Tausende verhaften zu lassen. Andererseits gibt es natürlich diesen gravierenden Unterschied zwischen mehreren Hundert und mehreren Hunderttausend ermordeten Menschen.

Horthy ließ nämlich nach der Besetzung Ungarns durch die Deutschen ohne Protest die Deportation von fast einer halben Million Ungarn jüdischer Abstammung in die deutschen Konzentrationslager zu. Darunter Menschen, die ihn glücklich empfangen hatten, als er ins restituierte Siebenbürgen, und nach der Rückgliederung von Oberungarn (Teil der heutigen Slowakei) in Kaschau, der Geburtsstadt meines Vaters, einmarschierte. Diese glücklichen ungarischen Staatsbürger hat die ungarische Verwaltung durch ungarische Gendarmen zur vollen Zufriedenheit eines kleinen SS-Kommandos im Rekordtempo einfangen lassen und nach Auschwitz abtransportiert.

Heute wissen wir, dass Horthy über das, was mit diesen 450.000 Menschen in den Todeslagern geschehen würde, völlig im Bilde war. Und nur der Absprung Rumäniens, die Drohung des Papstes, amerikanischer Protest und die missbilligende Haltung seiner Familie – sein jüngerer Sohn Miklós war gemäßigt konservativ und ein Gegner der deutschen Expansionsgelüste – brachten ihn dazu, sich zu besinnen und die Massenvernichtung der Budapester Juden zu verhindern.

Es ist falsch zu glauben, dass das Schicksal des Landes ein noch viel schlimmeres gewesen wäre, wenn Horthy nach der Besetzung durch die

Deutschen nicht klein beigegeben hätte. Horthy blieb, auch nachdem die Deutschen im Land waren, an seinem Platz, er hat nicht abgedankt, war bereit, für die Deutschen den „Gauleiter" zu machen und damit nach innen wie nach außen die Besetzung zu legitimieren. Erst im Oktober 1944 übergab er, was noch verhängnisvoller war, die Macht widerstandslos an Szálasi und seine Pfeilkreuzler. Horthy hat sich nie und in keiner Angelegenheit getraut, den Deutschen zu widersprechen. Sicher, auch wenn er zurückgetreten wäre, hätte man wohl diese halbe Million Menschen umgebracht, aber er hätte mit seiner Demission dem ungarischen Volk doch das äußerst wichtige Signal gegeben, dass eine solche Schandtat nicht toleriert werden könne. Stattdessen schickte er ungarische Staatsbürger, die gesamte jüdische Bevölkerung aus der ungarischen Provinz, in den Tod; zögernd und erst auf starken Druck von außen hat er, wie gesagt, verhindert, dass die Budapester Juden dasselbe Schicksal traf.
Zum einen war diese Intervention, aber auch sein ungeschickter Versuch, vom Bündnis mit Hitler-Deutschland im Oktober 1944 abzuspringen, der Grund dafür, dass die Sowjets nach Kriegsende nicht forderten, Horthy vor das Nürnberger Kriegsverbrecher-Tribunal zu stellen und er statt dessen den Rest seines Lebens im portugiesischen Estoril verbringen konnte – unterstützt von jüdischen Großkapitalisten aus Amerika. Die Klassen-Gesichtspunkte spielten auch hier eine Rolle.
Es muss noch ein Rest von Groll in meinem Unterbewusstsein existieren wegen der anderthalbtausend mehrheitlich reichen Juden, die vor der Vernichtung aus Ungarn mit dem berühmten Zug in Richtung Schweiz ausreisen konnten.
Nach der Vorstellung meines Buches über die kommunistischen Medien in Washington hat damals der deutsche UNO-Botschafter, ein ehemaliger Journalistenkollege und guter Freund, mir zu Ehren einen Empfang gegeben; im Laufe dieses Abends sprach mich ein Herr an und sagte, er stamme ebenfalls aus Ungarn und sei ein Spross der Familie Chorin, die nach der deutschen Besetzung in die Schweiz geflohen sei. Der jüdische

Großunternehmer Ferenc Chorin war damals nämlich Präsident der Industriellenvereinigung und bis zum Schluss ein Anhänger und Vertrauter von Reichsverweser Horthy. Ich bin diesem Herrn ziemlich kühl begegnet, weil mir sogleich durch den Kopf ging, dass sich, während meine fast dreißig Verwandten aus Siebenbürgen und anderswo in Auschwitz umgebracht wurden, Leute, die viel Geld hatten, retten konnten.

Also meinst du, dass es insofern keinen Unterschied zwischen den Regimen gibt, als beide, das von Horthy und auch das von Kádár, ihren Ursprung im Verbrechen hatten?
Diesbezüglich nicht; doch gibt es einen grundlegenden Unterschied bezüglich der Dimensionen, ob jemand bei der Ermordung von fast einer halben Million Menschen Spießgeselle war oder ob er einige Hundert Menschen hinrichten ließ. Verständlicherweise sehen das alle, deren Angehörige nach 1956 in Ungarn ermordet oder eingekerkert wurden, anders. Und man muss hinzufügen, aus humanitärer Sicht ist es ganz egal, ob staatlicher Terror zwei oder zweihundert Opfer fordert, denn weder zwei noch zweihundert Tote sind hinnehmbar, auch und erst recht nicht mit einer machtpolitischen Begründung. Es geht mir auch gar nicht darum, Kádár zu entlasten, doch wenn wir über die Beurteilung von Politikern und Epochen sprechen, können wir das bei der Feststellung von vergleichbaren und unterschiedlichen Fakten nicht außer Acht lassen. Genauso ist in Betracht zu ziehen, dass sich vor und während des Zweiten Weltkriegs, zumindest bis März 1944, in Ungarn keine deutschen Truppen befanden. Dagegen waren vor und nach 1956 ständig sowjetische Divisionen in unterschiedlicher Stärke auf ungarischem Boden stationiert, und das hat die Möglichkeiten der ungarischen Politik doch beträchtlich eingeschränkt.
Im Jahr 1920 hat jedenfalls weder den ungarischen Reichsverweser Horthy noch den Ministerpräsidenten Pál Teleki irgendjemand dazu gezwungen, in Europa durch ein Gesetz den ersten Numerus clausus für

jüdische Studenten einzuführen. Die Juden wurden nicht als Ungarn und die konvertierten Juden nicht als Christen bezeichnet; damit war ein großer Teil von ihnen von der Hochschulbildung ausgeschlossen. Gegen Ende der Dreißigerjahre folgten dann noch viel schärfere Judengesetze, erlassen durch die auch von Horthy ernannten Regierungen. Und weder Horthy persönlich noch seine Freunde haben auch nur mit einem Wort dagegen protestiert. Man konnte weder den Einfluss des Dritten Reiches noch die Kontrolle durch die deutsche Besatzungsmacht mit der späteren totalen, alles kontrollierenden Machtausübung der Sowjets vergleichen.

Die größte Sünde des ungarischen Bildungswesens und der Politik von heute besteht darin, dass sie lehrt und verkündet, die Pfeilkreuzler wären im Oktober 1944 plötzlich aus dem Nichts ins Rampenlicht getreten – wie Pallas Athene aus dem Kopf des Zeus entsprang –, ganz so, als gäbe es nicht eine lange Vorgeschichte, während der diese Bewegung in stillschweigendem Einvernehmen und mit Unterstützung des Staates, der Kirche und der Aristokratie gewachsen ist.

All das ändert natürlich nichts daran, dass der Friedensvertrag von Trianon eine zutiefst ungerechte Entscheidung gewesen ist, die für die Ungarn immer eine blutende Wunde war. Auch ich habe das als Kind noch so erlebt. Natürlich freute ich mich mit meinen neun Jahren, als Horthy 1938 auf seinem Schimmel in Kaschau einritt; ebenso glücklich war ich mit elf, als er auch in Siebenbürgen einzog, und ich habe mir am liebsten Stühmer-Schokolade gekauft, weil die in Papier verpackt war, auf dem alle Burgen zu sehen waren, die vor Trianon zu Ungarn gehört hatten. Auch ich war ein begeisterter Nationalist, wie alle kleinen Jungen in der damaligen Zeit. So wie die zwei Buben, die jemand an der Rampe in Auschwitz vor der Vergasung in ihrer hübschen ungarischen Bocskai-Tracht fotografiert hat.

Das Kreisky-Wunder

Reden wir über Kreisky, denn in deinen Büchern und in vielen anderen Veröffentlichungen betonst du immer wieder, was für eine wichtige Persönlichkeit er auch für dich war. Wann hast du ihn kennengelernt?
1960 als Wiener Korrespondent der *Financial Times*. Damals bat ich ihn um ein Interview. Da hatte ich natürlich noch keinen Namen, aber immerhin eine Visitenkarte, die besagte, dass ich für ein englisches Blatt arbeitete. Überhaupt war ich noch so unbekannt, dass mich bei einem Empfang der bekannte österreichische Journalist Günther Nenning fragte, wo ich denn bisher gesteckt hätte. Ich sagte ihm, ich hätte fleißig arbeiten müssen, um mir den Anzug, in dem ich hier erschienen sei, kaufen zu können.
Kreisky hatte ja bekanntlich nach dem Anschluss, also von 1938 bis 1951, in der Emigration gelebt. Als Sozialdemokrat und Jude, der allerdings seine jüdische Herkunft immer als zweitrangig betrachtet hat, musste er Österreich verlassen und ging nach Schweden. Nach Kriegsende arbeitete er an der neu etablierten österreichischen Botschaft in Stockholm. Kreisky war ein österreichischer Patriot, also niemals Anhänger einer Orientierung nach Deutschland oder gar eines Großdeutschen Reiches. Wie vor dem Krieg in Österreich betätigte er sich zum Teil auch in Schweden als sozialdemokratischer Aktivist und Journalist, schrieb Artikel für schweizerische und englische Zeitungen. Kreisky wusste also, was es hieß, Emigrant zu sein, erst recht, wenn man als Intellektueller in einem fremden Land ein neues Leben beginnen muss. Vielleicht fand er mich auch deshalb sympathisch.
1966 erreichte die Österreichische Volkspartei bei den Parlamentswahlen

die absolute Mehrheit, die Sozialdemokraten gingen in die Opposition. Ein Jahr später wurde Kreisky mit Zweidrittelmehrheit zum Parteivorsitzenden gewählt. Bei den nächsten Parlamentswahlen, 1970, konnten die Sozialdemokraten stark zulegen und Kreisky besiegte zur allgemeinen Verwunderung Josef Klaus, den Bundeskanzler der Volkspartei. Kreisky wurde Kanzler einer Minderheitsregierung, der ersten in der Nachkriegsgeschichte Österreichs. Er war nämlich noch in der Wahlnacht mit der extrem rechten Freiheitlichen Partei übereingekommen, dass sie die Regierung unterstützen würde; dafür sollte im Gegenzug das Wahlgesetz geändert werden, damit kleinere Parteien mit mehr Aussicht auf Erfolg bei Wahlen antreten konnten.

Natürlich wäre auch eine Regierung gemeinsam mit der Volkspartei möglich gewesen – schließlich hatte die große Koalition, allerdings immer unter Führung der Volkspartei, in Österreich schon Tradition – doch die Koalitionsverhandlungen scheiterten. Josef Klaus ist nach seiner Niederlage sofort zurückgetreten. Vorher hatte er schon eine Koalition mit der FPÖ abgelehnt, was ihm später viele vorgeworfen haben. Kreisky hat dann schon ein Jahr später bei vorgezogenen Neuwahlen die absolute Mehrheit erreicht und war auf die Unterstützung durch die Freiheitlichen nicht mehr angewiesen. Die beiden späteren Wahlen konnte er ebenfalls für sich entscheiden. Nirgendwo in Europa gab es eine derartige Erfolgsserie einer Partei bei Parlamentswahlen. Der einzige Staatsmann, dem Ähnliches gelang, war F. D. Roosevelt zwischen 1932 und 1944.

Kreisky verdankte seinen unglaublichen Erfolg übrigens nicht nur seinem persönlichen Charme und Witz, sondern vor allem natürlich seiner Politik.

War das damals die einzige Konzession, die er dem rechten Rand gemacht hat?

Ja. Und nach einem Jahr war er, wie gesagt, schon nicht mehr auf diese Unterstützung angewiesen. Er gewann 1983 auch noch die fünfte Wahl, allerdings verlor er damals die absolute Mehrheit. Inzwischen aber war er

gesundheitlich schwer angeschlagen, halb blind und lebte mit einer Niere. Deshalb trat er zurück.
Kennengelernt habe ich ihn noch in seiner Zeit als Außenminister – er leitete das Außenamt von 1959 bis 1966 –, als ich in der *Financial Times* viele Berichte über die österreichische Außen- und Wirtschaftspolitik schrieb.
Und dann geschah es, 1968: Kreiskys Sekretär rief mich an und berichtete, dass der SPÖ-Vorsitzende als früherer Außenminister eine Einladung zu einer internationalen Konferenz in Kanada bekommen habe, die er leider aus Termingründen nicht wahrnehmen könne. Deshalb lasse er anfragen, ob ich nicht bereit wäre, an seiner Stelle hinzureisen. Ich hatte keine Ahnung, um was es dort gehen würde. Doch dass Bruno Kreisky bei mir anfragen ließ, war ein unglaublicher Vertrauensbeweis.
Es handelte sich nämlich um die sogenannte Bilderberg-Konferenz, bei der führende Politiker, Nationalökonomen, angesehene Intellektuelle aus den Vereinigten Staaten und aus demokratischen Staaten Europas zusammenkamen und die seit 1954 alljährlich veranstaltet wird. Die erste dieser Veranstaltungen hatte im Hotel Bilderberg in den Niederlanden stattgefunden, daher der Name der Veranstaltung. Dieses hochkarätige Treffen war ein fantastisches Ereignis in meinem Leben.
Die SPÖ war eine riesige Organisation mit vielen Abgeordneten und namhaften Experten für alle Bereiche, doch Kreisky, ihr Vorsitzender, schickt ausgerechnet mich, einen elf Jahre zuvor nach Wien geflüchteten Ungarn und Auslandskorrespondenten, der nicht einmal Parteimitglied ist, an seiner Stelle zu diesem exklusiven Treffen einflussreicher Europäer und Nordamerikaner.
Die Einladung traf also bei mir ein, sie enthielt alle nötigen Informationen, angefangen mit einem Vorschlag, wo mein Flugzeug landen könne, aber auch mit Hinweisen, wo mein Kammerdiener, Sekretär und der Leibwächter logieren könnten. Und schließlich die Empfehlung, ich solle Überschuhe mitbringen, denn in Kanada herrsche oft regnerisches Wet-

ter. Das Treffen fand nämlich in einem Hotel in Mont Tremblant statt, aber Ankunftsort war der Flughafen von Montreal; von dort würde uns kanadisches Militär zu dem Ski-Resort in der Provinz Quebec bringen, denn der Ort liegt 150 Kilometer vom Flughafen entfernt.
Dann war ich also dort. Und ich saß zusammen mit Helmut Schmidt, Robert McNamara, dem amerikanischen Verteidigungsminister, mit Pierre Mendès-France, ehemals französischer Ministerpräsident, mit Edmond de Rothschild, Chef des gleichnamigen Bankhauses, mit Zbigniew Brzeziński, schon damals einflussreicher Ratgeber der Präsidenten Kennedy und Johnson, und mit sechzig bis achtzig weiteren Persönlichkeiten dieses Kalibers an einem Tisch. Mein Tischnachbar war Richard Löwenthal, der bekannte englische Publizist deutscher Abstammung, der später Politische Wissenschaften an der Berliner Universität lehrte und ein guter Freund von Willy Brandt und Helmut Schmidt war.
Natürlich musste ich das Flugticket selbst bezahlen, und das machte damals selbst in der Touristenklasse fast dreitausend Dollar aus. Für mich irrsinnig viel Geld. Dem Veranstalter wäre es nämlich gar nicht in den Sinn gekommen, den Teilnehmern die Erstattung der Reisekosten anzubieten, denn die Geladenen waren ja fast alle reich oder in hohen Positionen. Ich fragte Richard Löwenthal im Vertrauen, was ich da machen könne. Er gab mir den Rat, mich an den Generalsekretär der Veranstaltung zu wenden. Das tat ich und bekam das Geld tatsächlich erstattet.
Bei einer Konferenz wie dieser handelt es sich um eine geschlossene Gesellschaft, eine so exklusive Veranstaltung bis heute, dass über die dort stattfindenden Vorträge und Diskussionen nie etwas an die Öffentlichkeit dringt.
Eine interessante Kleinigkeit am Rande, die mir damals sehr gefallen hat: Bei den Vor- und Beiträgen wurde eine Art Verkehrsampel aufgestellt, die von Grün auf Gelb schaltete, wenn jemand seine Redezeit zu überschreiten drohte, und auf Rot, sobald die eingeräumte Sprechzeit abgelaufen war.

Diese Veranstaltung war jedenfalls ein unvergessliches Ereignis in meinem Leben.

Hast du dich dort auch einmal zu Wort gemeldet?
Natürlich, sogar mehrmals. Mit dem Erfolg, dass ich auch zum nächsten Treffen ein Jahr später nach Helsingör in Dänemark eingeladen wurde.
Jedenfalls beweist auch diese Geschichte, was für ein Hasardeur Kreisky war, welche Risiken er gelegentlich einzugehen beliebte, denn er wusste ja gar nicht, wie gut ich Englisch sprach und wie sicher mein Auftreten in einem so erlesenen Kreis sein würde.
Ich konnte ihm freilich in seiner Zeit als Außenminister und später als Bundeskanzler auch nützlich sein, weil ich viel über seine Politik geschrieben habe, nicht nur in der *Financial Times*, sondern auch in der schweizerischen Zeitung *Die Tat* und in deutschen Blättern. Am nächsten Tag stand das dann alles im Pressespiegel. Die Tatsache, dass die Artikel aus meiner Feder auch im Ausland Verbreitung fanden, half Kreisky auf internationalem Parkett, aber auch in der eigenen Partei.
Trotzdem gab es manchmal Unstimmigkeiten zwischen uns. Einmal war ich sehr ungehalten, weil Polen meinen Visumsantrag abgelehnt hatte und ich davon mit Rückantwort in Kenntnis gesetzt wurde, für das ich auch noch zwanzig Schilling zahlen sollte.
Also rief ich Kreisky an. Woher sollte ich auch wissen, dass er gerade gar nicht gut auf mich zu sprechen war. Kurz zuvor hatten nämlich Bundeskanzler Klaus und er, damals noch als Außenminister, in Belgrad verhandelt, und ich traf mich anschließend zu einem Interview mit dem Kabinettschef von Klaus. Ich hätte damit aus Klaus einen Staatsmann gemacht, schnauzte er mich am Telefon an. Ich antwortete, er, Kreisky, habe sich ja gleich im Anschluss an die Verhandlungen nach Paris aufgemacht, während Klaus in Belgrad geblieben sei, um diese österreichisch-jugoslawischen Verhandlungen zu leiten. Mit wem sonst ich denn ein Interview hätte führen sollen, fragte ich ihn.

Danach habe ich mich über die Polen beschwert, und er meinte trocken: „Nicht ich habe Ihren Visumsantrag abgelehnt, Herr Redakteur." Diese Anrede war immer ein Alarmsignal und Hinweis, dass er mir böse war. Ich bedankte mich zornig für nichts und legte auf.
Einen richtig großen Krach hatten wir 1970, als der bekannte Nazi-Jäger Simon Wiesenthal publik machte, dass zu Kreiskys Regierungsmannschaft vier ehemalige Nationalsozialisten gehörten und der Landwirtschaftsminister zudem bei der Waffen-SS gewesen war. Ich habe darüber in der schweizerischen Zeitung *Die Tat* einen großen Artikel geschrieben und Kreisky in der aus diesem Anlass stattfindenden Pressekonferenz ein paar harte Fragen gestellt, unter anderen die, ob dieser Minister zurücktreten würde und wenn ja, wann. Auf diesen Vorfall ging übrigens meine lebenslange Freundschaft mit dem großen katholischen Publizisten Kurt Vorhofer zurück. Damals wusste nämlich jeder Kollege, also auch er, dass ich einen guten Draht zu Kreisky hatte und im Allgemeinen seine Politik unterstützte; nur in dieser Angelegenheit konnte ich nicht an seiner Seite stehen, sondern musste Gerechtigkeit verlangen. Kreisky war mir deshalb natürlich böse.

Und trotzdem hat er dich als Mitverfasser einer Biografie über ihn empfohlen?

Ja, so war er. 1972, als der Wiener Zsolnay Verlag und der deutsche Econ Verlag entschieden, gemeinsam eine Kreisky-Biografie herauszubringen, hat er mich tatsächlich als Co-Autor empfohlen. Zu der Verbindung Kreiskys mit dem Econ Verlag kam es, weil der Inhaber ein Klassenkamerad Kreiskys im Gymnasium gewesen war und ihn fragte, wen er als Mitautor vorschlage. Der andere Co-Autor war Karl-Heinz Ritschel, Chefredakteur der *Salzburger Nachrichten*. Die erste Kreisky-Biografie war also unser Gemeinschaftswerk. Sie enthielt zwei große Essays und Illustrationen.
Während der Arbeit an dem Buch saß ich oft mit Kreisky zusammen, wir führten viele Gespräche, und er überließ mir zahlreiche Dokumente.

In der Zwischenzeit aber stellte sich heraus, dass der Molden Verlag in Wien ebenfalls eine Biografie vorbereitete und Kreisky auch diesem Autor Dokumente zur Verfügung gestellt und mit ihm zusammen gearbeitet hatte. Als für beide Biografien eine gemeinsame Buchpräsentation vorgesehen wurde, beschwerte ich mich beim Verleger Fritz Molden über diese Praktiken, dass man hinter unserem Rücken und gleichzeitig mit uns eine zweite Biografie schreiben ließ. Fritz Molden war übrigens während des Kriegs Widerstandskämpfer gewesen, und in seinem Verlagshaus erschien *Die Presse*. Später hatte ich dann ein gutes Verhältnis zu dieser bedeutenden Persönlichkeit.

Wie war die Arbeitsteilung zwischen Ritschel und dir?
Ich schrieb über Kreiskys Weg als Sozialdemokrat und über sein Wirken als Außenpolitiker, er eher über Kreiskys persönlichen Werdegang und innenpolitische Angelegenheiten. Während der Recherchen verbrachte ich mit Kreisky viele Stunden in einem wunderschönen Hotel in Lech am Arlberg – gleichzeitig mit uns waren übrigens auch der Fürst von Monaco und seine Frau Grace Kelly dort abgestiegen. Natürlich kam dabei auch die Nazi-Zeit zur Sprache. Kreisky erzählte, er selbst habe zwar fliehen können, doch 21 Verwandte seien umgebracht worden. Als ich ihn fragte, ob er sich denn berechtigt fühle, auch in ihrem Namen über das zu sprechen, was mit ihnen geschehen war, explodierte er.

Warum hast du ihn das gefragt?
Weil es mich störte, dass er viel schärfer mit dem korporativ-autoritären System des Kanzlers Dollfuß, den die Nazis ermordet hatten, also mit dem Austrofaschismus und dem Bürgerkrieg, ins Gericht ging als mit den österreichischen Nazis. Nach dem Staatsstreich von 1933 war 1934 in Österreich ein Bürgerkrieg ausgebrochen, der zur Folge hatte, dass die Sozialdemokraten ebenso wie die österreichischen Nazis eingesperrt oder in Lager gesteckt wurden. Kreisky hatte sogar mit Nazis in einer Zelle

gesessen, und einer dieser Nazis verhalf ihm 1938 zur Flucht und Emigration. Aufgrund dieses Erlebnisses war er vermutlich mit den Nazis nachsichtiger als mit denen, die ihn eingesperrt hatten.
Übrigens herrschte damals in der gesamten österreichischen Sozialdemokratie ein unglaublicher Hass auf die bürgerlichen Rechten, also die Christdemokraten, weil die das autokratische Regime installiert hatten, die Sozialdemokraten aber von ihnen geächtet, ja verboten, ihre Führer eingekerkert wurden oder verschwanden. Im Grunde verfuhr man mit ihnen so wie Horthy es mit seinen Gegnern zur Zeit des sogenannten Weißen Terrors in Ungarn tat.
Kreisky sprach über den österreichischen Faschismus und berief sich dabei auf seine ermordeten Verwandten, aber auch über den Anschluss Österreichs an Deutschland und die Nazi-Zeit, die er selbst nicht unmittelbar erlebt hatte. Eben deshalb fragte ich ihn, ob er eigentlich autorisiert sei, im Namen seiner ermordeten Verwandten zu sprechen. Zweifellos war das eine ziemlich respektlose Bemerkung von mir!

Natürlich, aber auch du warst ja nicht in Siebenbürgen, als man die ganze Familie deiner Mutter verschleppte.
Sicher, es war kein Wunder, dass Kreisky der Zorn packte und er mich anschrie: „Was nehmen Sie sich heraus? Wie sprechen Sie denn mit mir?“ Dann verließ er den Tisch; wir waren schon beim Kaffee. Aber noch am selben Nachmittag ließ er mich wissen, dass wir jetzt mit dem Interview fortfahren könnten, denn am Abend seien wir von der Fürstin von Monaco eingeladen.
Dann flüsterte mir seine Büroleiterin Margit Schmidt, die jahrzehntelang in dieser Funktion an seiner Seite war, heimlich zu, dass es Kreisky im Grunde imponiere, wenn man ihm widersprach – selbst in diesem Ton.
Eine dritte Auseinandersetzung zwischen uns hatte einen ähnlichen Anlass. Kreisky hasste nämlich Simon Wiesenthal nicht nur wegen der Aufdeckung der Nazi-Vergangenheit von vier Ministern im Jahr 1970. Es

gab da noch einen Konflikt um Friedrich Peter, den Vorsitzenden der Freiheitlichen Partei, mit dem Kreisky schon 1970 einmal paktiert hatte. 1975, als nicht sicher war, ob die Sozialdemokraten die absolute Mehrheit wieder erringen würden oder man eventuell mit den Freiheitlichen koalieren müsste, machte Wiesenthal dann öffentlich, dass Peter 1941/1942 bei einer besonders berüchtigten Infanteriebrigade der Waffen-SS Dienst getan hatte, einer Einheit, von der man wusste, dass sie in der Sowjetunion massenhaft Juden und andere Zivilisten ermordet hatte. Wiesenthal übergab sein entsprechendes Dossier damals nicht nur Bundespräsident Kirchschläger, sondern verteilte es bei einer Pressekonferenz nach der Wahl auch an die Journalisten. Kreisky schäumte vor Wut und verdächtigte Wiesenthal sogar, selbst einmal mit der Gestapo zusammengearbeitet zu haben.
Kurz danach, im Februar 1976, fuhr Kreisky in die Tschechoslowakei. Es war der erste offizielle Besuch eines österreichischen Regierungschefs in Prag; wir reisten mit einem Sonderzug. Auch Repräsentanten der drei großen Parteien gehörten zur Delegation – Kreisky nahm sie zu Staatsbesuchen immer mit –, darunter natürlich auch Friedrich Peter. Als Peter hinausgegangen war, kam das Gespräch auf Wiesenthal, und ich verteidigte ihn. Kreisky verbat sich zornig, dass ich in diesem Ton mit ihm redete. Mit Sicherheit hat ihm nicht gefallen, dass ich ihn vor anderen kritisiert hatte.

Ich verstehe das nicht. Er selbst musste doch vor den Nazis aus dem Land fliehen. Wäre er geblieben, hätte man ihn genauso umgebracht wie seine 21 Verwandten. Und dann war er ja auch nicht nur Sozialdemokrat und Vorkämpfer für ein liberales Österreich und deshalb ein Verfolgter der Nazis, sondern auch Humanist; von ihm stammt doch der Satz, dass er lieber steigende Staatsschulden in Kauf nehme als eine massenhafte Arbeitslosigkeit. Volkswirtschaftler schätzen diesen Sager vermutlich nicht sehr, aber er verrät doch etwas über Kreiskys Politik-

verständnis. Er hätte also Grund genug gehabt, sein Leben lang ein Nazi-Gegner zu sein. Trotzdem legte er sich mit Wiesenthal an und hat die Regierungsmitglieder mit Nazi-Vergangenheit nicht entlassen.

Ja, das ist wirklich schwer zu verstehen. Eine Erklärung dafür könnte meiner Meinung nach sein, dass er sich als Sohn aus einer seit langem assimilierten jüdischen Familie vor allem für einen Österreicher und Sozialdemokraten hielt und dann erst für einen Juden. Seine Loyalität galt zu allererst Österreich und der Sozialdemokratie, seine Abstammung kam erst danach ins Spiel; so pflegte er ja auch mit Israel ausschließlich politische Beziehungen.

Wiesenthals Lebensweg war dagegen ein völlig anderer. Der Flüchtling aus Galizien hatte das Konzentrationslager überlebt und fühlte sich dem Staat Israel und der Nazi-Verfolgung verpflichtet. Die beiden Männer hatten eben nicht dieselben Ziele. Und Wiesenthal hat zwei Mal die politischen Pläne und Manöver Kreiskys durchkreuzt, an denen der Kanzler aber festhalten musste, wenn er seine Ziele verwirklichen wollte.

In Prag beklagte sich Friedrich Peter bei mir, dass ihn die anderen Journalisten wie einen Aussätzigen behandelten, obwohl er doch die Freiheitliche Partei gegen die Ewiggestrigen weg vom Nazismus und auf den Weg zur Demokratie führe. Damit hatte er natürlich nicht ganz Unrecht.

Jedenfalls haben sich die Streitereien zwischen Kreisky und mir immer an der Beurteilung des Nationalsozialismus entzündet. Aber das änderte nichts daran, dass ich bis zu seinem Tod ein ausgezeichnetes Verhältnis zu ihm hatte.

Ein Vertrauensbeweis war auch, dass ich zu denen gehörte, die ihn regelmäßig besuchen konnten, als er schon sehr krank war, und ich durfte sogar mehrmals bei der Dialyse anwesend sein. Ich hatte auch insofern einen Sonderstatus, als er seinen Sekretär wissen ließ, dass meine Besuche nicht zu den Kurzterminen gehörten. Manchmal haben wir uns tatsächlich mehrere Stunden lang gut unterhalten.

Auch 1973 beim Start meines wichtigsten Projektes, der *Europäischen*

Rundschau, hat Bruno Kreisky eine wichtige Rolle gespielt. Er gab mir zwar kein Geld, leistete mir aber wichtige Hilfestellung bei den Banken, den Kammern, bei den Gewerkschaften, die dann alle das Unternehmen tatsächlich mittrugen und die Zeitschrift bis heute unterstützen.
Ich habe Kreiskys Vertrauen nie missbraucht, auch nicht das von Bundespräsident Rudolf Kirchschläger, der Katholik war und den Kreisky trotz der Proteste des linken Flügels seiner Partei als Kandidat durchsetzte. Auch zu ihm hatte ich guten Kontakt. Nie habe ich in meinen Artikeln vertrauliche Informationen aus solchen Gesprächen verwendet.
Von Kreisky bekam ich schließlich meine erste Auszeichnung, und er erschien auch zu der Feier aus Anlass der Verleihung des Professorentitels an mich. Fast immer ist er Gast auf den Cocktail-Partys gewesen, zu denen Margaret und ich im Namen der *Financial Times* eingeladen haben. Ein einziges Mal hat er mich wegen einer solchen Einladung angerufen, um zu sagen, dass er schrecklich viel zu tun habe; ob ich denn wirklich so großen Wert darauf lege, dass er dabei sei. Ja, Herr Bundeskanzler, sagte ich. Und er kam.
Ich nahm auch an der Einäscherungsfeier für seine Frau teil. Nur auf Mallorca habe ich ihn nie besucht. Er besaß dort ein Haus, wo er auch seine Erinnerungen geschrieben hat.

Warum warst du nie bei ihm auf Mallorca?
Irgendwie wollte ich nicht recht und konnte zu der Zeit auch nicht reisen. 1983, als er schon sterbenskrank war, bat mich die Londoner Zeitung *The Independent*, ich möge einen Nekrolog auf Bruno Kreisky verfassen. Während ich den schrieb, bewegte mich die Frage, wie es ihm wohl jetzt gerade gehe. Ich rief auf Mallorca an, und er selbst nahm den Hörer ab. Natürlich konnte ich nicht sagen, womit ich mich gerade beschäftigte, erkundigte mich nur nach seinem Befinden. Als er dann starb, war ich gerade in unserem Feriendomizil in Altaussee. Ich brach sofort nach Wien auf, ging ins Parlament, wo er aufgebahrt lag und nahm dann an allen drei

Verabschiedungsfeiern teil, beim Kanzleramt, vor der Parteizentrale und auf dem Friedhof. Schließlich war ich dann auch bei dem Empfang, zu dem sein Sohn und seine Tochter in das Haus, in dem er gelebt hatte, einluden. Sein Tod hat mich erschüttert.

Ich habe Bruno Kreisky sehr verehrt, und ich wandte mich niemals gegen ihn; er spielte in meinem Leben wirklich eine zentrale Rolle. Als Freund und deshalb, weil ich ihm so viel zu verdanken habe. Auch daran, dass ich Chefredakteur der Ostredaktion beim ORF wurde, hat er mitgewirkt. Wir hatten eine enge, zutiefst menschliche Verbindung, bei der wahrscheinlich nicht nur die Sympathie füreinander eine Rolle spielte, sondern auch die Herkunft und die Vergangenheit, also das, was wir beide – wenn auch jeweils anders – in der Nazi-Zeit und in der Emigration erlebt haben. Wichtig war zudem die uns beiden gemeinsame grundsätzliche Weltanschauung und eine weltoffene Haltung, bei ihm wie bei mir ein Grundzug unserer Persönlichkeit.

Auch dass man in der Politik dem Hass keinen Raum geben darf, habe ich von ihm gelernt, dass Hass niemals ein Mittel der Politik sein kann.

Trotz meiner engen Verbindung zu Kreisky hatte ich auch zu den Führungspersönlichkeiten der ÖVP immer ein gutes Verhältnis, zum ehemaligen Bundeskanzler Josef Klaus ebenso wie zum Generalsekretär der Partei Hermann Withalm, zu Alois Mock, dem Außenminister und Vizekanzler, zu Erhard Busek, dem Wissenschaftsminister und auch Vizekanzler, und zu Josef Taus, der bei zwei Wahlen (1975 und 1979) als ÖVP-Obmann Kreiskys Gegenkandidat war. Taus, katholisch und bürgerlicher Herkunft, ein Bankier und erfolgreicher Unternehmer, ist bis heute einer meiner besten Freunde. Unsere Freundschaft war aber auch für Kreisky nie ein Problem, und meine persönliche Beziehung zu Bruno Kreisky wirkte sich auf meine lebenslange Freundschaft mit Taus, diesem Mann von absoluter persönlicher Integrität und bescheidenem Lebensstil, nie negativ aus. Dass übrigens die *Europäische Rundschau*, unsere internationale Vierteljahresschrift, noch immer existiert, verdanken wir

in erster Linie seinem Engagement als Mitherausgeber seit 1973 und natürlich auch der tatkräftigen Unterstützung des langjährigen Vorsitzenden des Herausgeberkomitees, Walter Rothensteiner, dem Chef der Raiffeisenzentralbank.
Ein besonderes Erlebnis für mich war auch die Arbeit an meinem Buch „Mein Österreich – 50 Jahre hinter den Kulissen der Macht" (2008). Mit 37 führenden Persönlichkeiten des öffentlichen Lebens – unter anderen mit vier Ex-Kanzlern, drei ehemaligen Vizekanzlern und zwei Landeshauptleuten – konnte ich lange und ausführliche Gespräche über politische Freunde und Gegner auf Band aufnehmen und keiner wollte die verwendeten Zitate im Voraus kontrollieren; jeder glaubte meinem Versprechen, dass ich die als vertraulich bezeichneten Aussagen nicht namentlich zitieren würde. Es war für mich so etwas wie ein unvergesslicher, gesamtösterreichischer Vertrauensbeweis.

Eins musst du mir noch erklären. Ich weiß, die beiden Vereinbarungen, nach denen ich dich fragen will, liegen zeitlich weit auseinander, entsprechend weichen auch die Umstände voneinander ab. Trotzdem: Wieso konnte der Sozialdemokrat Kreisky ohne Weiteres und unbehelligt eine politische Vereinbarung mit der äußersten Rechten treffen, Wolfgang Schüssel von der Volkspartei dreißig Jahre später aber nicht mehr, denn da schrie halb Europa auf und stürzte sich auf ihn?
Die Umstände waren in der Tat verschieden, es gab sogar einen großen Unterschied: Kreisky ging mit den Freiheitlichen keine Koalition ein, Schüssel aber holte sie in seine Regierung. Außerdem war Jörg Haider in Europa eine allgemein bekannte und viel schärfer verurteilte Persönlichkeit als seinerzeit Friedrich Peter. In dreißig Jahren hatte sich die Beurteilung der äußersten Rechten und der Nazi-Zeit stark verändert, und das war nicht zuletzt den Auseinandersetzungen zu verdanken, die in den 1980er Jahren in Deutschland stattfanden. Ich persönlich bin übrigens immer davon ausgegangen, dass ich von Leuten, die heute, sagen wir,

siebzig oder achtzig Jahre alt sind, nicht mehr wissen will, was sie oder ihre Familie während des Zweiten Weltkriegs getan haben, denn gänzlich unbefleckt ist offensichtlich kaum einer geblieben. Über Friedrich Peter dachte ich, was immer er als Zwanzigjähriger gedacht oder getan hat, er ist ein überzeugter und zuverlässiger Demokrat geworden. Darin war ich übrigens mit Heinz Fischer, dem jetzigen Bundespräsidenten, einig, der das auch in seinen Büchern mehrfach betont hat.

Unbestreitbar ist jedoch, dass der Geburtshelfer dieser schwarz-blauen Koalition unter Wolfgang Schüssel im Grunde auch Kreisky war, der 1970 als Gegenleistung für die Tolerierung durch die Freiheitlichen das Wahlrecht so zu ändern versprach, dass es die kleineren Parteien begünstigte, und er hat dieses Versprechen gehalten. Ich habe darüber damals in einem großen Aufsatz in der *Frankfurter Allgemeinen Zeitung* geschrieben, als Schüssel nach Bildung der schwarz-blauen Koalition europaweit unter Beschuss geriet; darüber war man natürlich in der SPÖ nicht sehr erbaut. Noch dazu hatten die Freiheitlichen in der Person Jörg Haiders eine begabte und völlig skrupellose Führerpersönlichkeit, und sie erreichten bei den Wahlen 1999 nach den Sozialdemokraten das zweitbeste Ergebnis.

Ich habe damals Schüssel gegen die Angriffe aus Europa in Schutz genommen, nicht nur weil ich sie für nicht gerechtfertigt und für kontraproduktiv hielt, sondern auch, weil Haider gar nicht ins Kabinett kam und weil der Kanzler mit der Rechtsaußen-Partei keine Kompromisse einging. Im Ausland wissen viele bis heute nicht, dass es Wolfgang Schüssel war, der die überfälligen Entschädigungszahlungen für ausländische Zwangsarbeiter und für jüdische Opfer durchgesetzt und sogar die Zustimmung der FPÖ erzwungen hat.

Hat nicht auch der Druck, der aus Europa kam, zum Ende der Regierung Schüssel beigetragen?

Natürlich, und ebenso Haiders Skrupellosigkeit. Schüssel hat die Koalition 2002 beendet, und es kam zu vorzeitigen Neuwahlen, die er mit taktischer Brillanz überwältigend gewann. Er bildete schon bald wieder eine Koalition mit der geschwächten Freiheitlichen Partei, was viele, darunter auch in seiner eigenen Partei, nicht verstanden haben. Schüssel verlor die nächsten Wahlen, und seit 2007 stehen wieder sozialdemokratische Kanzler an der Spitze der rot-schwarzen Koalitionsregierungen. Indessen werfen himmelschreiende Korruptionsskandale immer mehr Schatten auf die Geschichte der schwarz-blauen Regierungen.

Doch im Konflikt um die Sanktionen im Jahr 2000 musste Österreich – und da schließe ich mich selbst nicht aus – lernen, was es heißt, der Vergangenheit ins Auge zu schauen, was für ein langer, mühsamer Prozess das ist, welchen Preis man zu zahlen hat, wie wichtig Kompromisse sind und welch verheerende Wirkungen der Hass hat. Letzteren muss man unbedingt aus Konfliktsituationen und vor allem aus der Alltagssprache heraushalten. In dieser Hinsicht kann die Art, wie die Deutschen und die Österreicher (letztere mit Verspätung) ihre Geschichte aufgearbeitet haben, beispielhaft sein für andere, auch für Ungarn und Kroatien.

Denn man darf nicht vergessen, in Österreich herrschte 1934 Bürgerkrieg, und 1938, nach dem Anschluss – den tatsächlich die Mehrheit der Österreicher begeistert begrüßt hat –, saßen im ersten Zug, der in Richtung Dachau, also ins Konzentrationslager, unterwegs war, sowohl Sozialisten als auch Angehörige der Volkspartei. Der erste Kanzler der Zweiten Republik, der Vorsitzende der Gewerkschaft, ein Drittel der Abgeordneten haben Jahre dort verbracht oder sind in Dachau ums Leben gekommen. Sie mussten auf den Gängen des Lagers lernen, dass man keinen Hass aufkommen lassen darf. Und seither hat es sich an unzähligen Beispielen erwiesen, wie tödlich Hass für Länder und Menschen ist.

In Österreich kann kein aktiver Politiker mehr, auch nicht jene von Rechtsaußen, antisemitische Parolen verbreiten. Sprüche, wie sie nach 1945 noch der sozialistische Innenminister Oskar Helmer von sich gegeben hat – nämlich dass zu viele Juden aus Osteuropa nach Österreich kämen –, kann sich heute kein Politiker mehr leisten. So etwas ist in der Öffentlichkeit inzwischen einfach nicht mehr salonfähig. Und das trifft auch für die Presse zu. In Österreich existiert keine Tageszeitung der extremen Rechten. Man findet zwar gelegentlich in Boulevardzeitungen populistische Äußerungen mit eher rechtem Zungenschlag, aber Aufrufe zum Rassenhass gibt es in keinem Blatt, möglicherweise noch in kleinen geheimen Zirkeln. Auch deshalb weiß ich Österreichs Entwicklung in den letzten Jahrzehnten zu schätzen; das Land und die Menschen sind offener und toleranter geworden, auch für Neuankömmlinge, die Hilfe brauchen. Allerdings begünstigt die europäische Wirtschafts- und Finanzkrise auch in Österreich Tendenzen zur Ausgrenzung.

Deiner Meinung nach ist Österreich also in dieser Beziehung anders als Ungarn?
Man kann die beiden Länder diesbezüglich nicht vergleichen. Es vergeht nämlich keine Woche, in der nicht ein Artikel, eine Abhandlung, ein Buch über das erscheint, was 1938, davor und danach in Österreich geschah, das Interesse daran wird permanent wachgehalten, auch durch die bürgerlich-konservative Presse. Niemand darf die Tatsache vergessen, dass die Nazis ein Drittel der österreichischen Juden umgebracht haben, zwei Drittel konnten sich retten.
2012 wurde auf eine von den Sozialdemokraten ausgehende Initiative hin ein Teil der Ringstraße in Wien umbenannt, der bislang den Namen von Karl Lueger, dem populären christdemokratischen Wiener Bürgermeister und berüchtigten Antisemiten, trug, – er war übrigens derjenige, der Ungarn nach dem Ausgleich von 1867 „Judapest" genannt hat.
Österreich lädt alljährlich Verwandte der in der Nazi-Zeit Ermordeten oder Überlebende des Terrors ein, ganz gleich, ob sie in Österreich gelebt haben oder emigriert sind. Es gibt hierzulande mehrere Holocaust-Museen, die jüdischen Friedhöfe werden von Studenten gepflegt. In Öster-

reich bekennt man sich auch zur Restitution von Raubgut, die es in Ungarn noch immer nicht gibt. Dabei haben auch dort viele von der Ermordung vermögender Juden profitiert.
Sicher gibt es auch in Österreich eine rechtsextreme Wählerschicht, die etwa zehn, vielleicht sogar bis zwanzig Prozent ausmacht. Aber ihre verworrene Ideologie findet sich in der Alltagssprache nicht wieder und ist auch – das ist das Wichtigste – aus dem öffentlichen Diskurs ausgeschlossen. Insofern ist die Situation nicht mit der im heutigen Ungarn zu vergleichen, wo der Ministerpräsident tönen darf, dass die Rehabilitation Horthys nicht seine Angelegenheit sei, sondern die der gewählten Selbstverwaltung; wo die Jobbik genannte Partei der Rechtsextremisten allwöchentlich antisemitische und rassistische Attacken reitet, meist mit Duldung der Regierungspartei. So etwas erlaubt sich in Österreich auch die rechte Freiheitliche Partei nicht, denn es widerspricht den Normen des öffentlichen Lebens und der Verfassung, und auch die Wähler tolerieren es nicht. Leider gibt es, nicht nur was das Pro-Kopf-Einkommen, sondern auch was die Pro-Kopf-Moral angeht, zwischen Österreich und Ungarn eine abgrundtiefe Kluft.

Also wäre in Österreich gar nicht möglich, was gerade in diesen Tagen der ungarische Justizminister Tibor Navracsics geäußert hat, als er auf die ehrenvolle Wiederbestattung eines ungarischen Schriftstellers angesprochen wurde, der in Siebenbürgen eine tiefbraune Nazi-Vergangenheit hatte; der Minister sagte nämlich: „Mit solchen Dingen befassen wir uns gar nicht, denn die Regierung ist kein Historischer Verein."
So etwas wäre hier ausgeschlossen. Wollte sich ein Politiker der ÖVP in einer solchen Frage auf ähnliche Weise äußern, würde auch die konservative Presse kein gutes Haar an ihm lassen; denn in Österreich und in Deutschland bedeutet es für eine konservative, bürgerliche Zeitung keineswegs, dass sie entsprechend ihrer politischen Linie dem Obmann der Volkspartei beziehungsweise der deutschen Kanzlerin hörig ist und stets

den parteikonformen Standpunkt vertritt. Was wären die Lehren aus der Geschichte, die Ergebnisse der historischen Forschung noch wert, wenn sich Politiker, zumal die der Regierungspartei, davon distanzieren und sie ihrem Volk gegenüber nicht hochhalten würden?
Sicher, in Sachen Fußball meldet sich Ministerpräsident Orbán regelmäßig zu Wort! Diesen Sport nimmt auch die Regierung ernst! Doch sie glaubt, das Wiedererstehen einer Nazi-Bewegung in Ungarn gehe sie nichts an. Kann man sich denn noch offensichtlicher selbst entlarven?

Ja, diesbezüglich ist für den ungarischen Leser bitter, was du in einem Buch über Kreisky und die Österreicher zitierst. „Die Österreicher konnten aus der von außerhalb, also vom Ausland kommenden Anerkennung für den Regierungschef den Eindruck gewinnen, dass auch sie wieder etwas galten: Durch die Person des Kanzlers bekam das Volk die Bestätigung, dass aus dem zuerst aufgeteilten und nun in Trümmern liegenden Land wieder ein geschätztes Mitglied der Staatengemeinschaft geworden war." Wie traurig ist es aber, so etwas zu lesen, weil sich in Ungarn heute genau der gegenteilige Vorgang abspielt, und zwar unter aktiver Mitwirkung von Viktor Orbán, der mit nationalistischen Parolen gegen die ganze westliche Welt anredet; die Ungarn sind doch auf dem Weg, ausgerechnet jetzt, die Parias der Völkergemeinschaft zu werden. Anders als seinerzeit Kreisky verschafft der Ministerpräsident dem ungarischen Volk nicht nur kein Ansehen in der Welt, sondern er will das Land sogar gegen diese missgünstige Welt ringsum abkapseln und in einen kollektivistischen, christlich-nationalen Wahnsinn einlullen. Ich möchte damit nur unterstreichen, was du vorhin über die Rolle der Persönlichkeit in der Geschichte gesagt hast.
Das hat die Politik Orbáns tatsächlich zur Folge gehabt und deshalb ist es so bedauerlich, dass er immerzu im Namen aller Ungarn spricht und die weltweite Kritik ebenfalls mit Hinweis auf das Ehrgefühl des gesamten ungarischen Volks zurückweist. Dabei ist doch klar und deutlich, dass ein

großer Teil der Ungarn das gar nicht will. Niemals, nicht einmal in den kritischsten Phasen seiner Geschichte, hätte in Österreich seit dem Zweiten Weltkrieg ein Politiker so auftreten können. Er wäre auf der Stelle unglaubwürdig, würde ausgelacht, wenn er behaupten wollte, es sei ein Angriff auf die Würde seines Volkes, wenn jemand die österreichischen Bankzinsen, die Menge der nach Osteuropa vergebenen Kredite oder die politische Korruption kritisieren würde. Das wäre zwar Kritik an politischen Entscheidungen, aber sicher kein Angriff auf das Land und seine Menschen.

1986, zur Zeit der Waldheim-Affäre, oder im Jahr 2000, als das schwarz-blaue Bündnis zustande kam, hat die österreichische Regierung sich auf ähnliche Weise zu rechtfertigen versucht, doch damals ging es um andere Tatbestände, damals wurde tatsächlich und zu Recht die Aufmerksamkeit auf die dunkelste Zeit der österreichischen Vergangenheit gelenkt und damit eine Klärung bewirkt, die längst überfällig war. Würde sich doch auch Ungarn einmal ehrlich mit seiner Vergangenheit auseinandersetzen! Doch dort gibt es eine Regierung, der die Wähler zu einer Zweidrittel-Mehrheit verholfen und die sie mit großer Macht ausgestattet haben; die nützt sie jetzt zum Beispiel dazu, ausländische Anleger und Banken zu vertreiben, im eigenen Land die demokratischen Institutionen zu entmachten, eine durch und durch voluntaristische Politik zu betreiben und so mit der halben Welt in Konflikt zu geraten. Auf jede kritische Äußerung reagiert sie, als wäre es ein Angriff auf das ungarische Ehrgefühl, die ungarische Freiheit, die ungarische Unabhängigkeit, eine Kampfansage an alle ungarischen Wünsche und Sehnsüchte. Und schließlich versucht sie zu suggerieren, dass dieses Ungarn, mitten im Karpatenbecken zu Hause, ein ganz besonderes Land mit einem ganz besonderen Volk sei.

So ähnlich hat Stalin über das russische Volk gesprochen, und so argumentierte auch Milošević, als er die serbischen Großmachtansprüche anmeldete – dabei herausgekommen ist dieser grauenhafte Krieg auf dem Balkan.

Wir wollen keine Kolonie sein, sagt der ungarische Ministerpräsident, obwohl die Zukunft des Landes doch auch davon abhängt, dass ausländisches Kapital ins Land fließt, die Wirtschaftskontakte funktionieren, die Europäische Union und der Internationale Währungsfonds Kredite geben. Wenn all das nicht sein soll, all das ausbleibt, wird es zu einer Verarmung kommen, wie sie nach allen zur Verfügung stehenden Daten in Ungarn schon jetzt nachweisbar ist.

Orbán und die Seinen versuchen, ihren politischen, in die Nationalflagge eingepackten Staatsstreich zu legitimieren, und sie nützen jede kritische Bemerkung aus dem Ausland zur Stabilisierung ihrer Position mit dem simplen verbalen Trick, alle Kritik von außen als infame Attacke gegen die ungarische Nation zu deklarieren. Sie haben natürlich keine Antwort auf die Frage, warum nicht auch Polen oder Tschechien dauernd von der halben Welt kritisiert werden.

Du hast also Recht mit deiner Feststellung, in Ungarn erleben wir in dieser Hinsicht einen schweren Rückfall, und mit Österreich ist das Land auch in dieser Hinsicht nicht vergleichbar.

Die Geschichte hat kein Libretto

Ich habe auf die Rolle der Persönlichkeit hingewiesen, über die wir schon gesprochen haben: Es gab ja für Viktor Orbán, der doch gescheit und begabt ist, keine Notwendigkeit, mit der Fidesz-Partei 1994/1995 von ihrem bis dahin liberalen Weg abzugehen und auf diesen rechten Kurs zu wechseln, der auf übelster nationalistischer Überlieferung, auf dem halbfeudalen Horthy-Regime gründet. Nach dem österreichisch-ungarischen Ausgleich von 1867 hatte sich auch in Ungarn ein Bürgertum herausgebildet, das daran interessiert war, das Land zu modernisieren, und das sich auch mit seiner Kultur zu Europa bekannte. Orbán hat diese Option nicht gewählt. Unter ihm ist die Fidesz keine konservativ-bürgerliche Partei geworden, sondern eine christlich-nationalistische, kollektivistische Rechtspartei, und jetzt möchte er auch das Land und seine Bürger in diese Richtung führen.

Orbán und seine Ratgeber sind 1993 zu der Überzeugung gelangt, dass die parlamentarische Mehrheit nur über eine rechtsorientierte Partei zu haben ist. Sie mussten also vergessen, was sie früher als liberale, weltliche Partei gesagt hatten, und sie konnten es getrost vergessen, denn heute interessiert es keinen mehr, dass Fidesz sein Mäntelchen gewechselt hat. Der ehemalige britische Premierminister Harold Wilson hat einmal gesagt, schon eine Woche ist in der Politik eine lange Zeit. Und er hatte Recht. Mit Energie und Zähigkeit haben sie das Parteigebilde, das sich heute Fidesz nennt, aufgebaut, und zwar in mehreren Etappen. Schon in der zweiten Hälfte der Neunzigerjahre hat Orbán alle Leute, die anderer Meinung waren als er, als „fremdherzig" bezeichnet; das ist übrigens ein antisemitischer Terminus und zugleich das Code-Wort für Juden in

Ungarn; sein eigenes Lager setzte er dann zu Anfang des 21. Jahrhunderts mit „Vaterland“ gleich, als er bei einer Großveranstaltung der Fidesz-Partei verkündete, dass sie eben dieses „Vaterland“, jedoch nicht die „Opposition“ sein könnte. Ihre Generalprobe legte die heutige Partei zwischen 1998 und 2002 ab, als Orbán erstmals Regierungschef war. Damals ist sie dabei gescheitert, verlor die Wahlen von 2002, und ihre Anhänger mussten dann acht Jahre warten, bevor sie ihr eigenes Stück zur Aufführung bringen konnten. Diese acht Jahre hat Orbán dazu genutzt, mit neuen Souffleuren ein anderes Drehbuch umzusetzen, die bisherigen Inhalte und Parolen ins Extreme zu steigern und das ihm getreue Presse-Imperium und die Schicht der Oligarchen auszubauen.

Vor ein paar Jahren wurde ich einmal von einem der Orbán-Partei nahestehenden Meinungsforschungsinstitut eingeladen, das seit kurzem zur „Medienbeobachtung“ eine staatliche Finanzquelle von täglich einer Million Forint anzapfen kann, und das bis 2014. Der Direktor des Instituts fragte mich, ob ich tatsächlich glaube, dass Viktor Orbán den Chefredakteur von *Magyar Nemzet*, dem Fidesz-Sprachrohr, anrufe, um ihm zu sagen, was und worüber man schreiben solle. Nein, antwortete ich ihm, er ruft vermutlich nicht an, dort weiß man nämlich schon seit Jahren, was man zu schreiben hat.

In einer weiteren regierungsfreundlichen Tageszeitung, in *Magyar Hírlap,* ist Judenhetze an der Tagesordnung, und Viktor Orbán hat nie auch nur mit einem Wort dagegen protestiert. Auch nicht während seiner Zeit in der Opposition, als 2008 der Inhaber des Fidesz-Parteibuchs Nr. 5, ein berüchtigter Journalist, seinen ebenso berüchtigten antisemitischen Artikel über ein gewisses Schwimmbad schrieb, in dem auch Juden schwimmen. Und schon gar nicht, als in derselben Zeitung und in einem zu ihr gehörenden Fernsehsender der weltberühmte Pianist András Schiff, der Dirigent Iván Fischer, die Philosophin Ágnes Heller und der deutsch-französische Grünen-Politiker Daniel Cohn-Bendit angegriffen und als Juden beschimpft wurden. Ihm ist dazu nichts eingefallen, und er hat bei der

alljährlichen Geburtstagsparty der Fidesz-Partei demonstrativ mit eben diesem Journalisten angestoßen. Also mit einem, der den Ministerpräsidenten des Nachbarlandes einen „hässlichen Rosstäuscher“ nennt und über jeden in demselben Jargon schreibt, in dem sich die deutsche oder die sowjetische Presse in den Dreißigerjahren des vorigen Jahrhunderts über nicht genehme Personen ausgelassen haben. Und wenn man Orbán fragen würde – obwohl er auf derartige Fragen nicht zu antworten pflegt –, warum das so ist, würde er sicher erwidern, man wolle doch kein Geschmacksrichter sein. Ebenso wenig, wie die Regierung laut Navracsics kein Historischer Verein ist. Diese Haltung Orbáns in einem Land, in dem man Regime auf den Knochen von Hunderttausenden errichtet hat, ist dies eine unverzeihliche Sünde, für die die kommende Generation einen schrecklich hohen Preis zahlen wird.
Was aber deine Frage angeht, warum Orbán keine konservative Partei gegründet hat: In Ungarn ist es in den zweiundzwanzig Jahren seit der Wende ja auch nicht gelungen, eine moderne sozialdemokratische Partei zu etablieren.

Aber Orbáns Verdienst wäre doch noch einmal so groß gewesen, wenn er auch damit die Sozialisten übertrumpft hätte.
Das ist vermutlich eine Frage des Charakters. Sieh dir doch einmal an, wer nach dem Umbau noch bei Fidesz geblieben ist. Man hat dort inzwischen nur noch eine Figur von europäischem Format, nämlich den Außenminister János Martonyi, der heute in vier Sprachen versucht, die bittere Wirklichkeit zu decken und schönzureden. Die Fidesz-Partei ist nur noch ein machthungriges Politkartell, das sich vor allem mit der Mehrung von Profiten befasst, mit der Neuverteilung des Bodens, der Banken, von Vermögen jeder Art, aber auch mit der günstigen Platzierung ihrer eigenen Leute an den Schaltstellen; dabei werden Gesetze und Vorschriften umgangen oder ignoriert. Alles ist dem Wohl dieses Kartells untergeordnet, selbst das Land.

Wie man eine andere Partei hätte schaffen können? Darauf kann ich dir bloß antworten: Man braucht sich nur das Schicksal József Antalls, des ersten demokratisch gewählten ungarischen Ministerpräsidenten, und des von ihm gegründeten Demokratischen Forums (MDF) anzuschauen. Antall und die von ihm vertretene Parteilinie wurden beim eigenen Parteikongress beinahe niedergestimmt, und zwar zugunsten von István Csurka, der die antisemitische Linie vertrat. Was erwartest du dir von einem Land, wo in einer sogenannten bürgerlichen Partei, als die das MDF ja angetreten ist, ein geschickt formulierender, unmoralischer Antisemit und Büttenredner einen international anerkannten Ministerpräsidenten vom Format eines József Antall beinahe stürzen konnte?
Orbán ist offenbar von dieser Erfahrung ausgegangen, als er überlegte, was für eine Partei er aus der liberalen Fidesz machen könnte. Natürlich hätte sich eine moderne, europäische konservative Partei daraus formen lassen, doch das wäre mühsam und zeitaufwendig gewesen. Da er aber schnell an die Macht wollte, wählte er die nationalistische Variante als den direkten und vielversprechendsten Weg. Und weil er richtig kalkuliert hatte, also schon 1998 an die Regierungsspitze kam, hatte er gar keine Zeit mehr zu sagen: Pardon, ich habe mich geirrt, versuchen wir's lieber mit einer europäischen konservativen Partei.
2010, als die Sozialistische Partei, zu deren Niedergang die acht Jahre dauernde Diskreditierungskampagne der Fidesz beträchtlich beigetragen hat, wegen der abgrundtiefen Korruption und der ununterbrochenen Machtkämpfe in den eigenen Reihen schon k.o. geschlagen im Ring lag, ging das erst recht nicht mehr. Orbán konnte nicht plötzlich sagen: Meine lieben Freunde von ganz rechts, stellen wir doch die Herabsetzung und Ausgrenzung ein, betrachten wir die Opposition als Partner, geben wir ihr die Chance, sich von der Matte hochzurappeln. Nach T.S. Eliot, dem großen englischen Dichter, gehört es zu einer funktionierenden Demokratie, dass Regierungspartei und Opposition in regelmäßigen Abständen miteinander zu Abend essen. Was sicher übertrieben ist, weil dieser gute Rat

natürlich auch Kehrseiten hat, wie dies die großen Koalitionen in Österreich gezeigt haben.

Aber der Abgrund, an dessen Klippen Orbán nach beharrlicher Arbeit das ungarische Volk aufmarschieren ließ, erwies sich als eine wahre Tragödie für das Land. In Österreich haben die Politiker aus der Vergangenheit gelernt, dass Hass ein schlechter Ratgeber ist; vielleicht könnten sie jetzt ebenso ein Beispiel sein wie über die Grenzen hinweg Deutsche und Franzosen. Die Politik von Fidesz aber baut leider seit langem und bis heute vor allem auf Hass. Und fatalerweise hat sie damit Erfolg.

Noch eine Frage zu deinem Buch „Auf schwarzen Listen": Darin hast du über Kreisky geschrieben: „Er war ein Magier ... ein berufsmäßiger Zauberkünstler, ein pausenlos agierender, improvisierender, oft von seiner eigenen Formulierungs- und Gesprächslust berauschter Mensch, zugleich aber auch eine politische Spielernatur, die hundert Dinge gleichzeitig in Bewegung hielt." Und du hast noch hinzugefügt: „Er glaubte fest an die Berufung seiner Partei, an die Solidarität, an die Würde des Menschen." Würde es dich wundern, wenn diese Charakterisierung viele in Ungarn an den früheren Ministerpräsidenten Ferenc Gyurcsány erinnerten?

Ja, das würde mich schon wundern. Kreisky war nämlich eine Siegernatur, er hat fünfmal bei demokratischen Wahlen gewonnen. Gyurcsány nur ein einziges Mal, nämlich 2006. Kreiskys Konzeption, seine Kultiviertheit, seine geschliffene Sprache, sein internationales Ansehen sind schwerlich mit dem zu vergleichen, was Gyurcsány diesbezüglich zu bieten hatte. Der ist nämlich ein Selfmademan mit einem Einschlag von Rastignac, dem Balzacschen Helden, der alles daran setzte, um in der Großen Gesellschaft seiner Zeit erfolgreich zu sein – doch Gyurcsány fehlte einerseits der politische Hintergrund, aber auch die persönliche Ausstrahlung, die Kreisky besaß und die man braucht, um die Macht als Lenker einer Nation nicht nur zu erreichen, sondern auch zu behalten.

Natürlich hat auch Kreisky wie jeder Politiker viele Fehler gemacht, aber er konnte trotzdem über lange Zeit erfolgreich sein und anerkannt bleiben. Gyurcsány hat seiner Partei seinen Willen nicht aufzwingen können, und er verlor auch die Auseinandersetzung mit der Opposition.
Kreisky hat 1978 die Volksabstimmung über die Inbetriebnahme eines fertig gebauten Atomkraftwerks verloren, dabei hätte er sie womöglich gewinnen können, wenn er sich in der Diskussion weniger exponiert hätte. Er ist dann aber nicht etwa beleidigt zurückgetreten, sondern mit Unterstützung seiner Partei 1979 bei den Wahlen erneut angetreten und hat wieder die absolute Mehrheit erreicht. Er war eben nicht nur ein Homo ludens, ein Mensch mit Ideen, nicht nur ein erfolgreicher Stegreifkünstler, der auch in unerwarteten Situationen überzeugend agierte, er war auch ein Politiker mit Konzeption. Gyurcsány und seine Partei fanden keine richtige Antwort auf die demagogische soziale Volksabstimmung der Fidesz, in der es unter anderen um die Streichung der Gebühr für den Hausbesuch des Arztes ging (300 Forint oder knapp über ein Euro), obwohl das ungarische Gesundheitswesen das Geld so dringend gebraucht hätte wie einen Bissen Brot. Nach diesem Erfolg der Fidesz war Gyurcsány als Politiker praktisch ein toter Mann.

Aber die Volksabstimmung 2004 über die Gewährung der ungarischen Staatsbürgerschaft für die Angehörigen der in den Nachbarländern lebenden ungarischen Minderheiten konnte ihr Initiator, der nationalistisch-revisionistische Weltverband der Ungarn, trotz Unterstützung durch die Fidesz nicht gewinnen, weil Gyurcsány als einziger aus der damaligen Koalition den Mut hatte, sich im Fernsehen den Vertretern der Auslandsungarn zu stellen; und er konnte den ungarischen Bürgern im Ausland eindeutig erklären, warum das, was die Initiatoren mit dieser Volksabstimmung im Sinn hatten, absurd wäre. Seine Partei verhielt sich dagegen genau so leisetreterisch wie in allen anderen heiklen Fragen.
Sicher, Gyurcsány hat sich in manchen Situationen beispielhaft verhalten

– etwa beim Thema Antisemitismus –, aber darum geht es nicht, sondern darum, dass er zwar ein begabter, aber unreifer und unerfahrener Politiker war. Und als er merkte, was Kreisky schon in der schwedischen Emigration erfahren hatte, wie nämlich ein Volk in eine gut vorbereitete Falle tappt, da war er bereits ein gefallener Politiker.

Ich würde also sagen, was den politischen Stil betrifft, gibt es zwischen beiden Politikern gewisse Ähnlichkeiten, doch Kreisky war zwar ein Spieler, aber kein Hasardeur – Gyurcsány hingegen hasardierte in der Art und Weise, wie er jene Rede von Őszöd im Mai 2006 gehandhabt hat, in der er zugab, dass seine Regierung die Wähler vor den Wahlen angelogen hatte. Kreisky war Sieger, besaß das, was für jeden Politiker unabdingbar ist, das Charisma des Erfolgreichen. Dreizehn Jahre lang war er Bundeskanzler und siebzehn Jahre hindurch unangefochtener Vorsitzender der Sozialistischen Partei Österreichs. Ich räume allerdings ein, dass Gyurcsánys Situation bei der ungarischen Sozialistischen Partei eine ganz andere war, denn er hatte bis zum Schluss auch mit seiner eigenen Partei zu kämpfen!

Der entscheidende Unterschied ist doch, dass Kreisky eine andere Sozialistische Partei als Gyurcsány hinter sich hatte; bei den ungarischen Sozialisten herrschten persönlicher Egoismus, Kämpfe zwischen einzelnen Cliquen, Streben nach materiellen Vorteilen und der Überlebenswille alter Parteikader vor.

Auch Kreisky hatte kein leichtes Spiel, denn anfangs lehnte ihn sowohl die Wiener SPÖ wie auch die Gewerkschaft ab – deshalb traf er sich später dann wöchentlich mit Anton Benya, dem einflussreichen Präsidenten des Gewerkschaftsbundes; später, nachdem ein Politiker der Volkspartei Finanzminister Androsch der Steuerhinterziehung bezichtigt hatte, gab es den Kreisky-Androsch-Konflikt. In der Folge brachen Machtkämpfe, die es immer schon im Hintergrund gegeben hatte, neu auf, man stritt um Positionen; in den Siebzigerjahren gab es allerlei Intrigen und sogar eine Verschwörung gegen Kreisky in seiner eigenen Partei. Aber Kreisky

wusste sehr klug zu verhandeln, taktierte, gewann in der Diskussion seine Gegner für sich, wehrte Angriffe ab.
Er hat einen ganz neuen Politikstil eingeführt und konnte damit oft überzeugen. Jedenfalls habe ich durch ihn eine Menge über politische Auseinandersetzungen und auch darüber gelernt, wie schnell sich Politiker von einem Partner oder einem Parteiführer abwenden, wenn der keine Macht mehr besitzt.
Natürlich ist daran, dass Gyurcsány seine Pläne nie realisieren konnte, nicht nur seine Führungsschwäche, sondern auch der Zustand der ungarischen Gesellschaft und der ungarischen Sozialistischen Partei Schuld. Man war schließlich sogar froh, sich eines sehr begabten Mannes, der Wichtiges mit seinem Land vorgehabt hätte, entledigt zu haben.

Gyurcsánys großer Irrtum war, zu glauben, ihm könne in Ungarn dasselbe gelingen wie Tony Blair in England, nämlich sowohl die Probleme der Labour Party wie die des Staates zu lösen; jedenfalls traute sich Gyurcsány selbst das zu, aber wie du richtig sagst, er war ohne jede politische Erfahrung. Und es gab noch einen Unterschied: Wie sehr in Österreich auch die Volkspartei gegen Kreisky intrigiert hat, zu einer so hemmungslosen und schamlosen Lügen- und Diffamierungs-Kampagne, wie sie die Orbán-Partei betrieb, ist es in Österreich nicht gekommen. Denn das hätte Österreich genauso zerrüttet wie Ungarn heute – kulturell, mental, menschlich und politisch.
Genauso ist es. Bei Gyurcsánys Sturz spielten drei Dinge eine Rolle: der Zustand der Sozialistischen Partei, die bis zum heutigen Tag ein Abkömmling der Kádár-Partei geblieben ist, seine persönliche Unreife und seine Fehler, aber auch eine hemmungslose Opposition, die nicht als politischer Gegner, sondern als zerstörerischer, hasserfüllter Feind aufgetreten ist und agiert hat. Dabei war es schon ein Wunder, dass Gyurcsány so lange durchgehalten hat – von 2004 bis März 2009. Doch selbst bei seinem Rücktritt hat er noch schwere Fehler gemacht, nicht zuletzt mit der

Wahl des Zeitpunkts. So hätte er früher den Weg für Gordon Bajnai, den erfolgreichen Ministerpräsidenten des Übergangs (2009/2010), freimachen sollen. Man muss heute seine politische Karriere als beendet betrachten. Lange habe ich geglaubt, dass Gyurcsány noch einmal eine Chance haben könnte, wie seinerzeit Churchill, wenn dieser etwas hoch gegriffene Vergleich erlaubt ist, der zweimal die Partei gewechselt hat. In absehbarer Zeit ist das jedoch unmöglich.
Aber du hast Recht, wenn du sagst, die Umstände, unter denen ein begabter Politiker die Regierungsgeschäfte führen muss, sind in Österreich und Ungarn total verschieden und nicht vergleichbar. Die Gesellschaft ist eine ganz andere, auch die Parteienlandschaft und natürlich der Zustand der Presse. Absolut unvergleichbar sind die beiden Länder auch deshalb – wir sprachen schon darüber –, weil in Ungarn dieser mörderische Hass das ganze Land beherrscht. Da mich der auch ganz persönlich berührt, ist mein drittes Leben diesbezüglich ziemlich bitter.

Woran denkst du da, abgesehen davon, dass dich auch persönlich inzwischen infame Angriffe getroffen haben? Und auch über die wollen wir ja noch sprechen.
Ich denke daran, dass ich jetzt aufgrund meiner dritten Ehe stärker involviert bin. Ich verbringe mehr Zeit dort und habe viel mehr Verbindungen nach Ungarn als früher. Zudem denke ich daran, dass von Regierungskreisen bestellte oder unterstützte Angriffe auf mich, wie sie eine der Fidesz nahestehende Wochenschrift gegen mich gestartet hat, in Österreich oder in Deutschland unmöglich wären. Und natürlich auch nicht gegen Philosophen wie Ágnes Heller, gegen Pianisten wie András Schiff, Dirigenten wie Ádám Fischer und auch nicht gegen Schriftsteller wie den Nobelpreisträger Imre Kertész oder György Konrad. Und selbst Charles Gati, Professor an der Johns Hopkins University, trifft inzwischen die Rache von Fidesz genauso wie mich.

Natürlich, denn auch die ungarische Emigration ist in keinem besseren Zustand als das Land selbst. Orbán-treue Organisationen in Deutschland, Schweden, Kanada, aber auch in den Vereinigten Staaten sind in Auseinandersetzungen gegen dort lebende, aus Ungarn stammende Demokraten involviert, die nichts von Orbán wissen wollen. So hat die sogenannte Amerikanische Ungarn-Lobby Charles Gati bei seiner Universität verklagt; diese Leute hatten im Wahlkampf Obama sogar gedroht, er könne nicht mit Stimmen aus ihrer Organisation rechnen, wenn er weiterhin Orbán kritisiere. Und das war wohl eine sehr, sehr gefährliche Drohung, zumal es sage und schreibe um rund tausend Stimmen ging; so viele gehören nämlich dieser Gruppe an ...

Ja, ich kenne das, obwohl ich nie Verbindung zu Emigranten-Organisationen hatte und auch jetzt nicht habe. Und ich weiß auch, dass diese Organisationen im Ausland jede Kritik an der ungarischen Regierung gleich auf das ganze Land beziehen und die Probleme der Regierung als die der geschundenen Heimat betrachten. Doch wenn auf jede kritische Bemerkung die einzige Antwort ist, dass der Kritiker schon von Geburt an ein Landesverräter und Spitzel war, dann fehlt wirklich jegliche Basis für ein Gespräch.

Aber weder meine Einstellung noch mein Stil werden sich natürlich durch solche Anwürfe und Drohungen ändern, ich schreibe auch weiterhin, was meine Meinung ist, und sage, was ich denke.

In Ungarn hat eine seit dem Horthy-Regime herrschende kulturelle Strömung Tradition, die selbst im Schulunterricht heute wieder eine Rolle spielt. Die antisemitische Schriftstellerin Cécile Tormay äußerte sich zwischen den beiden Weltkriegen zum Beispiel über Oszkár Jászi, einen hervorragenden Vertreter des bürgerlichen Radikalismus, der bis an sein Lebensende als Emigrant und Universitätsprofessor in den Vereinigten Staaten gelebt hat, ähnlich abfällig und verleumderisch wie die derzeitige ungarische Rechte über zum europäischen Blutkreislauf gehörende Soziologen und Künstler heute. Deshalb bewundere ich auch András

Schiff und Ádám Fischer oder Iván Fischer, die sich genötigt sehen, Stellung zu beziehen, Briefe, Petitionen zu schreiben, gegen das zu protestieren, was in Ungarn geschieht. Dabei könnten sie alle als anerkannte Künstler ja auch in Westeuropa friedlich und auskömmlich leben, aber sie haben diesen Weg auf sich genommen und sich entschieden, dem Beispiel des großen Béla Bartók zu folgen.
Meine Bewunderung gilt aber auch all denen, die sich unter schwierigeren Lebensbedingungen und größerer Gefährdung in Ungarn für den Schutz europäischer Werte einsetzen. Immerhin ein gutes Zeichen für das Land, dass es solche Menschen gibt!
Sicher ist: An dieser Regierung ist vieles zu kritisieren. Was ist das für ein unhaltbarer Zustand, wenn die hervorragendsten Geister eines Landes sich aufgerufen fühlen, etwas gegen solche Zustände tun? Die Bilanz von zweieinhalb Jahren Regierung unter Orbán ist nämlich in geistig-moralischer Hinsicht ebenso negativ wie in Bezug auf ihre Wirtschafts- und Kulturpolitik. Und dieser Zustand hat sich in den letzten Monaten noch weiter verschlimmert.

Du bist also pessimistisch, was die Zukunft angeht? Die letzten zwei Jahre haben dem Land nicht nur einen wirtschaftlichen Tiefpunkt beschert und den Lebensstandard der Menschen gedrückt, sondern auch zu weiterem Werteverfall und zur Einschränkung von Freiheit geführt. Du meinst also, dass auch das die Menschen nicht aus ihrer Apathie aufrütteln kann?
Leider sehe ich dafür – abgesehen von den Mittelschüler- und Studentenprotesten – kaum Anzeichen. Und auch international hat sich die Situation eher verschlechtert, vor allem wirtschaftlich, was zwar einerseits hilfreich sein kann, andererseits aber natürlich auch Nachteile mit sich bringt. Selbstverständlich nützt der stetige Druck seitens der Europäischen Union, und die anhaltende Kritik der internationalen Presse signalisiert der Regierung immerhin, dass gewisse Grenzen nicht überschritten werden dürfen. Andererseits ist Ungarn, auch wenn Orbán alle vorhande-

nen demokratischen Institutionen in ihren Möglichkeiten beschneidet, natürlich keine Diktatur wie beispielsweise der Iran. Es gelten immer noch die grundlegenden Freiheitsrechte, man kann zum Beispiel reisen und dank der ungarischen Mitgliedschaft in der Union im Ausland studieren, arbeiten und sich dort auch niederlassen.

Doch das Reisen ist in gewissem Sinn oft eine „Flucht". Wir erleben, dass gut ausgebildete junge Leute, Ärzte und Dienstleister jeder Kategorie und Fachrichtung in immer größerer Zahl das Land verlassen. Das schadet Ungarn natürlich sehr, weil es auf diese Weise seine besten Bürger verliert, oft auch intellektuelle Kapazitäten wie seinerzeit in den Zwanzigerjahren des letzten Jahrhunderts, was der große ungarische Dichter Attila József in seinem Sonett-Zyklus „Mein Vaterland" beklagte: „… so suchten anderthalb Millionen in Amerika ihr Glück". Unzählige Bücher wurden darüber geschrieben, was die USA der Auswanderungswelle aus Europa zwischen den Weltkriegen zu verdanken hat, weil die Ungarn, die Deutschen und die Österreicher in Massen ihre Heimat verließen oder verlassen mussten – die Ungarn aus politischen und wirtschaftlichen Gründen, die Deutschen und die Österreicher wegen des immer bedrohlicher werdenden Antisemitismus und nach der Etablierung des Nazi-Regimes auch aus Protest gegen die Hitler-Tyrannei.

Und was für menschliche und intellektuelle Kapazitäten haben diese Länder verloren, was verliert Ungarn heute, wenn begabte und wissbegierige Menschen daheim keine Arbeitsmöglichkeiten, keine Zukunft mehr sehen! Aber es ist ja kein Wunder, denn was soll man als Kulturschaffender in einem Land anfangen, wo der für die Kultur zuständige Staatssekretär Trivialliteratur als Kunst ausgibt und für Dichtung hält; übrigens derselbe Mann, der auf seinem Gut Gefängnisinsassen arbeiten lässt, weil die billiger sind als normale Arbeitskräfte; oder der Präsident einer mit gewaltigen Finanzmitteln ausgestatteten „Kunstakademie" öffentlich bezweifelt, das György Konrád im Ausland als ungarischer Schriftsteller zu betrachten sei.

Sicher, nicht jeder kann ein André Malraux sein, der unter Präsident de Gaulle Kulturminister in Frankreich war. In Deutschland war Joachim Gauck, der neue Bundespräsident, der früher wie die Kanzlerin Angela Merkel in der DDR gelebt hat, ein engagierter evangelischer Pastor und später Leiter der Behörde zur Aufarbeitung der Stasi-Unterlagen. Das ist ungefähr so, als würde man in Ungarn den Methodisten-Pfarrer Gábor Iványi, einen Mentor der Armen, Kämpfer in der früheren Opposition, zum Staatspräsidenten wählen! Frau Merkel und ihre Regierungspartei haben Gauck akzeptiert, obwohl sie ursprünglich gegen seine Wahl gewesen sind. Heute ist die Kanzlerin vielleicht sogar stolz darauf, eine solche Persönlichkeit im höchsten Amt zu haben. Die Fidesz in Ungarn verschleißt indessen schon ihren zweiten Staatspräsidenten, dabei hat sie beide unter ihren Parteisoldaten sorgfältig ausgewählt.
Solche Vorgänge drücken dem Land, auch was Geist und Kultur angeht, einen prägenden Stempel auf. Und natürlich bleibt Ungarn diesbezüglich hinter den einstigen Bruderländern zurück. Man braucht nur einen Blick auf Polen zu werfen! Das Land hat mit Donald Tusk einen gemäßigt konservativen Ministerpräsidenten; der Außenminister Radosław Sikorski war britischer Staatsbürger, und seine Frau, die Politologin Anne Applebaum, wurde als Journalistin mit dem Pulitzerpreis ausgezeichnet, sie stammt aus einer amerikanisch-jüdischen Familie. Übrigens war sie es, die 2006 mein Buch über die 1956er-Revolution in Ungarn in Berlin vorgestellt hat. Und der polnische Finanzminister Jacek Rostowski schließlich ist ein ehemaliger Professor der London School of Slavonic and East European Studies.
So sollte eine Regierung im 21. Jahrhundert aussehen! In Ungarn ist das unvorstellbar, denn dort zählen weder Sachverstand noch Leistung oder internationales Renommee, sondern allein die Treue zur Partei und die diensteifrige Erfüllung der Vorstellungen des Parteiführers und Regierungschefs.
In anderen ostmitteleuropäischen Staaten gibt es wenigstens politische

Streitereien und Kämpfe zwischen den Parteien – wir wissen natürlich, dass in Rumänien der des Plagiats verdächtige sozialistische Ministerpräsident Victor Ponta den ebenfalls nicht makellosen Staatspräsidenten Traian Băsescu stürzen wollte; der ehemalige sozialistische Ministerpräsident Adrian Năstase sitzt wegen Korruption im Gefängnis, und viele Abgeordnete haben um politischer Vorteile willen die Partei gewechselt, aber es gibt dort doch so etwas wie eine politische Auseinandersetzung. Das bewies trotz seiner früheren Fehltritte der überlegene Wahlsieg Pontas im Dezember 2012.

In der Slowakischen Republik kommen neue Parteien auf, und die Nationalisten verlieren an Boden, schrumpfen bis zur Bedeutungslosigkeit. Und sogar in Serbien wetteifern die Parteien miteinander. Jetzt haben dort gerade die Nationalisten die Oberhand.

In Kroatien konnten die Sozialisten die Wahlen gewinnen, und ein außergewöhnlicher Mann, Ivo Josipović, Musiker, Komponist und ein kultivierter Intellektueller, ist Staatspräsident. Er spielt eine wichtige, sehr positive Rolle im Leben des Landes.

Eine so monolithische Machtstruktur, wie sie die Fidesz in Ungarn in den letzten beiden Jahren installiert hat, gibt es im demokratischen Europa kein zweites Mal. Das beweist, was für ein außerordentlich begabter Machtpolitiker Viktor Orbán ist, und dass man ihn diesbezüglich mit Kádár vergleichen kann: Mit Menschen geschickt Schach zu spielen ist sicherlich auch eine Kunst. Ihm ist es völlig gleichgültig, ob der Chef der Parlamentsfraktion gerade Áder, Navracsics, Lázár oder Rogan heißt, sie alle sind auswechselbar und nur Rädchen in einer großen, gut geölten Maschinerie.

Pech für Orbán – aber ein Glück für das Land –, dass er keine Sowjetunion im Rücken, dafür aber die EU im Nacken hat. Trotzdem sehe ich für Ungarn ohne eine größere Katastrophe oder eine schwere Krise keine Möglichkeit einer grundlegenden Änderung. Anders eben als in den Nachbarstaaten und in Westeuropa, wo die Dinge auch weiterhin auf

natürliche, also demokratische Art ablaufen: Die Parteien gewinnen und verlieren im Wechsel, Regierungen kommen und gehen.
Oft werde ich jetzt über die Situation in Ungarn befragt, nicht nur von Kollegen, sondern auch von Lesern, denn mir war es schon immer wichtig, mit jenen in Kontakt zu sein, die meine Veröffentlichungen lesen. Und es wird heute nach Ungarn gefragt, nach dem Land und den Menschen, wie man sich sonst nach dem Befinden eines Kranken erkundigt. Früher haben viele voll Anerkennung auf dieses Land geschaut, nicht nur zur Zeit Kádárs in bestimmten Perioden, sondern auch nach der politischen Wende; heute äußern sie ihr Bedauern, sind besorgt, zeigen Unverständnis, und oft ist sogar Zorn dabei.
Ich muss ehrlich bekennen, dass mich das schmerzt, aber lügen will ich nicht, und ich bin auch nicht bereit, irgendjemandem zuliebe die Wirklichkeit schönzureden – weder die Vergangenheit, einschließlich meiner eigenen, noch die Gegenwart. Aber ich bin nicht glücklich dabei, wenn ich, wie Viktor Orbán meint, international einen Kampf gegen die ungarische Regierung führe. Das hat er erst vor einigen Monaten der Wiener Zeitung *Die Presse* erklärt. Nein, ich kämpfe nicht, auch nicht gegen ihn, darum geht es in meinem Beruf, wie ich ihn verstehe, nicht, sondern um Analyse, Interpretation und Erklärung.

Orbán redet ja über jeden, der ihm nicht zustimmt und mit seiner Politik nicht einverstanden ist, sehr von oben herab, selbst wenn der Betreffende noch so angesehen ist; auch über dich hat er sich mit der ihm eigenen Arroganz geäußert. Das Thema Weltfrieden sei das Einzige, sagte er voller Hohn, worin er mit dir übereinstimme, und als man ihn fragte, ob er bereit wäre, mit dir zu diskutieren – obwohl er nie bereit ist, mit irgendjemandem zu diskutieren –, gab er zur Antwort, ihr hättet doch beide hinreichend zum Ausdruck gebracht, was ihr denkt, daher würde eine Diskussion zu nichts führen.
Abgesehen von dem kleinen Irrtum, dass wir uns erst vor zwei Monaten

an einer Tankstelle begegnet wären – das ist nämlich mindestens zwei Jahre her –, zeigen doch Orbáns Politik insgesamt und sein Auftreten, dass er jede andere Meinung abtut, nicht nur die von Leuten, die anders denken, sondern auch die Ansicht eines jeden, der sich nicht einreihen und ihm dienstbar sein will. Es tut tatsächlich weh, die Folgen eines solchen politischen Auftritts für Ungarn sehen zu müssen, auch von hier aus, wo Demokratie und Pressefreiheit eine Selbstverständlichkeit sind.
Natürlich beobachte ich aus einer sicheren Loge, was in Ungarn geschieht – auch wenn ich, seit Zsóka meine Frau ist, häufiger im Land bin als früher. Doch zu dieser sicheren Loge noch ein Wort: Du erinnerst dich bestimmt noch, dass ich dir erzählte, mit welchen Hassgefühlen die auf der Ladefläche eines Lkws sitzenden Arbeiter auf uns herabgeblickt haben, als wir Anfang 1957 im Fond einer schwarzen Limousine an ihnen vorbeifuhren. Aber ich habe für diese Loge, die mein Zuhause in Österreich für mich ist, viel und hart arbeiten müssen. Nichts ist mir geschenkt worden. Mein Kapital sind vor allem Glaubwürdigkeit und meine Kenntnisse, die ich keinesfalls irgendjemandem zuliebe verspielen möchte. Und ganz sicher will ich niemandem schaden, sondern versuche zu helfen, indem ich die Wahrheit sage und schreibe. Das ist nirgendwo auf der Welt besonders populär, aber ohne eine solche Maxime gibt es keine seriöse journalistische Arbeit, keine berufliche Redlichkeit.

Liebst du deinen Beruf?

Ja, ich liebe meinen Beruf sehr. Der Journalismus ist ein außergewöhnlich interessantes Metier. Ich bin stolz auf meinen Beruf, auch wenn uns österreichische und deutsche Meinungsforscher sagen, dass nur die Steuerberater noch weniger geschätzt werden als wir. Ich habe die Autobiografien großer amerikanischer und britischer Journalisten gelesen und festgestellt, wie viel man den Menschen über die Welt berichten kann, wenn man seinen Beruf mit Ernst und Engagement betreibt.
Ich bewundere zum Beispiel James Reston, der einer der führenden Jour-

nalisten der *New York Times* war: Bei einem Interview mit Todor Schiwkow, dem Generalsekretär der bulgarischen KP und Staatspräsidenten, um das er gebeten hatte, stand Reston mitten im Gespräch auf, bedankte sich und ging. Ihm erschienen die Antworten und das ganze Gerede uninteressant, und er war nicht bereit, ein so nichtssagendes Interview weiterzuführen.

Ich stand damals, als ich ebenfalls „die Ehre hatte", Schiwkow zu interviewen, nicht auf, aber ich beschwerte mich darüber, dass mich seine Polizei festnehmen und einsperren wollte. Wenn also unser Beruf mit einiger Würde sowie moralischen Grundsätzen praktiziert wird und dabei die besten Traditionen des Gewerbes hochgehalten werden, so hat dies große Bedeutung für die Gesellschaft. Ein guter Journalist kann einiges bewegen, auch wenn er den Lauf der Welt natürlich nicht ändern kann. Ich bin froh, dass ich so viele Jahrzehnte lang für die Presse arbeiten konnte, mein Leben ist dadurch ungemein interessant und aufregend gewesen, reich bin ich dabei nicht gerade geworden.

Ich habe so viele Menschen, aber auch die verschiedensten Regime und politischen Standpunkte kennengelernt. Und ich konnte, da ich in einem Land lebte, indem es eine freie Presse gibt, Erfahrungen, Erlebnisse und Erkenntnisse meines zweiten Lebens auch immer für die Öffentlichkeit niederschreiben oder mündlich vortragen, im Hörfunk und im Fernsehen, oder in Vorträgen, zu denen ich eingeladen wurde.

Ich habe vor fünfzig, aber auch schon vor mehreren hundert Menschen geredet. An einen Vortrag vor zahlreichen Bankiers in einem herrlichen Schweizer Kurort irgendwann in den Achtzigerjahren kann ich mich gut erinnern, es ging damals um Jugoslawien. Am Ende der Veranstaltung kam einer der Zuhörer zu mir und fragte mich, wie ich an einem so paradiesischen Ort ein so grauenhaftes Szenario an die Wand malen könne, denn was ich da vorhersage, sei ja wahrlich haarsträubend.

Doch verglichen mit dem, was einige Jahre später im jugoslawischen Bürgerkrieg geschah, hat sich meine Fantasie als geradezu blass erwiesen. Deshalb sage ich, der russische Philosoph und Revolutionär Alexander Herzen habe Recht gehabt, als er schrieb, die Geschichte kenne kein Libretto, was geschehen würde, sei nicht berechenbar. Weder der Zusammenbruch des Sowjetreiches noch die Brutalität beim Zerfall Jugoslawiens war vorherzusehen. Daher lässt sich leider auch nicht vorausberechnen, was in Ungarn geschehen wird.

Verleumdungsarie

Zuerst einmal ein paar Daten: Im Januar 2006 ist ein langer Artikel von dir in der ungarischen Wochenschrift Élet és Irodalom *erschienen, den du aufgrund der Akten, die du vom Historischen Archiv der Staatssicherheitsdienste bekamst, verfasst hast. Dann gab es eine lange Pause, bis im Juni 2008 die Tageszeitung* Magyar Hírlap *den von einem ungarischen Emigranten in der Schweiz geschriebenen Artikel veröffentlichte, in dem es hieß, dass du nach 1945 (also 17-jährig) Vernehmungsoffizier beim militärischen Geheimdienst gewesen wärst. Als nächstes startete das rechtsgerichtete Wochenblatt* Heti Válasz *im November 2010 eine große Kampagne gegen dich, in der behauptet und versichert wurde, dass du über die ungarische Botschaft in Wien aus freien Stücken mit der „weichen Kádárschen Diktatur" zusammengearbeitet hättest. Und schließlich kam im August 2011 die Tageszeitung* Magyar Nemzet, *das Sprachrohr der Fidesz-Partei, in einem vierten Schritt mit derselben Anschuldigung, du habest seinerzeit über einen Verbindungsoffizier mit dem Geheimdienst des kommunistischen Regimes zusammengearbeitet und für die Behörde Meldungen geschrieben.*

Bevor wir über Einzelheiten reden, die Frage an dich: Was könnte der Grund für diese Angriffe gewesen sein, was hat diese Kampagne ausgelöst?

Ich habe schon erzählt, dass sich durch meine ungarische Frau ein viel engerer Kontakt zu Ungarn entwickelt hat und ich seither die Ereignisse in Ungarn mit wesentlich größerer Aufmerksamkeit verfolge als früher. Das ist schon so, seit ich Zsóka im Jahr 2000 kennenlernte.

Ich sprach auch öfter in ungarischen TV- und Hörfunksendungen, aber nie in den rechten Medien, weil die rechtsorientierten Sender oder Zeitungen nie Interviews mit mir machen wollten, schon damals nicht.

Und natürlich schrieb ich weiter für die ausländische Presse über die aktuelle Situation in Ungarn, über die Wahl von Ferenc Gyurcsány zum ungarischen Ministerpräsidenten, unter anderem in der deutschen Zeitung *Die Welt* und im österreichischen *Standard*. Auch sind meine gesammelten Texte samt den über Ungarn verfassten Artikeln in einem Buch erschienen. Aber ich werde wegen der in den letzten Jahren gegen mich gerichteten Angriffe und meiner Erwiderungen darauf, vor allem natürlich wegen des schlechten internationalen Rufes der Orbán-Regierung, immer häufiger über Ungarn befragt und vielerorts als Ungarn-Experte wahrgenommen; dabei bin ich das allein nie gewesen.

Und da ich auch heute nur das schreibe, was ich denke und für richtig halte, über die mittel- und osteuropäischen Länder und eben auch über Ungarn, wollte man mich wohl einerseits bestrafen, zugleich aber auch meine Glaubwürdigkeit in Frage stellen. Wenn man mich schon nicht beeinflussen oder mich mundtot machen kann, sollen meine Leser mir doch wenigstens keinen Glauben mehr schenken.

Mit den Angriffen gegen mich hat es übrigens schon Anfang der Neunzigerjahre angefangen, als irgendein törichter Ungar dachte, er könne mir am meisten damit schaden, indem er mich in einem Brief an die rechtslastigen österreichischen Freiheitlichen anschwärzte, den dann einer der Partei-Oberen mit dem hämischen Kommentar an mich weiterleitete, dass ich offenbar in Ungarn wohlwollende Gönner hätte. Und nicht nur die Freiheitliche Partei, auch andere bekamen Briefe voll ordinärer Lügen über das, was ich in den Fünfzigerjahren in Ungarn alles angestellt haben sollte. Später wiederholten sie die Vorwürfe aus dem schon erwähnten Schwarzen Lexikon und setzten hinzu, dass aus einem meinen Kollegen beim Militär später einer der Chefs des Inlandsabwehrdienstes geworden sei.

Es hat sie nicht interessiert, dass ich beim Militär nur gemeiner Soldat

war, und auch das nur kurz, weil ich ja bald verhaftet wurde, und dass ich seit meiner Freilassung 1953 so gut wie gar nicht mehr mit den mir bekannten ehemaligen Soldaten zusammengekommen bin, sie womöglich auf der Straße nicht einmal erkannt hätte.
Aber damals beschäftigten mich solche Anschuldigungen auch gar nicht sehr, ich habe nicht verfolgt, welches Organ welche Lügen über mich verbreitete, ich ging darauf nur ein, wenn es sich gar nicht mehr vermeiden ließ.

Wer waren diese Leute, von denen die Angriffe in den Neunzigerjahren ausgingen?
Damals eindeutig Rechtsextreme. Es ist in Ungarn allgemein bekannt, dass der Weltverband der Ungarn völlig in der Hand von Rechten war und ist, und auch, dass es einzelne Emigrantengruppen gibt, die traditionell sehr weit rechts stehen. Die Erklärung dafür ist einfach. Wer als Emigrant Karriere macht, aus eigener Kraft oder als Abkömmling eines ungarischen Emigranten, hat mit seiner Arbeit genug zu tun und keine Zeit, keine Energie oder auch nur den Wunsch, in irgendeinem Käseverein Vereinsmeierei zu betreiben. Natürlich sähe die Sache anders aus, wenn Ungarn eine Diktatur wäre. Aber es ist keine, seit 1989 ist Ungarn eine Demokratie, und deshalb ist es heute eigentlich sinnlos, sich in kämpferischen ungarischen Emigrantenvereinen zusammenzuschließen. Leute, die sich einbilden, im Dunstkreis solcher Gruppierungen Einfluss auf die ungarische Innenpolitik nehmen zu können, gehören solch einem Käse- oder Kaninchenzüchterverein an. Es sei denn, die ungarische Regierung finanziert solchen Unfug, was ja offensichtlich der Fall ist.
Ich bin kein Psychologe, kann die Seelenlage solcher Menschen nicht analysieren, möchte mich auch eigentlich gar nicht mit ihnen beschäftigen. Doch auf das Schreiben dieses Ungarn aus der Schweiz – der übrigens nicht nur mit mir ständig Briefe wechseln wollte, sondern auch mit dem Schriftsteller György Dalos, und der immer gleich zur Feder griff,

sobald einer von uns einen kritischen Satz geäußert hatte – sah ich mich doch genötigt zu antworten, denn ich kann es nicht zulassen, dass man mich öffentlich verleumdet.
2008 hat die Zeitung *Magyar Hírlap* – oh Wunder! – meine Antwort an den Mann abgedruckt, obwohl die Zeitung schon seit Jahren kein liberales Blatt mehr ist, sondern sich entsprechend dem Wunsch seines Besitzers, eines ungarischen Großunternehmers, zu einer rechtsextremen Zeitung entwickelt hat. Tatsache ist, dass der Chefredakteur kurz nach Erscheinen dieser Antwort abgelöst wurde. Ob es einen Zusammenhang zwischen diesen beiden Fakten gibt, weiß ich nicht. Offenbar hat aber eine aus Ungarn stammende und aus ungarischen Emigranten bestehende rechte oder rechtsextreme Gruppe eine Demonstration anlässlich der Vorstellung meines letzten Buches, „Mein verspieltes Land. Ungarn im Umbruch“, in Zürich organisiert.
Zusammen mit György Dalos und Bernhard Odehnal, dem Osteuropakorrespondenten des Zürcher *Tagesanzeiger*, habe ich das Buch vorgestellt. Im Saal saßen etwa dreihundert aufmerksame Zuhörer, auch viele Ungarn, die interessiert fragten, während draußen zehn oder fünfzehn ungarische Emigranten mit Transparenten „Gegen die Ungarn-Hetze“ demonstrierten. Sie protestierten dagegen, dass wir, die im Saal saßen, das Land „verleumdeten“. Das aber kam – wie auch bei einer Veranstaltung in Frankfurt – wie ein Bumerang auf sie zurück, denn es machte mein Ungarn-Buch nur bekannter und verhalf ihm zu weiterer Verbreitung. So lächerlich diese Demonstration auch war, sie hat mich traurig gestimmt.
Ein paar Tage später hätte nämlich in Frankfurt eine von der Heinrich-Böll-Stiftung veranstaltete Buchpremiere stattfinden sollen, doch die Gegner hatten schon im Vorhinein der Stiftung E-Mails mit der Drohung geschickt, dass sie die Veranstaltung stören würden. Wie in Zürich der *Tagesanzeiger* verlangte auch die Böll-Stiftung Polizeipräsenz. In der Schweiz hatten Beamte deutlich sichtbar vor dem Gebäude gestanden; die

Frankfurter Polizei aber konnte die Notwendigkeit einer solchen Maßnahme nicht erkennen, wollte vielleicht auch eine Verletzung der Autonomie der Universität vermeiden – Veranstaltungsort war nämlich das Universitätsgebäude. Die Stiftung sah den ungestörten Ablauf deshalb nicht gewährleistet und sagte die Buchvorstellung samt Diskussion ab.
Ich bin der Meinung, dass es schon im Vorfeld zwei Fehler gegeben hatte: So wurden Einladungen verschickt, obwohl das Ganze öffentlich, also für jedermann zugänglich gewesen wäre; zudem waren diese Einladungen vielleicht zu provokant formuliert, weil es darin hieß, das Regime Kádár sei noch das liberalste im sozialistischen Lager gewesen, die Regierung der Fidesz-Partei aber wurde als Einparteien-Herrschaft bezeichnet. Das hat dann auch Georg Paul Hefty in einem Beitrag für die *Frankfurter Allgemeine Zeitung* besonders betont.

Derselbe Journalist schrieb aber auch, dass die ungarischen Rechtsextremen tatsächlich jedes Maß vermissen ließen, umso bornierter seien aber Versuche, Orbáns Fidesz mit der Extremisten-Partei Jobbik in einen Topf zu werfen. Über dich hat er übrigens sehr verständnisvoll und voller Hochachtung geschrieben. Und was war deiner Meinung nach der zweite Fehler?
Der größere Fehler war, dass die Stiftung in der linksliberalen *Frankfurter Rundschau* eine Mitteilung veröffentlichen ließ, in der es sinngemäß hieß, dass auch ich persönlich körperlich bedroht worden sei, dass man also wegen der gegen mich und mein Buch gerichteten aggressiven Kampagne von rechten, nationalistischen und antisemitischen Kräften meine Sicherheit nicht hätte garantieren können. Aber ein paar Tage nach der abgesagten Buchpremiere gab es eine andere Veranstaltung, und dazu muss man wissen, dass es in Deutschland zwei Gesellschaften für deutsch-ungarische Freundschaft gibt. In der einen hat ein ehemaliger Abgeordneter der Christlich-Demokratischen Partei in Berlin den Vorsitz; sie organisierte die schließlich erfolgreiche Buchpremiere, nach den

bis dahin gemachten Erfahrungen natürlich mit entsprechenden Sicherheitsmaßnahmen. Während dieser Veranstaltung wurde mir eine Urkunde über die Verleihung der Ehrenmitgliedschaft in dieser Gesellschaft überreicht. Das hat mir nach all dem Vorgefallenen natürlich gut getan. Etwa fünfzig Zuhörer kamen zu dieser Buchvorstellung. Darunter auch rechtsgesinnte Ungarn und Freunde der Fidesz; so wurde aus dieser Veranstaltung eher eine politische Diskussion.
Ein Jahr später hatte ich die Gelegenheit, auch den Vorsitzenden der zweiten Gesellschaft für deutsch-ungarische Freundschaft kennenzulernen. Im September 2011 fand nämlich im Rahmen des Kulturfestivals „Beethoven-Fest" in Bonn ein Gespräch statt, an dem außer mir auch der ungarische Dirigent Iván Fischer, der am Tag zuvor ein Konzert dirigiert hatte, sowie ein deutscher Journalist teilnahmen. Letzterer äußerte sich sehr kritisch über Ministerpräsident Orbán. Erschienen war aber auch der Vorsitzende der anderen, mir anscheinend feindlich gesinnten deutsch-ungarischen Gesellschaft, ein Rechtsanwalt, der, wohl wegen seiner vielen Ämter und Funktionen, gleich zehn verschiedene Visitenkarten bei sich trug. Er war eingeschworener Anhänger der Fidesz und verbiss sich in einen scharfen Disput mit dem Journalisten.

Ja, ich entsinne mich dieser Geschichten, auch unser Internetportal, galamus.hu, hat im September 2010 über deine Erfahrungen berichtet. Ich kann mich auch daran erinnern, dass sich dieser Fall, also die Absage der Buchpremiere durch die Böll-Stiftung, ereignete, nachdem in Heti Válasz *ein Artikel von mehreren Seiten über dich erschienen war, in dem aber diesmal nicht die „jedes Maß vermissen lassende" extreme Rechte, sondern ein Fidesz-freundliches Wochenblatt dir eine Geheimdienst-Vergangenheit vorhielt. Auch ein Beweis dafür, dass die Distanz zwischen den Rechtsextremen und der Fidesz so groß doch nicht ist, wie das Georg Paul Hefty von der* FAZ *gern und beharrlich behauptet.*

Ja, diese beiden Geschehnisse lagen zeitlich so nah beinander, dass die *Zeit im Bild* des ORF, die aus Anlass der Buchvorstellung ein Interview mit mir machte, mich auch zu dieser Angelegenheit befragte. Man berichtete über die Präsentation meines Buches in Berlin, und der Budapester ORF-Korrespondent interviewte einen Mitarbeiter von *Heti Válasz*, der sagte, sie hätten nicht behauptet, ich sei ein Spitzel gewesen, sondern nur, dass ich aus freien Stücken mit dem Kádár-Regime zusammengearbeitet hätte. Als man auch mich dazu befragte, sagte ich lediglich, dass ich nicht bereit sei, mich mundtot machen zu lassen.

Dem Korrespondenten vom Zürcher *Tagesanzeiger* hatte der Journalist von *Heti Válasz* in Ungarn erzählt, dass man mich nur deshalb nicht aufgesucht und befragt habe, bevor der Artikel erschien, weil ich so einflussreich wäre, dass ich das Erscheinen des Beitrags hätte verhindern können. Aber: „Wir werden selbstverständlich mit ihm reden."

Wer hätte denn anderes erwartet, der Artikel mit meinem Konterfei ist auf der Titelseite erschienen, und die kam genau so auf die Budapester Litfaßsäulen – ohne dass man mit mir, dem Betroffenen, auch nur ein Wort gesprochen hatte. Übrigens auch später nicht. Ich habe das alles nur deshalb erfahren, weil Marci, der Sohn meiner Frau, uns in Wien anrief und berichtete, er habe soeben an einer Plakatsäule mein Foto gesehen, und zwar in einer Anzeige von *Heti Válasz*.

Ein glücklicher Zufall, dass gerade ein Schweizer Journalist in Budapest weilte, das Plakat ebenfalls sah und ein Exemplar dieser Wochenzeitung kaufte. Da der Kollege noch am späten Abend zurück in Wien war und mich dazu anrief, bekam ich noch am Tag des Erscheinens dieses Blatt in die Hand; ich wollte ja unbedingt wissen, worum es darin überhaupt ging. Du kannst dir vorstellen, wie ich mich fühlte, als ich den Artikel las. Mich erinnerte diese Praxis sehr an die Methoden der Nazis, und die Bolschewiken arbeiteten bei ihren Schauprozessen ja auch mit solchen Anklagetexten.

Seinerzeit in Frankreich haben die Behörden den Einbürgerungsantrag des Publizisten und Zeithistorikers François Fejtő dreimal abgewiesen, weil sich immer wieder rechtsextreme Emigranten oder eingeschleuste kommunistische Agenten fanden, die ihn mit allerlei Verdächtigungen anschwärzten – daran erinnerte ich mich. Und jetzt macht diese *Heti Válasz* im demokratischen Ungarn dasselbe mit mir. Sie haben die authentischen Informationen, die ich in meinen Büchern lieferte, hübsch mit ihren eigenen Lügen und Fehlinterpretationen zusammengerührt.

Beglückt feixend hieß es dort: „Paul Lendvai, Journalist und in der deutschsprachigen Presse Ungarn-Experte Nr. 1, war freiwilliger Informant der kommunistischen Diktatur."

Sieh mal, ich hatte schon früher Material vom Historischen Archiv der Staatssicherheitsdienste über mich verlangt und Ende 2005 zumindest teilweise bekommen. Ich erhielt alles über die Sechzigerjahre, aber nichts mehr über spätere Jahrzehnte, also die Zeit, als ich schon nach Ungarn einreisen durfte.

Alles, was ich aus diesen Dokumenten erfahren konnte, habe ich 2006 in einem langen Artikel für die Kulturzeitschrift *Élet és Irodalom* beschrieben. Aus den Geheimdienst-Unterlagen ging nämlich klar hervor, dass man aufgrund der Falschinformationen des László Endre Loránt – er war Wiener Korrespondent der Ungarischen Nachrichtenagentur – glaubte, es könnte gelingen, mich zu gewinnen beziehungsweise für ihre Zwecke einzuspannen. Man hoffte auch, ich wäre dadurch erpressbar, dass man die Erlaubnis zur Ausreise meiner Mutter von meiner Mitarbeit abhängig machte. Außerdem meinte man, ich könnte leichter gewonnen werden, wenn man mich unbehelligt einreisen ließ, denn für meine Arbeit waren ja die Ungarn-Aufenthalte wichtig.

1962 hat man ein Dossier unter dem Code-Namen „Michael Cole" angelegt, von dem ich erst vierzig Jahre später, im Herbst 2005, erfuhr. Damals drehte ich gerade einen Film über die 1956er Revolution. Darin gab es eine Passage über das Historische Archiv der Staatssicherheitsdienste, und der

Direktor György Gyarmati und seine Stellvertreterin Katalin Kutrucz erzählten mir, als sie mein Dossier zum ersten Mal sahen, hätten sie, auch aufgrund der Meldungen aus Wien, tatsächlich zuerst geglaubt, dass ich den Geheimagenten – also den Korrespondenten Loránt von der Nachrichtenagentur MTI und später András Heltai – Informationen geliefert hätte. Aber ich habe niemals etwas geliefert! Ja ich kannte die Leute, über die László Ende Loránt Meldungen nach Hause geschickt hat, nicht einmal.

Man hat also auf verlogene Art und Weise die Tatsache verzerrt, dass du als österreichischer TV-Journalist, der sich in erster Linie mit Ost- und Mitteleuropa beschäftigt, wegen der Dreherlaubnis natürlich auch mit offiziellen staatlichen Stellen und Parteiorganisationen verhandeln musstest, wenn du in Ungarn drehen wolltest?

Ganz genau. Denn jedes Mal, wenn wir in Ungarn drehten, musste ich ein Visum beantragen und melden, mit wem ich sprechen wollte und worüber; und über die Planung des Programms hatte man mit der Presseabteilung der Partei in Budapest zu verhandeln. Das war immer die Voraussetzung für eine Drehgenehmigung, und zwar nicht nur in Ungarn, sondern im ganzen sozialistischen Lager, aber davon ist ja schon die Rede gewesen.

Ich habe auch als der für die Osteuropa-Berichterstattung zuständige Chefredakteur die Verbindung zwischen dem ORF und dem Ungarischen Fernsehen ausgebaut: Wir versuchten sogar eine Zusammenarbeit, den Austausch von Programmen, bis die Kontakte so weit gingen, dass der Ressortleiter für Außenpolitik im TV des Kádár-Regimes – nach dem Regimewechsel übrigens eine rechtsextreme Figur – mich anrief und ins Telefon brüllte, welche Provokation ich mir erlaube, dass ich einen Korrespondenten nach Budapest schicke, der auf der Schwarzen Liste stehe, und wie unsere Chefreporterin Barbara Coudenhove-Kalergi, die eine Reportage über die Stadt Zalaegerszeg gedreht hatte, dazu komme, ein Bild von Kardinal Mindszenty in die Sendung hineinzuschmuggeln.

Alles was wir drehten, wurde also beobachtet, aber das wussten wir, und es interessierte uns nicht, denn diese Kontakte und Programme gehörten zur Taktik oder Strategie der politischen Auflockerung.
Ich sagte ja schon, dass man unsere Filmdokumentationen und Diskussionsprogramme auch in den Nachbarländern empfangen konnte: Im slowakischen Teil der Tschechoslowakei, in Westungarn, in Teilen von Slowenien und Kroatien, also trugen wir auf unsere Weise auch ein wenig zur Aufweichung dieses großen monolithischen Blocks bei.
Dabei war jederzeit völlig klar, dass man mich in Ungarn für ein feindliches Element hielt. Und nun kommt *Heti Válasz* mit der Neuigkeit, dass ich vor Dreharbeiten die dortigen Partner, also die kommunistischen Parteiorgane, im Hinblick auf den Inhalt unserer Sendungen stets beruhigt hätte. Natürlich habe ich das! Aber niemals informierte ich im Voraus irgendwen darüber, was eine regimekritische oder unabhängige Persönlichkeit in unseren Dokumentarfilmen sagen würde oder gesagt hatte, ebenso wenig haben wir jemanden, weder in Wien noch in Budapest, davon informiert, welche Bilder in einen Film hineingeschnitten wurden – schon 1976, in meiner ersten TV-Doku, erschien ein Foto von Imre Nagy, dem 1958 hingerichteten Ministerpräsidenten, auf dem Bildschirm – oder was ich im Kommentartext sagen, wen ich zur Diskussion einladen würde.
Es gab Fälle, dass Leute auf Umwegen, etwa über meine Kollegen, versuchten, im Vorhinein Informationen zu einer Sendung zu bekommen; falls sie das taten, wurde ich von meinen Kollegen sofort davon in Kenntnis gesetzt.
Aber ich kann sagen, ich selbst wurde nie nach etwas gefragt oder um etwas gebeten, man war so klug, nicht einmal einen Versuch zu machen. Im Übrigen hatten wir in Österreich ja auch damals eine offene Gesellschaft, es stand also fast alles in den Zeitungen. Gelegentlich kam es vor, dass mir Kreisky Informationen gab, mich aber bat, nicht darüber zu reden; oder dass Kirchschläger, damals noch Außenminister, mir im Ver-

trauen erzählte, dass Österreich demnächst diplomatische Beziehungen zu China aufnehmen würde und hinzufügte: „Schreiben Sie bitte noch nichts darüber“; natürlich habe ich dann nichts davon verlauten lassen. Doch drei Tage später schrieb es ein anderer.
Nie habe ich auch nur eine Zeile darüber geschrieben, wenn Kreisky sich über andere führende sozialdemokratische Politiker verärgert äußerte. Ich konnte auch schweigen. Niemand hat von mir vertrauliche Informationen erfahren und erst recht nicht die Ungarn. Was dagegen über mich nach Ungarn gemeldet wurde, ist eine andere Frage, ich hatte davon keine Vorstellung, konnte sie gar nicht haben, da ich keinerlei Kontakte zu Behörden des Innenministeriums hatte.
Dass das Anschwärzen schon immer eine beliebte Methode der kommunistischen Geheimdienste gewesen ist, wusste ich, hätte aber nie damit gerechnet, dass sich zwanzig Jahre nach dem Regimewechsel in Ungarn die Presseorgane einer demokratisch gewählten Regierung wieder solcher Methoden bedienen würden.

Das „Verpfeifen“ des Oppositionsforums von 1985 an die ungarischen Behörden war der Hauptvorwurf gegen dich im Wochenblatt Heti Válasz. *Dass du die ungarischen Partei- und Staatsorgane über die von dir aufgenommenen Interviews oder Dokumentarfilme im Voraus informiert haben sollst, ist doch ein kindischer und lächerlicher Vorwurf, und er passt perfekt zu den großen Enthüllungen dieses Blattes. Denn wie du ja schon berichtet hast, konntest du ohne vorherige Abstimmung keinen Fuß auf ungarisches Territorium setzen, und schon gar keine Interviews führen. Dass du die „Spielregeln“ eingehalten beziehungsweise die Erklärungen der Genossen, die in den TV-Dokus berichtet wurden, nicht geändert oder verfälscht hast, das ehrt dich als Journalist. Denn auch ein Abkommen, das mit Kommunisten geschlossen wurde, kann man nicht brechen, nachdem man die Bedingungen einmal akzeptiert hat; und erst recht verfälscht man nicht jemandes Worte, auch nicht das des Feindes – schon deshalb nicht, weil die Genossen sich oft durch ihre Äußerungen, ohne es zu merken, selbst entlarvt haben.*

Den Vorwurf, ich hätte das Programm des Oppositionsforums von 1985 dem ungarischen Geheimdienst ausgehändigt, könnte man wirklich als absurd abtun, wenn er nicht so empörend wäre. Ich habe das Programm als Chefredakteur der ORF-Ostredaktion tatsächlich bekommen. Aber nicht nur ich, sondern die Redaktionen aller Presseorgane, die sich damals mit der Sache beschäftigten. Viele Exemplare davon waren damals im Umlauf; alle, die an dem Thema interessiert waren, hatten die Möglichkeit, es sich zu besorgen.

Nachdem der verleumderische Artikel gegen mich in *Heti Válasz* erschienen war, hat im Blatt mit der größten Auflage in Österreich, in der *Kronen Zeitung*, Kurt Seinitz, heute Chef des außenpolitischen Ressorts, damals Osteuropa-Korrespondent, das bestätigt, und auch Gregor Mayer von der DPA äußerte sich ähnlich dazu, dass nämlich das Programm jenes Forums allgemein bekannt gewesen sei. Sie alle vergaßen nicht zu erwähnen, dass offensichtlich mein neues Buch „Mein verspieltes Land. Ungarn im Umbruch", das Viktor Orbán ja als „Majestätsbeleidung" betrachtet, der Grund für diese Kampagne war. „Es war nur eine Frage der Zeit, bis das Imperium zurückschlagen würde: das innenpolitische Imperium, das Ungarns Regierungschef Viktor Orbán im Begriff ist zu errichten, gegen prominente Kritiker wie Paul Lendvai." Das schrieb Josef Kirchengast im *Standard* (19.11.2010) und er sieht die Dinge offenbar richtig.

Auch Sándor Radnóti hat das in einem Brief an Heti Válasz *geschrieben, und ausgeführt, dass der Vorwurf schon deshalb nicht stimmt, weil – abgesehen vom Standort der Druckmaschine der Samisdat-Zeitschrift* Beszélő *– ja alles über das Oppositionsforum für die Öffentlichkeit gedacht war. So funktionierte damals die demokratische Opposition, das war ihre Strategie.*

Natürlich, genauso ist es. Universitätsprofessor Sándor Radnóti, den ich damals kaum kannte, hat das geschrieben. Also waren es sicher keine persönlichen Gründe, die ihn zu diesem Leserbrief motivierten. Und dann kam noch als dritter Vorwurf, dass ich bei der Botschaft – dort musste ich um die Erlaubnis, beim Oppositionsforum zu drehen, ansuchen – versichert hätte, wir würden natürlich keine scharfen Angriffe gegen das Regime führen. Jetzt überleg doch bitte mal einen Augenblick! Wenn die CNN-Reporterin Christiane Amanpour vorhat, in Syrien oder im Iran Interviews zu machen, wird sie doch im Vorgespräch mit den offiziellen Vertretern der dortigen Machthaber nicht ankündigen, dass sie dabei die inhumane Diktatur des Regimes entlarven möchte, sie wird vielmehr erklären, sie wolle ihrem Publikum ein Bild von der dortigen Situation vermitteln, und sie hält die vereinbarten Regelungen möglichst ein. Das ist nun einmal der Preis für diese Möglichkeit, sich in einer Diktatur ein Bild zu machen. Eine ganz andere Frage ist natürlich, was man dann als Kommentar, also die eigene Meinung, noch in so eine Sendung einbringt. Aber aus solchen Puzzlestücken haben sich die Leute bei *Heti Válasz* ihre verblüffende Konstruktion zusammengebastelt. Ich habe in dieser Sache einen einzigen Fehler begangen: Als wir letztes Jahr in Budapest das Buch „Mein verspieltes Land“ vorgestellt haben und zwei junge Recken von *Heti Válasz* bei der Präsentation zu mir kamen, um ein Interview mit mir zu machen, verlor ich die Geduld und meine Selbstbeherrschung und wies sie schroff ab. Ich verachte nämlich Zeitungen und Journalisten, die vorgeben, gemäßigt, ausgewogen und objektiv zu berichten, dann aber mit verwerflichen und hinterhältigen Methoden den Machthabern dienen, viel mehr als Leute, die mit offenem Visier arbeiten und frei heraus sagen, dass sie Orbán-Anhänger oder Rechtsextreme sind.
Auch im privaten Umgang ist mir als Freundschaft getarnte Hinterhältigkeit am meisten zuwider. Übrigens hatten sogar die Nazis im Großdeutschen Reich eine vermeintlich kritische Zeitung, sie nannte sich sogar *Reich* und hatte entsprechend der Goebbelsschen Taktik die Funktion, die

Nazi-Ideologie auf etwas gemäßigtere, verschleierte Weise zu verbreiten. Solche Gazetten gab es und wird es in Diktaturen und autokratischen Regimen immer geben.
Stell dir vor, welchen Aufwand diese Menschen getrieben haben, um alle offiziellen Berichte, die im Laufe von Jahrzehnten über mich geschrieben wurden, zu lesen oder lesen zu lassen, um sie dann auf ihre Weise zu instrumentalisieren, umzufrisieren und daraus eine Anklageschrift gegen mich zu basteln.
Leider hat sich erwiesen, dass ich auch in meinem dritten Leben Feinde habe, neue, aber auch alte mit neu aufgefrischter Maske. Gleichzeitig habe ich aber entdeckt, dass ich auch neue Freunde habe – die verdanke ich vorwiegend meiner Frau, und ich bin ihr dankbar dafür. Zum Beispiel den angesehenen Schriftsteller Pál Závada, der mein Buch vorgestellt hat, obwohl ich ihn früher kaum kannte. Er hat es gelesen, darüber nachgedacht und seine Gedanken zu Papier gebracht; sehr berührt hat mich, dass er sie im Hotel Astoria vorlas. Der oben schon zitierte Sándor Radnóti hat an *Heti Válasz* geschrieben und in diesem veröffentlichten Brief die Situation und das Problem genau geschildert. Die prominenten politischen Autoren Endre Aczél und József Debreczeni nahmen die verlogenen Behauptungen von *Heti Válasz* in der literarischen Wochenzeitung „Élet és Irodalom“ und in der Tageszeitung *Népszabadság* gründlich auseinander. Und als dann ein Jahr später das Sprachrohr von Fidesz, *Magyar Nemzet*, erneut zum verleumderischen Angriff blies, war ich ganz besonders dem Publizisten und Autor György Dalos dankbar, der mir von Berlin aus nicht nur moralische Hilfestellung leistete, sondern auch dabei half, meine Antworten zu formulieren. Denn man ist natürlich sehr gescheit, wenn man anderen einen guten Rat gibt, doch wenn es um einen selbst geht, fühlt man sich eher hilflos.
Noch dazu bin ich bis zum heutigen Tag ein Häferl, wie man das auf Wienerisch sagt, ein „Hitzkopf“ , und kann in fürchterlichen Zorn geraten. Margaret, meine zweite Frau, hat versucht, mir das abzugewöhnen, und

es ist ihr bis zu einem gewissen Grad gelungen. Doch gelegentlich kommt es noch zu einem Ausbruch, wahrscheinlich, weil meine dritte Frau ein ähnliches Temperamentsbündel ist wie ich.
Und damals, als dieser Artikel über mich erschien, habe ich eben Rot gesehen, und da war es György Dalos, der mir geholfen hat, die Verleumdungen erst mit kühlem Kopf zu prüfen und dann weitere Schritte zu unternehmen. Denn ich hatte natürlich dafür, dass ich mein Land, meine Eltern, meine Wohnung, mein Geld zurückgelassen habe, gar nicht mit Anerkennung gerechnet. Auch nicht dafür, dass ich in meinem zweiten Leben nur das geschrieben und gesagt habe, was ich dachte und wovon ich überzeugt war. Aber dass ich auf so infame Art und Weise attackiert wurde, hat mich tatsächlich unerwartet getroffen. Und es ging nicht nur um die Anwürfe selbst, sondern auch um die Absicht, die dahinter steckte. Denn man weiß ja, selbst wenn die Beschuldigungen von A bis Z widerlegt sind, bleibt etwas von dem Unrat an mir kleben.
Überrascht hat mich auch, dass es 2006 – damals war mein Artikel „Michael Cole, Glanz und Niedergang" gerade in *Élet és Irodalom* erschienen, in dem ich über die Arbeit der Agenten berichtete, die über mich Meldung machten – ein paar Menschen gab es, die mir aus Neid, Gehässigkeit oder aus welchen Gründen auch immer einen Tritt versetzen wollten. Dem Journalisten Sándor Révész zum Beispiel schien es geboten, mir 2006 in der *Népszabadság* vorzuwerfen, dass ich den Weg für Kontakte zwischen den Sozialdemokraten und dem Kádár-Regime geebnet hätte.

„Lendvai schmiedete und begünstigte zusammen mit anderen die außerordentlich guten Kontakte zwischen den österreichischen Sozialdemokraten und dem ungarischen Partei-Staat. Wer eine schwierige, aber lehrreiche Aufgabe sucht, der sollte sich an der moralischen Beurteilung der damaligen Arbeit und der Entscheidungen von Lendvai versuchen." So hieß es damals im Urteil von Révész.

Gar nichts habe ich damals geebnet. Hatte gar nicht die Position dazu, Verbindungen ins Ausland zu fördern. So etwas können nur Leute schreiben, die in einem kommunistischen Regime aufgewachsen sind, sich angepasst oder die Machthaber dort bekämpft haben; sie haben keine Vorstellung von den heutigen Demokratien, wollen vielmehr glauben machen, diese funktionierten wie die früheren monolithischen Staatsgebilde. Ich hatte selbstverständlich nicht den geringsten Einfluss auf die Außenpolitik der in Österreich regierenden Sozialdemokratischen Partei, war nie Berater eines Außenministers, natürlich auch nicht zur Zeit Kreiskys. Mein Einfluss war der, den jeder Journalist hat, wenn er sein Metier ernsthaft betreibt, nicht mehr und nicht weniger. Natürlich haben mich Kollegen konsultiert, wenn sie auf meine Kenntnisse Wert legten. Wen meine Analysen der einen oder anderen Situation oder meine Beurteilung der Zukunftsaussichten interessierte, der lud mich gelegentlich zu Vorträgen ein; eine Möglichkeit der direkten Einwirkung auf die österreichische Außenpolitik hatte ich natürlich nie, konnte diesbezüglich auch niemandem Ratschläge geben. Glaubt denn im Ernst jemand, dass Kreisky deswegen mit polnischen Regierungsvertretern und nicht mit der Solidarność verhandelt hat, weil ich ihm das empfohlen habe? Nein, das war große Politik, ja international abgestimmte Weltpolitik, und sie hatte nichts mit Einflüsterungen von Journalisten zu tun.

Der bekannte Schriftsteller Péter Nádas äußerte in seinem großen Essay „Armer Sascha Anderson" und in mehreren Interviews auch die Meinung, dass die Westmächte unter dem Vorwand einer Ideologie des friedlichen Nebeneinanders eigentlich Helfershelfer des Kádár-Regimes gewesen seien, und indem sie es nicht nur nicht angriffen, sondern in vielen Dingen sogar unterstützten, hätten sie geholfen, die Diktatur aufrecht zu erhalten. Du aber hast doch als Unterstützer der Kreiskyschen „Auflockerungspolitik" das diesbezügliche Verhalten des Westens anders beurteilt.

Ja, auch Willy Brandt und Helmut Schmidt dachten in den Siebzigerjahren in diese Richtung, dass man den europäischen Status quo zur Kenntnis nehmen, aber die Verbindungen mit den einzelnen Staaten des Ostblocks, vor allem mit Polen, ausbauen und stärken müsse; mehr konnte man unter den gegebenen Umständen der sowjetischen Vorherrschaft und angesichts des bestehenden Verhältnisses zwischen der Sowjetunion und den Vereinigten Staaten nicht tun. Man dachte, dass jede Alternative – Dauerkonflikte und verschiedene Formen der Gewalt – nur kontraproduktiv wären. Ich habe es genauso gesehen, allerdings mit der Ergänzung, dass man ständig aufmerksam beobachten müsse, wo man einen Schritt weiter gehen oder den Freiraum für die unter der kommunistischen Herrschaft lebenden Menschen erweitern könne.

Das ist natürlich eine ganz andere Perspektive als die eines Menschen, dessen Kind nicht an der Universität studieren durfte oder den man entlassen hat, weil er etwas sagte oder schrieb, das dem Regime nicht genehm war. Beide Standpunkte haben ihre Daseinsberechtigung, der eine schließt den anderen nicht aus. Die ungarische Gesellschaft hat mit dem Kádár-Regime in relativem Frieden gelebt, denn sie hatte 1956 nicht die Kraft, die kommunistische Diktatur endgültig zu überwinden, und auch der Westen konnte nichts anderes tun, wollte er nicht einen neuen Weltkrieg riskieren.

Zudem lässt sich die ungarische Gesellschaft nicht von außen verändern, das konnte man damals so wenig wie heute. Auch jetzt wird und kann die Europäische Union Orbáns Probleme nicht lösen, denn die ungarische Gesellschaft hat dieser Regierung eine Zweidrittel-Mehrheit gegeben und kann seitdem alles, was Orbán mit dem Land und der Gesellschaft anstellt, trotz immer stärkerer Proteste nicht verhindern.

Aber die sogenannte „Friedenspolitik" der Vorwendezeit hat ja nicht bedeutet, dass wir westliche Journalisten über den Charakter des Regimes nicht die Wahrheit gesagt hätten. Auch meine Kommentare, Artikel und Reportagen begannen immer damit, dass es sich ja um ein gleichsam illegitimes Regime handle, das auf vielen fundamentalen Lügen basiere; es hatte schließlich weder ein Mehrparteiensystem noch gewährte es echte Freiheit. Aber in dieser „schlampigen Gesellschaft“, wie sie der Soziologe Elemér Hankiss genannt hat, gab es immerhin die schon erwähnten kleinen Freiheiten, die den Menschen doch ein erträglicheres Leben ermöglichten als in den anderen Ländern des sozialistischen Lagers. Diese Tatsache war nicht zu übersehen, das musste man anerkennen.

Das Ganze war also für Journalisten schon ein ständiger Seiltanz; doch wie ich auch über das Regime redete oder schrieb, ich tat es nicht aus persönlichem Interesse oder gar wegen eines privaten Vorteils.

Also ging es um Folgendes: Die Diktatur sollte weicher, erträglicher werden, und du als der für Ost-Mitteleuropa zuständige Journalist wolltest nicht auf der Schwarzen Liste stehen, damit du weiter in diesen Länder reisen konntest.

Natürlich, aber diese Linie stimmte mit der westlichen Friedens- und Auflockerungspolitik überein. Und es bedeutete auf keinen Fall das, wofür mich die rechte Presse heute glaubt rügen zu müssen, also dass ich auf irgendeine Weise mit den offiziellen Organen der Diktatur kooperiert hätte.

In meinen Diskussionssendungen im Fernsehen habe ich immer wieder versucht, auch die zu Wort kommen zu lassen, die dem Regime von innen heraus kritisch gegenüberstanden. Außerdem gab es hier ebenfalls manchmal einen gewissen Druck auf uns, denn es kam vor, dass ein Berater des Bundeskanzlers – wenn auch erfolglos – versuchte, auf uns beim ORF einzuwirken; so sollten wir beispielsweise in einem Bericht über Rumänien nicht allzu scharfe Töne anschlagen, weil das gerade Österreichs wirtschaftlichen und politischen Interessen widerspreche.

Heute gibt es ein ähnliches Problem mit dem Orbán-Regime: Man soll doch nicht glauben, dass deutsche Politiker deshalb darauf verzichten, Orbán jede Woche zu kritisieren, weil sie seine Politik gutheißen und

unterstützen würden. Nein, durchaus nicht, aber Deutschland ist Ungarns größter Wirtschaftspartner, und deshalb empfiehlt sich für die Deutschen wohl eine gewisse Zurückhaltung. Schon Kossuth hat gesagt, dass die Politik die Wissenschaft von den Notwendigkeiten und Möglichkeiten, also eine dauernde Suche nach Kompromissen sei. Ich musste Kádárs Regime nicht salonfähig machen. Brandt, Schmidt oder Thatcher haben mich nicht konsultiert, und auch die amerikanische Führung nicht, als sie 1978 Ungarn und dem Kádár-Regime als Freundschaftsgeste die Heilige Ungarische Krone zurückgab – was ich übrigens damals für richtig hielt. Denn man darf ja auch den destruktiven Einfluss des Kádár-Regimes auf die Bruderstaaten nicht außer Acht lassen; nicht nur die Besonderheiten des jugoslawischen Weges hatten Auswirkungen auf die anderen sozialistischen Länder, auch die ungarische Variante ihrerseits wirkte sich auf Slowaken, Tschechen, Polen aus. Die Menschen dort sahen, dass es keineswegs unabänderlich war, in völliger Unterdrückung zu leben.
Ich habe tatsächlich nicht gegen die kommunistischen Regime gehetzt, aber in den Siebziger- und Achtzigerjahren war die ganze westliche Welt schon nicht mehr aufs Verhetzen eingestellt, also auf die Vorbereitung eines neuen Krieges aus, man hatte sich auf Annäherung und dadurch auf Aufweichung eingerichtet. Wer das nicht sieht, der versteht nichts von den letzten großen Zeitabschnitten dieser bipolaren Welt.

Zudem meine ich, bei einer derart „theoretischen" Argumentation übersieht man leicht, dass das Leben eines Menschen etwas Einmaliges, Unwiederholbares ist. Und dass es für die Qualität eines kurzen Menschenlebens nicht gleichgültig sein kann, ob es durch ständige Konfrontation, Kriegsvorbereitung, durch Angst und den obligatorischen Hass auf den Westen geprägt wird oder durch eben diese kleinen Freiheiten im privaten wie im öffentlichen Leben, dank derer der Einzelne doch mehr war als ein der Diktatur ausgelieferter und durch sie bestimmter, vielleicht sogar ruinierter Untertan.

Doch zurück zu den Anschuldigungen der Rechten gegen dich: Haben dir diese Anwürfe in Österreich geschadet oder sich negativ auf deine westeuropäischen Kontakte ausgewirkt?
Natürlich nicht! Ebenso wenig wie die Zürcher Demonstration und die Frankfurter Drohungen. Viele in Österreich und auch andernorts haben über diese Hetztiraden geschrieben, und alle fragten sich, was für Zustände wohl in einem Land herrschen müssen, in dem ein führendes rechtes Wochenblatt so etwas über einen Menschen drucken kann, der fünfzig Jahre lang in Österreich als Journalist gearbeitet hat und dessen ganzes Lebenswerk ja öffentlich entstanden ist, also von jedermann beurteilt werden kann.
Doch die Angriffe wurden fortgesetzt. Im Sommer 2011 war ich gerade in meinem Urlaubsdomizil in Altaussee, als mich ein Anruf des ungarischen, regimekritischen TV-Senders ATV erreichte, um mir mitzuteilen, dass in der Zeitung *Magyar Nemzet* ein Artikel darüber erschienen sei, für wie nützlich das ungarische Innenministerium unter Kádár die Verbindung mit mir gehalten habe.

Ja, zu dem Zeitpunkt reichte anscheinend nicht mehr, was ein Jahr zuvor in der Wochenschrift Heti Válasz *behauptet wurde, dass du nämlich einer warst, der „aus freien Stücken" zusammengearbeitet hatte, sondern dass du eigentlich dazugehörtest. Du hättest dem ungarischen Geheimdienst zugearbeitet und sogar einen Verbindungsoffizier gehabt.*
Aus dem Grund löste natürlich der Artikel in *Magyar Nemzet* so große Empörung aus. Viele Anrufer aus Ungarn rieten mir, angesichts so gravierender Unterstellungen jetzt wirklich vor Gericht zu gehen, ganz abgesehen von all den tendenziösen Umschreibungen, also von der Fälschung der über mich damals eingegangenen Meldungen und der Unterschlagung der wichtigsten Informationen, nach denen ich in den Augen des Geheimdienstes ein hoffnungsloser Fall war; weil man mit mir nichts anfangen konnte.

Denn András Heltai, der als Wiener Korrespondent der Nachrichtenagentur MTI und als Agent den schon erwähnten Endre Loránt beerbte, hatte ja seinen Auftraggebern geschrieben, dass ich zwar mit ihnen einen freundlichen Umgang pflege, von mir aber keine brauchbaren Informationen zu bekommen seien. Deshalb schloss der ungarische Geheimdienst im Oktober 1965 ein Dossier über mich, das man in der Hoffnung, mich zu gewinnen, angelegt hatte, und ich wurde auf die „Schwarze Liste" des Regimes „überstellt". Damals schrieb auch Innenminister András Benkei den erwähnten Brief an alle Innenminister der Bruderländer mit der Bitte, mich ebenfalls auf ihre Liste unerwünschter Personen zu setzen.
All das, also meinen ursprünglichen Artikel „Michael Cole's Glück und Ende oder Die Geschichte einer gescheiterten Anwerbung" samt den nachfolgenden Reaktionen der entlarvten Agenten habe ich lange vor den jüngsten Verleumdungen schon 2008 in deutscher Sprache in einem Buch wortwörtlich veröffentlicht („Best of Paul Lendvai – Begegnungen, Erinnerungen, Einsichten").

Da gibt es übrigens noch ein delikates Detail in dieser Angelegenheit – du hast in deinem Michael-Cole-Artikel darüber berichtet –, dass nämlich Heltai ein halbes Jahr zuvor seinen Chefs im Innenministerium empfohlen hat, zu deiner „Ausnüchterung", also als Vergeltung für die Tatsache, dass du keine Informationen liefern wolltest, härtere Methoden anzuwenden. Ja, er plädierte sogar für die „mit den anderen sozialistischen Staaten koordinierten Visumsmaßnahmen", also dafür, dass man dir die Einreise verweigern und dazu auch noch deine Vergangenheit entsprechend „lüften" solle, wie man das damals nannte. Nun, dieses „entsprechende", also gefälschte „Lüften" hat jetzt, fast vierzig Jahre später, die Fidesz-freundliche Presse des demokratischen Ungarn übernommen.
Heltai ist übrigens der einzige, der öffentlich gestanden hat, dass auch er Spitzel war. Er schrieb einen Brief an den *Standard*, in dem er Selbst-

kritik übte. Aber zu der Zeit hatten sich seine heutigen Nachfolger bei *Heti Válasz* und *Magyar Nemzet* schon auf mich eingeschossen.
In Zusammenhang mit den Anwürfen der *Magyar Nemzet* bin ich György Dalos sehr dankbar, der mir auch in dieser Sache einen klugen Rat gab, aber zugleich auch der Zeitung *Népszabadság*, denn sie haben die wiederholt geäußerten Beschuldigungen mit meinem Michael-Cole-Artikel von 2006 verglichen und dabei bewiesen, dass der Schuss des Blattes völlig danebenging.
Jedenfalls haben wir mit Hilfe eines Anwalts eine sorgfältige Gegendarstellung verfasst und abgeschickt, und die Redaktion hat die Empfangsbescheinigung unterschrieben, dann aber kein Wort mehr darüber verloren. Aber viel mehr noch: Wenn sie irgendeine Information bringen, die in Zusammenhang mit meiner Person steht – zum Beispiel die Rezension meines Buches in der *Financial Times* aufgreifen oder einen meiner Artikel im *Standard* kommentieren – , wird jedes Mal dazugesagt, dass es sich um jenen Paul Lendvai handelt, von dem behauptet wird, er sei ein nützlicher Kontaktmann für den Kádárschen Geheimdienst gewesen.

Unglaublich.
Es ist so wie ich sagte: Die Leute von *Magyar Nemzet* haben richtig kalkuliert: Wie viel ich auch dementiere und widerlege, immer bleibt etwas von dem Dreck an mir hängen.
Eine sehr positive Rezension in der *Financial Times* über die englische Ausgabe meines Ungarn-Buches enthielt zum Beispiel einen schweren Fehler: Lendvai sei eine etwas umstrittene Figur in Ungarn, weil er selbst enthüllt habe, dass er in den Fünfzigerjahren zeitweilig für die kommunistische Geheimpolizei tätig gewesen sei.
Ich habe dem Verfasser dieser Rezension sofort geschrieben, er möge doch bitte in meiner Biografie („Blacklisted“, 1998) nachlesen: Ich war damals ein zum Wehrdienst eingezogener gemeiner Soldat und habe nie Kontakte mit dem Geheimdienst gehabt. Eine Woche später hat die

Financial Times die Richtigstellung gebracht und auch aus dem Online-Artikel diesen Satz herausgenommen. Es ist natürlich höchst unangenehm, wenn so etwas richtiggestellt werden muss, aber das Ärgste ist, dass man mir diesen schlimmen Verdacht überhaupt anhängen konnte. Wie du weißt, habe ich 1981 ein Buch in englischer Sprache darüber geschrieben, wie die Medien in den kommunistischen Staaten funktionieren („Die Bürokratie der Wahrheit – Wie die kommunistischen Regime die Nachrichten manipulieren“); es ist auch auf Deutsch und Französisch erschienen. Darin beschrieb ich, wie man den Nachrichtendienst und die Berichterstattung zentral lenkt und zu einer ideologischen Waffe macht und wie Nachrichten entsprechend den Machtinteressen verzerrt und verfälscht werden.

Leider funktioniert die rechte Presse in Ungarn heute genau nach diesem Prinzip. Es gibt zwar keine wöchentlichen Konferenzen mehr in der Agitprop-Abteilung der herrschenden Partei, wo die Zeitungsmacher Direktiven bekommen, aber das ist auch gar nicht mehr nötig, weil die von sich aus wissen, was der Partei dient und das Personal entsprechend auswählen. Oft sind es sogar dieselben, die schon vor dreißig Jahren über mich geschrieben haben, ich sei ein Agent des Imperialismus, der den Kalten Krieg schüre.

Diese naiven Leute ohne Profil und Rückgrat glauben, sie könnten einen Menschen, der seit Februar 1957 in Wien lebt, der seit September 1959 österreichischer Staatsbürger und materiell unabhängig ist, seine Steuern bezahlt, nie mit dem Gesetz in Konflikt geraten ist, nicht einmal wegen Falschparkens, mit solchen dummdreisten Angriffen in seinem Medium, in der österreichischen und europäischen Presse, zur Persona non grata machen.

Aber dasselbe machen sie ja auch mit nicht genehmen historischen Persönlichkeiten wie Mihály Károlyi, dem Präsidenten der ersten ungarischen Republik 1918, oder mit der international hochgeschätzten Philosophin Ágnes Heller, die sich erlaubt, Orbán zu kritisieren.

Und sie haben es mit den Schriftstellern Péter Nádas und Péter Esterházy gemacht, mit Politikern, mit jedem, den sie als Gefahr betrachten und von dem sie glauben, sie könnten ihn einschüchtern, zum Schweigen bringen und so ein warnendes Beispiel für alle anderen geben. Aber warum bist du nicht vor Gericht gegangen?

Ich habe ja in Österreich geklagt. Vor einiger Zeit ist in einer kleinen, einer Vorfeldorganisation der ÖVP angehörenden Zeitschrift ein Artikel über Ungarn erschienen, in dem ein Anwalt schrieb, es sei ja kein Wunder, dass der ORF die Orbán-Regierung und die Fidesz-Partei so feindselig behandle, denn früher sei ja eben jener Paul Lendvai Chefredakteur für Osteuropa gewesen, von dem sich nach der Wende in Ungarn herausgestellt habe, dass er Zuträger des Kádár-Geheimdienstes gewesen sei.

Ich beauftragte einen höchst renommierten Anwalt in Presseangelegenheiten, und wir haben eine Anzeige gegen die Zeitschrift angekündigt. Daraufhin rief mich der Herausgeber des Blattes an, den ich noch aus seiner Zeit als Staatssekretär kannte, entschuldigte sich und erzählte mir, dass die Redaktion bei Rückfrage nach der Quelle des Autors erfahren habe, das habe in irgendeinem Blatt gestanden. Der Herausgeber gestand auch, zwei frühere Vorsitzende der ÖVP hätten ihn ebenfalls angerufen und gefragt, wie man so etwas ausgerechnet Paul Lendvai anhängen könne, der doch immer die österreichischen Belange verteidigt habe.

Es ist ja bekannt, dass zu Sowjetzeiten die kommunistische Parteizentrale über eine spezielle Fälscherwerkstatt verfügte, in der sie von gefälschten Pässen bis zum falschen Bart und Falschinformationen alles parat hatte. Offenbar hat sich die Regierungspartei in Ungarn davon etwas abgeschaut. Ihr Motto scheint die lateinische Weisheit zu sein: Oderint dum metuant (Mögen sie mich hassen, wenn sie mich nur fürchten). Zum Glück gibt es Leute, die sich nicht fürchten.

Aber trotzdem, warum hast du die beiden ungarischen Zeitungen nicht verklagt?

Ich wollte sie anzeigen, sogar Schadenersatz verlangen, zehn Millionen Forint, aber meine Frau hat mir mit Scheidung gedroht, wenn ich das tue. Sie befürchtete, ich würde wieder diese 395 Seiten Protokolle hervorkramen, dann noch 250 Seiten weitere Dokumente vom Historischen Archiv der Staatssicherheitsdienste in Budapest anfordern, und schließlich käme das Gerichtsverfahren, erste Instanz, zweite Instanz, wobei laut Aussage meiner ungarischen Freunde die Sache durchaus auf dem Tisch eines der Fidesz verpflichteten Senats landen könnte. Wenn nicht, werde die Chefin des neu geschaffenen, für die gesamte Justiz zuständigen höchsten Richteramtes, eine Freundin der Orbán-Familie, dafür sorgen, dass sie dorthin komme. So war es auch bei Sándor Radnóti, der seinen Prozess wegen der grundlosen, ehrenrührigen Behauptungen über die regimekritischen Philosophen gegen *Magyar Nemzet* gewonnen und dann in zweiter Instanz verloren hat.

Und ich bin ja kein Jüngling mehr, lebe seit 1994 mit einem Stent in meinem Herzkranzgefäß und sage inzwischen auch, meine Frau Zsóka hat Recht, ich sollte solchen Aufregungen möglichst aus dem Weg gehen.

Doch das ändert nichts daran, dass ich die Leute verachte, die heute schon wieder bereit sind, dieselben Praktiken anzuwenden wie seinerzeit. Unter ihnen sind auch welche, die von ehemaligen Parteimitgliedern des früheren Regimes zum Regierungssprecher und später zum Chefredakteur aufgestiegen sind. Deshalb ist es kein Wunder, dass man in den Fidesz-freundlichen Blättern kaum je ein kritisches Wort gegen die Regierung liest.

Dagegen hat auch die sozialistische und liberale Presse in Österreich dreizehn Jahre lang Kreisky und seine Politik kritisiert, wenn es angebracht war; Angela Merkel oder David Cameron kommen auch in konservativen Zeitungen nicht immer als Lichtgestalten weg, und darunter sind angesehene Blätter der Weltpresse.

So ist es ja auch in Ungarn gewesen. Denk doch nur daran, wie die linke und liberale Presse in Ungarn mit Ferenc Gyurcsány umgegangen ist und bis heute umgeht.

Stimmt, aber man kann trotzdem heute fast nicht glauben, was zum Beispiel seinerzeit in der liberalen *Népszabadság* über ihn geschrieben wurde. Was sie mit ihm aufgeführt haben, kann ich gar nicht mehr als Kritik betrachten, es war eine wahre Hexenjagd und unterstützte merkwürdigerweise die jahrelange Diffamierungskampagne der Fidesz. Doch das ist auch wieder eine ungarische Spezialität.

Aber abgesehen davon ist es für eine demokratische Presse der Lackmustest, ob eine Zeitung auch die Politik kritisiert, die eine ihr weltanschaulich nahestehende Regierung macht.

Die Verlotterung der ungarischen Presse ist nicht nur daran abzulesen, was sie schreibt, sondern auch an ihrem jeweiligen Tonfall. Über István Csurka, der seit der Wende Führungsfigur des politischen Antisemitismus war, kann *Magyar Nemzet* in einem Leitartikel heute schreiben, die Linken und die Liberalen hätten Csurka nur als Vorwand gebraucht, um József Antall anzugreifen. Der ehemalige Lektor des Schriftstellers Péter Esterházy schämt sich nicht zu schreiben, dass heute eine internationale, ja globale Verschwörung gegen Viktor Orbán im Gange sei. Das Gleiche verkünden jene Intellektuellen, die sich in den Dienst Orbáns gestellt haben, vom Politologen György Schöpflin bis zur Psychologin und Autorin Ágnes Hankiss – sie haben auch schon ihren Lohn bekommen –, beide sind heute Abgeordnete von Fidesz im Europäischen Parlament.

Aber die Angelegenheit hat noch eine weitere Dimension. Wie wir aus geheimen Unterlagen wissen, versuchte man in der Horthy-Ära, westliche Journalisten und Politiker mit Geld zu bestechen, damit sie sich für das Regime einsetzten. Die Sowjetunion hat es ähnlich praktiziert, nämlich westliche Journalisten gekauft oder erpresst. Ein Korrespondent der *Financial Times* wurde damit erpresst, dass er sich in eine Polin verliebt hatte; man zwang ihn, für das Regime zu arbeiten.

Ich bin mir sicher, dass es so etwas auch heute gibt. Natürlich kann ich das nicht beweisen, will deshalb auch nichts Konkretes sagen. Doch gehe ich davon aus, dass Menschen so etwas nicht aus politischer Überzeugung tun, sondern wegen materieller Interessen oder in einer Zwangslage. Anders ist es nämlich gar nicht zu erklären, dass in einer der wichtigsten deutschen Zeitungen in den zwei Jahren der Fidesz-Regierung keine einzige bemerkenswerte Kritik an deren Arbeit erschienen ist. Der Soziologe Pierre Bourdieu hat einmal irgendwo geschrieben, dass auch das Schweigen eine Form der Zensur ist. So versuchen sie es wenigstens, indem sie sich das Schweigen erkaufen.
Oder wie willst du dir erklären, dass Journalisten-Kollegen, die sich sonst nie mit Ungarn beschäftigt haben, für die *Presse* Gastkommentare über die ungarische Regierung mit derselben Diktion und derselben Argumentation schrieben wie der ungarische Botschafter in Wien in seinen „Leserbriefen", wenn er sein Land lobte und seine Regierung in Schutz nahm. Übrigens zog ein solcher Leserbrief regelmäßig eine Reihe weiterer Äußerungen von Lesern nach sich, die ebenfalls den Botschafter und seine Argumente eifrig unterstützten.

Wir in Ungarn bezeichnen solche eifrigen Leserbriefschreiber gern als sogenannte Arbeiter-Korrespondenten, und sie funktionierten übrigens in der sozialistischen Ära genauso: Sie formulierten immer entlang der Parteilinie. Es ist schon möglich, dass es unter den Leserbriefschreibern in Ungarn auch überzeugte Fidesz-Anhänger gibt, doch die Leserbriefspalten zeigen eher, dass es sich um Auftragsschreiber handelt.
Natürlich gibt es auch im Ausland Fidesz-Anhänger; wir haben ja schon erwähnt, dass in allen Ecken der Welt Emigrantenorganisationen gegründet wurden, die sich aus rechtsorientierten Ungarn rekrutieren. Aber für Österreich ist der Ton, in dem diese beiden Journalisten argumentierten, nicht typisch, schon gar nicht für die *Presse*; denn auch dort sind gute und sorgfältig recherchierte Analysen über Ungarn erschienen, und sie

erscheinen bis heute. Das gilt auch für die schweizerische und die deutsche Presselandschaft.
Aber all das, was einige von Fidesz gewonnene ausländische Journalisten schreiben, was die Leserbriefe des Botschafters und seiner briefeschreibenden Helfer erreichen können, was Kommunikationsinstitute als Image-Hilfe für Zwei-Milliarden-Forint-Honorare ausarbeiten, sind nur Schönheitspflaster im hässlichen Gesicht, das die Fidesz-Regierung zeigt und pflegt. Es ist, als wenn man an einem zu Schrott gefahrenen Auto schnell die Türgriffe poliert, um dann festzustellen, dass nun wieder alles in bester Ordnung ist.

Die ganze Verleumdungskampagne von Heti Válasz *hat aber noch einen Nebenkriegsschauplatz. Es hätte dir ja im Grunde egal sein können, wie eine rechte Wochenzeitung, die bestenfalls von einigen Zehntausend Menschen gelesen wird, versucht, deine Glaubwürdigkeit zu untergraben. Doch damit gaben sich die Urheber dieser Anti-Lendvai-Kampagne nicht zufrieden. Offenbar haben sie begriffen, dass, wer sich im Internet-Zeitalter für eine Sache oder für jemanden interessiert, bei Wikipedia anfängt. So haben sie eine englische Wikipedia-Seite verfasst, in der sie alle ihre Anwürfe gegen dich unterbringen konnten. Das zeigt, mit welcher Umsicht sie zu Werke gehen, um jemanden zu ruinieren. Sie wissen genau, dass ein amerikanischer, englischer oder skandinavischer Journalist, der sich über dich informieren will, sich erste Informationen aus dem Wikipedia-Artikel holt und dort erfährt, dass du ein Spitzel oder Kollaborateur warst. Du selbst wirst davon zunächst gar nichts mitbekommen, also auch nicht widersprechen können.*
So ist es leider, doch sie haben nicht nur diesen verlogenen Eintrag über mich verfasst, sondern auch den ganzen Schmähartikel aus *Heti Válasz* ins Deutsche und Englische übersetzt und an Redaktionen in Westeuropa geschickt. In dem Begleitbrief dazu hieß es, das sei dieser Paul Lendvai, von dem sie doch regelmäßig Artikel abzudrucken pflegten. In dem

Schreiben an den österreichischen *Standard* fügten sie noch hinzu, wenn die Redaktion dazu nicht innerhalb von achtundvierzig Stunden Stellung nehme, würden sie öffentlich machen, dass der *Standard* nicht antworte und offenbar seine Gründe dafür habe.
Glück im Unglück war, dass diese Begleitbriefe in miserablem Englisch bzw. Deutsch abgefasst, also nicht ernst zu nehmen waren. Auch darf man nicht vergessen, dass diese Art Drohbriefe auch bei den Stiftungen eingingen und vor den Gebäuden verteilt wurden, in denen unsere Buchvorstellungen stattfinden sollten. Sogar Demonstrationen wurden so organisiert. Also war völlig klar, dass es sich um eine sorgfältig geplante Kampagne handelte. Nicht nur die österreichische, sondern auch die deutsche und französische Presse folgerten daraus einmütig, dass das Orbán-Regime keine Kritik ertragen kann und sich mit allen Mitteln zur Wehr setzt. Dabei hatten sich meine kritischen Feststellungen zur ungarischen Situation im Ton nicht von den Kommentaren unterschieden, die westliche Zeitungen in den letzten zwei Jahren zu diesem Thema gebracht hatten.

Ein unglaublicher Vorgang. Ich wusste nichts davon, dass man auch die Redaktionen westlicher Zeitungen mit der Übersetzung des Artikels aus Heti Válasz *beglückt hatte. Bist du zufällig auf die Wikipedia-Seite über dich gestoßen?*
Das kam so: Das Buch „Mein verspieltes Land“, das ursprünglich auf Deutsch, später auch auf Ungarisch und Slowakisch erschienen ist, kam dann in englischer Sprache („Between Democracy and Authoritarianism“) heraus, und zwar in Kooperation mit der Columbia University Press beim Hurst Verlag, also dort, wo auch die Bücher des Europa-Abgeordneten György Schöpflin erscheinen. Ich wurde vom englischen Verlag angerufen und gefragt, ob ich denn wisse, dass über mich schlimme Dinge in Umlauf seien. Ich begriff nicht gleich, denn woher sollten meine ungarischen „Wohltäter“ denn wissen, dass die englische Ausgabe meines

Buches bei Hurst erscheinen würde. Für alle Fälle ließ ich die österreichischen Kommentare auf die Anschuldigungen übersetzen, darunter die Parteinahme des ehemaligen ÖVP-Vizekanzlers Erhard Busek für mich, und schickte dem Verlag auch die Texte von József Debreczeni und von anderen; zudem verwies ich auf meine Autobiografie, die ebenfalls auf Englisch erschienen ist. Damit war die Angelegenheit für den Verlag erledigt.

Dann entdeckte ich zufällig, dass auf den Seiten von Amazon neben meinem Buch der Hinweis steht, wer mehr über den Autor wissen wolle, finde meine Biografie bei Wikipedia. Dazu muss man wissen, dass ich mir bis dahin meinen Lebenslauf auf Wikipedia nie angesehen hatte; er war ja auch nicht von mir verfasst. Also klickte ich auf das englische Wikipedia und erschrak über das, was ich dort zu lesen bekam. Ich sah mir auch die deutsche Version an, aber die war in Ordnung, alle biografischen Daten stimmten; angefangen von den Fünfzigerjahren bis zu dem Tag, an dem *Heti Válasz* mich angegriffen und ich die Vorwürfe widerlegt hatte; in dem Text sind auch die Drohungen erwähnt, die meine Buchpremieren begleiteten und sogar die fünfzehn in verschiedenen Sprachen erschienenen Bücher von mir aufgezählt.

In der englischen Version gibt es dagegen kein Wort über meine Verhaftung und Internierung sowie über die drei Jahre des Berufsverbots, sondern werden bloß alle lächerlichen Beschuldigungen aufgezählt. Sämtliche Behauptungen sind damit belegt, dass ungarische Zuträger in Wien berichtet hätten, ich sei ihr bester Kontakt-Mann und mein Tarnname „Michael Cole" gewesen. Dass ich, wie auch viele andere, dies mehrfach widerlegt und um Richtigstellung gebeten habe, wird mit keinem Wort erwähnt. Dazu ist noch in einer Fußnote der Artikel eines Journalisten von *Magyar Hírlap* genannt, in dem es um den Verdacht geht, dass ich offenbar während meiner „angeblichen" Internierung angeworben worden sei. Sonst hätte ich ja sicher nicht bei der ungarischen Presseagentur MTI und später bei der Parteizeitung *Szabad Nép* anheuern können.

Ein erlogenes, verworrenes Konstrukt: Bei MTI habe ich vor meiner Internierung gearbeitet und musste tatsächlich und nicht „angeblich" acht Monate absitzen; als ich freigelassen wurde, hatte ich drei Jahre lang Berufsverbot. In diesem Lebenslauf in englischer Sprache fehlen zwar meine fünfzehn Bücher, dafür wird eine zwanzigseitige Broschüre von mir erwähnt, die ich als Zweiundzwanzigjähriger über Titos Jugoslawien geschrieben habe.

Der Wikipedia-Artikel vermittelte also, dass dieser Paul Lendvai schon in den Fünfzigerjahren ein Schurke war und sich dann 1985 nochmals von den Kommunisten kaufen ließ. All das haben im Jahr 2011 offenbar dieselben Menschen und Organe hervorgebracht, die auch die Verleumdungen in der Wochenschrift *Heti Válasz* angeregt und verbreitet haben.

Dann hat sich also dieser Journalist der Financial Times*, der dein Buch rezensiert hat, ganz offensichtlich im englischen Wikipedia über dich informiert?*

Sicher. Hier offenbart sich die ganze Hinterhältigkeit dieser Leute. Sie scheuen keine Mühe, keinen Zeitaufwand und keine Lüge, sind zu allem entschlossen. Und sie haben ja gewusst, dass sie mir nur auf diesem Wege schaden können, denn ich habe in Ungarn kein Vermögen, keine Wertsachen und keine Interessen, meine Existenz ist materiell von ihnen nicht abhängig. Ich werde auch das natürlich irgendwie überleben. Man muss sich immer an Rainer Maria Rilke erinnern: „Wer spricht von Siegen? Überstehn ist alles."

Da ich zu Zeiten des Stalinismus in Ungarn gelebt und mich später viel mit den kommunistischen Diktaturen beschäftigt habe, kann ich sagen, dass die Leute, die hier ihr schmutziges Handwerk betreiben, an Niedertracht und in ihren Methoden den damaligen Machthabern und ihren Schergen in nichts nachstehen.

Vor Drucklegung dieses Buches erfuhr ich zum Beispiel, dass unter dem Titel „Dokumentation über Paul Lendvai – Aus der Hauptgruppenleitung des Staatssicherheitsdienstes des ungarischen Innenministeriums" Anfang Oktober 2013 eine Broschüre in deutscher Sprache erscheinen soll. Die Quelle ist pikant. Es ist nämlich die Übersetzung eines Machwerkes, das das extrem rechtsradikale, revisionistische, antisemitische, übel beleumdete Internetportal *Kurucinfo* bereits im März 2011 auf Ungarisch verbreitet hat.

Es handelt sich im Grunde um die Aufwärmung der in diesem Kapitel bereits beschriebenen und widerlegten Behauptungen. Diese werden sogar angereichert mit privaten Fotos und mit intimem Familienklatsch aus meinen an meine verwitwete Mutter in Budapest geschriebenen Briefen, die vom Geheimdienst vor einem halben Jahrhundert geöffnet, kopiert und in den Akten abgelegt wurden. Es muss dahingestellt bleiben, wer die Kosten der Übersetzung, der Drucklegung und der Verbreitung des geplanten Machwerkes finanziert.

„Calumniare audacter, semper aliquid haeret." So lautet, wie Plutarch überliefert hat, der Spruch eines Hofschranzen von Alexander dem Großen, den Goethe, noch kürzer, so formulierte: „Immer bleibt etwas hängen!"

Die Wahrheit dieses klassischen Zitats habe ich buchstäblich am eigenen Leib erfahren, sowohl in kommunistischer Zeit als auch nach dem Regimewechsel. Ich konnte und ich wollte nicht mit der Lüge leben, deshalb habe ich vor fünfundfünfzig Jahren mein Land verlassen. Und aus diesem Grund war ich mein ganzes Leben lang bemüht, Anwürfe zurückzuweisen und ihre Urheber, wo ich nur konnte, zu enttarnen – auch wenn ich mir über die immerwährende Aktualität von Plutarchs Warnung im Klaren war. Ob Arthur Koestler, Sebastian Haffner, ob Manès Sperber oder François Fejtő, sie alle haben von ähnlichen Erfahrungen berichtet. Ihre Werke und Memoiren sind für mich wegweisend geblieben, auch in meinem dritten Leben.

Altaussee, Serbien, Trianon

Seit wann bist du überhaupt im Ruhestand?

Im eigentlichen Sinn des Wortes bin ich nicht im Ruhestand, denn ich arbeite regelmäßig, Tag für Tag; kann's mir auch gar nicht vorstellen, nicht zu arbeiten, nicht zu schreiben. Soeben wurde ich vom *Deutschlandfunk* angerufen, ein Redakteur bat mich um eine Einschätzung der Verhältnisse in Rumänien und um eine Meinungsäußerung zur augenblicklichen Situation. Es ist ein gutes Gefühl zu wissen, dass meine Analysen noch gefragt sind, dass man überhaupt noch gefragt wird.

Außerdem redigiere ich ja nach wie vor die *Europäische Rundschau.*

Aber alle meine offiziellen Funktionen, also den Posten als Intendant beim ORF, habe ich aufgegeben, was damals, also 1998, Kanzler und Oppositionsführer ausdrücklich bedauerten. Einige Jahre blieb ich dem ORF noch als Berater verbunden, aber inzwischen mache ich nur noch das *Europa-Studio* im Fernsehen mit jährlich acht bis zehn Sendungen.

Du wirkst doch heute noch sehr vital, und das wird ja vor dreizehn oder vierzehn Jahren nicht viel anders gewesen sein. Warum wolltest du unbedingt in Pension gehen?

Einmal, weil ich schon fast siebzig war. Vor allem aber, um mein Buch „Die Ungarn" zu schreiben. Materielle Sorgen habe ich Gott sei Dank auch heute als Ruheständler nicht. Ich genieße eine gute Pension und verdiene immer noch etwas dazu. Wir leben in einer Mietwohnung, haben für den Sommer und zur Erholung eine kleine Wohnung in Altaussee und eine Adresse in Budapest. Das ist mein ganzes Vermögen.

Wie kamst du eigentlich auf Altaussee? Ich frage das, weil ich weiß, dass dieses kleine Dorf wichtig für dich ist. Der klassische Ferienort im steirischen Teil des Salzkammerguts liegt in der Nähe von Bad Ischl, wo einst die kaiserliche Familie zur Sommerfrische weilte.

Wir waren 1962, auf dem Weg nach Salzburg, zum ersten Mal dort. Und weil wir dieses wunderbare, ruhige Plätzchen schätzten, sind wir immer wieder dahin zurückgekehrt, wohnten in verschiedenen Hotels, und ich konnte hier wunderbar arbeiten. 1990, als man sich entschloss, einen Teil des ältesten Hotels am Ort in Privatwohnungen umzubauen und diese zu verkaufen, waren wir gerade da. Bis auf eine waren alle Wohnungen schon vergeben, so konnten wir gerade noch die letzte und kleinste erwerben. Seitdem bin ich jedes Jahr mehrmals da, meine letzten Bücher sind alle hier entstanden. Ich halte mich also nicht nur im Sommer in Altaussee auf, sondern auch im Winter, wenn es viel Schnee gibt.

Interessant ist Altaussee auch deshalb, weil im Dorf zwei Denkmale stehen. Das eine erinnert an den österreichischen Schriftsteller Friedrich Torberg – seine Frau war übrigens eine gute Freundin von Bruno Kreisky. Er musste vor den Nazis fliehen und ist die Vereinigten Staaten emigriert, wo er in Hollywood lebte; und da er seit seiner Kindheit die Sommer immer in Altaussee verbracht hatte, schrieb er in Amerika ein wunderschönes Gedicht über den Ort. Nach seiner Heimkehr aus der Emigration verbrachte Torberg wieder die Sommermonate regelmäßig in Altaussee.

Das zweite Denkmal ist Theodor Herzl, dem Begründer des politischen Zionismus, gewidmet, der früher ebenfalls hierher in die Sommerfrische kam. Ich gehe immer mit Herzklopfen ins Dorf hinunter, befürchte, jemand könnte das Denkmal besprüht oder geschändet haben. Das ist zum Glück nie passiert. Vis-à-vis von der nach Torberg benannten Gasse, auf der anderen Seite der Straße, zweigt die Bruno-Brehm-Gasse ab; der war ein Nazi-Schriftsteller. Auch die Ehefrau von Adolf Eichmann hat nach dem Verschwinden ihres Mannes hier gelebt, bevor sie ihm nach Argentinien nachreiste. Die Nazis hatten vor, sich hier in den Bergen, die

den See umrahmen, einen Felsenbunker auszubauen. So manche berühmten und berüchtigten Menschen haben sich also in diesem idyllischen Dörfchen aufgehalten. Und man gedenkt hier aller wichtigen Bewohner und Besucher ohne Rücksicht auf ihre politische Zugehörigkeit und Gesinnung.
Häufig trifft man hier auch den in Bad Aussee geborenen berühmten Schauspieler Klaus Maria Brandauer an, und zwar immer in der üblichen traditionellen Tracht, also in einer zünftigen Lederhose.
Hier geboren ist die bekannte Schriftstellerin und Übersetzerin Barbara Frischmuth, die übrigens sogar Ungarisch und Türkisch gelernt hat. Sie lebt und arbeitet hier, ihrer Familie gehörte das Hotel, in dem wir heute unsere kleine Wohnung haben.

Erlaubst du mir zwei persönliche Fragen? Die erste: Warum lebst du in einer Mietwohnung?
Nachdem ich einen Herzanfall hatte und auch Margaret schon in einem bedenklichen Gesundheitszustand war, verkauften wir unser Haus. Es war ein hübsches kleines Domizil. Wir suchten uns stattdessen eine Wohnung, wussten aber noch nicht, ob wir dort bleiben würden. Auch war noch nicht sicher, ob ich weiterhin beim ORF arbeiten oder nach England gehen und einen Ruf nach Oxford annehmen sollte. Deshalb entschlossen wir uns, zunächst eine Wohnung zu mieten. Ehrlich gesagt, ich habe mich nie wirklich mit der Frage beschäftigt, weil ich gar nicht die Zeit hatte, mich mit der dazu nötigen Energie um den Kauf einer Wohnung zu kümmern.
Vor kurzem saß ich mit einem ungarischen Kollegen zusammen, dessen Frau Immobilienmaklerin war. Er hörte sich staunend an, dass ich zwanzig Jahre lang hohe Mieten für verschiedene Wohnungen gezahlt habe, für die letzte übrigens die höchste. Die Summe hätte gut und gerne für den Kauf einer Luxuswohnung gereicht.
Aber ich bin immer davon ausgegangen – und ich konnte mir diese Ein-

stellung zum Glück leisten –, dass ich lieber verdienen statt sparen wollte. Doch ich musste einsehen, dass es eine große Dummheit war.
Als Zsóka und ich dann heirateten und sie zu mir nach Wien zog, suchten wir uns eine andere Wohnung, ebenfalls zur Miete; die ist zwar kleiner und liegt auch in einem weniger eleganten Haus, kostet dafür aber nur halb so viel Miete.

Meine zweite Frage: Du bist, wie man weiß, ein großer Auto-Fan. Hast berichtet und auch geschrieben, dass du dir vom ersten ersparten Geld einen Wagen gekauft hast. Bist du tatsächlich ein so großer Auto-Narr?
Nicht unbedingt, aber ich bin gern mobil und reise auch heute oft. Diesen ersten Wagen – es war seinerzeit ein Opel Olympia – hat Margaret „Mr. Blue“ getauft. Das alte Auto hatte schon 93.000 Kilometer auf dem Tacho und keine Heizung, im Winter hätte man darin glatt erfrieren können. In Italien ist es uns dann ganz verreckt. Daraufhin kaufte ich mir einen Opel Rekord, den meine Frau dann – auch er musste einen Namen haben – „Aphrodite“ nannte, vermutlich weil er erst 30.000 Kilometer gefahren war. 1961 erstand ich dann mein erstes nagelneues Auto, einen Hillman Cabrio, damit bin ich auch zum ersten Mal nach Budapest gefahren. Später hatte ich einen Alfa Romeo in einfacherer Ausführung, auch als Coupé. Als ich dann beim ORF war, konnte ich mir einen Audi kaufen, einen Vorführwagen, der aber erst ein paar tausend Kilometer gefahren war. 2001 leistete ich mir ein neues Audi Cabriolet. Ich fuhr es elf Jahre, vor allem deshalb so lange, weil ich immer seltener mit dem Auto unterwegs war.
Abgesehen von Fahrten nach Altaussee und Budapest fliegen wir und mieten notfalls an Ort und Stelle einen Wagen. Der Verkehr hat inzwischen solche Ausmaße angenommen, dass es wenig Spaß macht, mit dem Auto zu fahren. Früher war es eine Leidenschaft von mir, und ich schwärmte für offene Wagen. Kürzlich, nämlich 2011, habe ich mir wieder einen Vorführwagen gekauft, das Audi A5 Cabrio; weil es erst fünf-

tausend Kilometer gefahren war aber immer noch ein teurer Spaß. Außerdem verfügt dieses Auto über viele Extras, die ich bis heute nicht bedienen und nutzen kann. Aber das ist kein Wunder, denn ich fahre nicht mehr oft. Nach Budapest nehme ich allerdings immer noch das Auto, weil ich dann auch an Ort und Stelle unabhängiger bin.

Aber mich haben Autos schon als Bub fasziniert; es machte uns Kindern Spaß, die Kennzeichen der durch die Üllői-Straße fahrenden Autos aufzuschreiben; damals mussten wir noch nicht dauernd die Köpfe herumreißen, damit uns keines entging.

Die eigentliche Erklärung für meine Auto-Leidenschaft ist aber wohl, dass ich in Ungarn unter ziemlich kargen Bedingungen gelebt habe und die Wohlstandsgesellschaft in Österreich für mich eine große Anziehungskraft hatte. Früher trug ich zum Beispiel auch niemals handgenähte Hemden, doch in Wien fand ich, allerdings nur in den ersten Jahren, eine ungarische Näherin, die mir Hemden zu erschwinglichen Preisen anfertigtc. Noch dazu mit Monogramm. Seit vielen Jahren kaufe ich mir allerdings ausschließlich fertige Hemden. Auch schwärmte ich für aparte Krawatten. Für Maßanzüge hatte ich damals kein Geld, für schöne Krawatten aber schon. Ich besitze auch jetzt einige ganz besondere Stücke. Aber meine jetzige Frau mag keine Krawatten, und das muss ich akzeptieren.

Wenn wir schon bei den täglichen Gewohnheiten sind: Was den Alkohol angeht, ich trinke nur selten etwas und auch dann nicht sehr viel, hin und wieder ein Glas Wein. Und wenn mir das Schreiben einmal nicht so leicht von der Hand geht, genehmige ich mir, falls ich Lust darauf habe, einen polnischen Wodka. Der hilft – fast immer.

Fällt dir das Schreiben eigentlich leicht?

Ja, ich könnte inzwischen wohl schon im Kopfstand eincn Artikel verfassen, doch eine gewisse Unsicherheit steckt immer noch in mir; das gilt aber für jeden, der nicht in der Sprache schreibt, die er als Kind gesprochen hat. Deshalb kontrolliere ich auch alles doppelt und dreifach. Und

vielleicht klingt das, was ich schreibe oder wie ich bei meinen Vorträgen spreche, deshalb immer etwas gewählter als bei einem Muttersprachler. Möglicherweise ist das auch eine Art Zwang, den ich sicherlich niemals ablegen werde. Weißt du, wenn ich mich bei einem Wort vertippe, so ist das Lendvais Rechtschreibfehler – nicht einmal das kann er! –, wenn ein Muttersprachler danebengreift, ist es ein Tippfehler.
Anfang der Sechzigerjahre gab es ein paar Monate, in denen ich gar nicht fähig war zu schreiben, also Deutsch zu schreiben. Ich hatte eine eigenartige Hemmung, die fast zu einem Nervenzusammenbruch führte. Ich saß die ganze Zeit am Schreibtisch, konnte aber keinen vernünftigen Satz zu Papier bringen.
Dabei habe ich von Anfang an in zwei Sprachen gearbeitet, auch bei meinen Büchern. Die ersten drei waren englisch geschrieben, das vierte deutsch. „Mein verspieltes Land" verfasste ich teilweise in drei Sprachen. Das Original war deutsch, für die englische Ausgabe schrieb ich den Teil über Orbán auf Englisch, für die ungarische Ausgabe gab es ein zusätzliches neues, ungarisch geschriebenes Kapitel. Ebenso verfuhr ich bei der ungarischen Ausgabe meines großen Ungarnbuches („Die Ungarn. Sieger in Niederlagen", 1999).

Hört man bei allen Sprachen, die du sprichst, einen Akzent heraus?
Das Ungarische ist die einzige Sprache, die ich ohne Akzent spreche. Aber wenn du erst mit siebenundzwanzig auf eine andere Sprache umschalten musst, bleibt dir immer ein gewisser Akzent. Noch dazu ist der ungarische Akzent sehr prononciert; und ich hatte nie eine deutschsprachige Lebenspartnerin, an deren Seite sich mein Akzent vielleicht hätte abschleifen können. Mein ganzes Leben hier lebte ich in drei Sprachen: Meine Frau war Engländerin, und ich schrieb auf Englisch, ich lebte in Österreich, habe deshalb auch Deutsch geschrieben und deutschsprachige Sendungen gemacht. Meine Mutter, die später zu mir nach Wien übersiedelt ist, sprach mit mir immer Ungarisch. Und, wie ich schon

sagte, mein Wortschatz in den einzelnen Sprachen ist gewissermaßen eingeschränkt. Ohne eine deutschsprachige Partnerin lernte ich beispielsweise die deutschen Bezeichnungen für Haushalts- und Küchengeräte nicht, denn Margaret und ich unterhielten uns ausschließlich auf Englisch. Weil ich in Ungarn noch kein motorisiertes Fahrzeug besaß, kenne ich die ungarischen technischen Bezeichnungen für alles, was mit dem Auto zu tun hat, gar nicht.
Meine Sprache bei der täglichen Arbeit ist, wie du weißt, Deutsch, und so habe ich die Bücher ungarischer Autoren oft erst dann gekauft und gelesen, wenn sie in deutscher Sprache vorlagen.

Wieso, liest du denn leichter Deutsch als Ungarisch?
Nein, das nicht, aber weil ich ja in deutscher Sprache arbeite, muss ich, wenn ich etwas zitieren will, das Zitat auf Deutsch bringen. Ich kann ja auch nicht Sándor Márai oder Péter Nádas aus dem Stegreif ins Deutsche übersetzen. Aber natürlich habe ich zahllose ungarische Autoren auch im Original gelesen.
Und eigentlich ist ja mein ungarischer Akzent zu einer Art Markenzeichen für mich geworden. Wenn man mir beim Einkaufen in einem Geschäft sagt, ich erkenne Sie an der Stimme, so ist immer mein Akzent gemeint. Ganze Generationen sind mit meinen Kommentaren, natürlich mit Akzent gesprochen, aufgewachsen, und nie hat jemand Anstoß daran genommen.
Das Englische spreche ich übrigens mit weniger Akzent als das Deutsche, und zwar wegen des offenen E's. Damit habe ich keine Probleme. Und ich glaube auch, dass man, wenn ich Französisch oder Serbokroatisch spreche, den Akzent weniger hört. Das Serbokroatische mag ich besonders gern. Ich habe es gelernt und auch angewendet, als ich noch oft in Jugoslawien weilte. Verständigen kann ich mich in dieser Sprache also problemlos. Ivo Andrić habe ich zwar nicht im Original gelesen, doch ich verstehe viel in den Zeitungen.

Wenn wir schon beim Serbokroatischen sind und weil du so viel über Jugoslawien geschrieben, diskutiert und gesprochen hast, möchte ich dich fragen, wie dich der Bürgerkrieg berührt hat. Dich persönlich, also gefühlsmäßig, denn was du als Journalist dazu geschrieben hast, ist eine andere Sache.

Dieser Krieg hat mich erschüttert, ja niedergeschmettert, und das aus mehreren Gründen. Ich mochte Jugoslawien sehr, es war das Land, in das ich zuerst ohne Auflagen und Beschränkungen reisen konnte. Ich habe es mehrmals von einem Ende bis zum anderen bereist und fand es unbeschreiblich aufregend. Anfang der Sechzigerjahre verfasste ich für das österreichische Wochenblatt *Heute* einen umfangreichen Artikel über Jugoslawien. Dafür bekam ich von der Frau des jugoslawischen Presse-Attachés in Wien großes Lob. Sie meinte: Dieser durchaus kritische Bericht ist mit so viel Liebe und Zuneigung geschrieben, als käme er aus der Feder eines unserer einheimischen Journalisten.

Eine Ausnahme bildete Jugoslawien in meinen Augen schon deshalb, weil es das einzige Land war, in dem sich eine starke Partisanenbewegung gegen die Nazi-Okkupation bilden konnte. Sehr imponiert hat mir auch, was 1948/1949 geschehen ist. Stalin sagte zwar, er müsste nur den kleinen Finger heben und Tito wäre verschwunden, doch dieses kleine Land – im Vergleich mit der riesigen Sowjetunion tatsächlich winzig – hat sich verteidigt, und das beweist übrigens auch die Bedeutung des nationalen Faktors.

Schließlich gab es auch noch einen ganz persönlichen Grund, bei Jugoslawien Abbitte zu tun: Mit einundzwanzig hatte ich für die theoretische KP-Monatsschrift *Társadalmi Szemle* einmal einen Artikel über Jugoslawien geschrieben – eigentlich nur nachgebetete Sowjetpropaganda –, der vorwiegend davon handelte, was für ein landesweiter Widerstand sich da gegen die „Tito-Bande“ formierte. Später habe ich mich dann für diesen Artikel und auch wegen einer Broschüre aus meiner Feder sehr geschämt. Ich versuchte dadurch eine Wiedergutmachung, dass ich mich sehr intensiv mit dem Selbstverwaltungssystem Jugoslawiens befasste, nicht nur mit Hilfe von Fachliteratur, sondern auch, indem ich in die Betriebe ging und mir Einblick verschaffte. Unzählige Male war ich im Land, und nicht nur in den zentralen Regionen, sondern auch im Kosovo, in Montenegro, also da, wohin es Serben oder Slowenen gar nicht zog, es sei denn, sie mussten dort ihren Militärdienst ableisten.

Ich lernte irgendwie ihre Sprache, gewann viele Freunde und Bekannte, beim Führungspersonal, aber auch unter den einfachen Leuten. Ich drehte Filme über das Land und kann sagen, dass Jugoslawien damals ein irgendwie besonders bedeutsamer Teil meines Lebens war. Beim großen Erdbeben in Skopje 1962 kam ich als erster westlicher Berichterstatter zum Ort des Geschehens.

Später landete ich natürlich auch dort auf der Schwarzen Liste, weil ich die Nationale Bewegung in Kroatien unterstützte. Ich schrieb im *Standard* einen umfangreichen Artikel über Kiro Gligorov – er war damals Finanzminister, später wurde er erster Präsident der Republik Mazedonien, vor kurzem ist er gestorben. Und ich kannte die Philosophen um die Zeitschrift *Praxis*, die den Marxismus menschlicher machen wollten; auch über sie, über Svetozar Stojanović und Mihailo Marković, habe ich als erster geschrieben. 1967 war ich auf Korčula beim Treffen der oppositionellen marxistischen Philosophen. Beim nächsten Treffen im Jahr 1968 haben ebendiese Philosophen, unter ihnen die Ungarin Ágnes Heller, die sogenannte Deklaration von Korčula unterzeichnet, in der sie gegen die militärische Intervention der Warschauer-Pakt-Staaten in der Tschechoslowakei protestierten.

Für mich war Jugoslawien damals so etwas wie ein Trost, dass der Traum von einer sozialistischen Demokratie noch existierte. Später musste ich einsehen und habe es dann auch geschrieben, dass die nationalen Ideologien stärker waren als die Solidarität zwischen den einzelnen Ethnien.

In meinem ersten Buch, „Der rote Balkan" (1969), ging es um den Balkanraum, in erster Linie aber um Jugoslawien; auch später habe ich mich mit dem Land noch oft beschäftigt, im Fernsehen gab es immer wieder Dokumentationen zu dem Thema. In einer Sendung über Kroatien versuchte ich, die heikle nationale Frage aufzuarbeiten. Daraus wurde dann ein großer Skandal, denn zu der Zeit hat man die Spannungen zwischen den Volksgruppen noch verschwiegen. Man warf mir vor, ich wolle der Sowjetunion in die Hände arbeiten, weil ich den Zerfall Jugoslawiens fördere.

Ja, der Jugoslawien-Krieg hat mich wirklich in mehrfacher Hinsicht erschüttert, zum einen deshalb, weil ich in allen Landesteilen persönliche Freunde hatte, und zum anderen, weil ich doch stets der Meinung war, dass wenigstens die junge Generation an den Gesamtstaat Jugoslawien glaubte. Doch dann musste ich erleben, dass junge Soldaten nicht nur ihre „Landsleute" erschossen, sondern die Toten auch noch mit Füßen traten. Wieder konnte ich aus diesem schrecklichen Krieg nur die Lehre ziehen, dass Nationalismus ein tödliches Gift ist.

Und deshalb ist es umso schmerzlicher für mich zu sehen, in welchem Ton ungarische Zeitungen und ungarische Politiker über Nachbarländer und deren Regierungen schreiben und reden.

Bleiben wir noch eine Weile bei dem verhängnisvollen Balkan-Krieg, wenn du nichts dagegen hast. Mich würde nämlich auch interessieren, wie du über die Ursachen dieses Krieges denkst und ob du glaubst, dass diese wahrhaft anachronistische Tragödie zu vermeiden gewesen wäre.

In der ganzen traurigen Geschichte spielten die Unwissenheit über diesen Teil Europas, aber auch Gleichgültigkeit und vielleicht sogar materielle Interessen eine große Rolle. Die Unwissenheit fing damit an, dass die Amerikaner – die seinerzeit bei der Bewahrung der Unabhängigkeit Jugoslawiens sehr wichtig waren, weil sie begriffen, dass Titos Partei zwar eine kommunistische war, ihm die Unabhängigkeit von der Sowjetunion aber mehr bedeutete als die Ideologie – jetzt nicht verstanden, was für eine gewaltige, vernichtende Sprengkraft im Nationalismus steckte. Deshalb hat der amerikanische Außenminister James Baker im Sommer 1991 in Belgrad noch für den Einheitsstaat Jugoslawien plädiert. Sie haben nicht mit den verheerenden Folgen des Nationalismus gerechnet. Titos Leitsprüche von Brüderlichkeit und Solidarität verfingen nicht mehr; wo keine Brüder sind, gibt es auch keine Brüderlichkeit mehr. Der große kroatische Schriftsteller Miroslav Krleža formulierte es treffend, als er sagte, dass Konflikte zwischen den Nationen mit der Sprache beginnen und mit Messern enden.

Die Regierenden beziehungsweise die hinter ihnen stehenden Ratgeber dachten immer noch in den Kategorien der kroatischen Ustascha und der serbischen Tschetniks; zudem waren sie beeinflusst von den Lobbyisten der verschiedenen nationalistischen Gruppen in Jugoslawien.

Doch man hätte zur Kenntnis nehmen müssen, dass dieses zweite Jugoslawien nach der Auslöschung des ersten Staates durch die Achsenmächte 1941 seine Fähigkeit verloren hatte, ein Einheitsstaat zu sein und zu bleiben. Die Politiker Westeuropas haben versagt, als der serbische Chauvinismus, dieser verwegene Traum von einem Großserbien, den Krieg auslöste; sie haben versagt in ihrer Politik gegenüber den selbständig gewordenen Landesteilen, sie haben dann im bosnischen Krieg versagt und schließlich, als man in Südserbien und im Kosovo die Albaner verfolgte. Sie erkannten nicht den Zündstoff, der in all dem steckte. Als der Krieg ausbrach, konnten sie die Folgen nicht einschätzen und hatten keine Idee, wie man dem gegenseitigen Morden ein Ende setzen könnte. Europa war ein zahnloser Löwe, ein Papiertiger, der außer feierlicher Rhetorik nichts zu bieten hatte.

Zu der Tragödie trug auch bei, dass der Titoismus, der leider nur als Glasur gedient hatte, ein viel zu schwacher Deckel auf einem brodelnden, explosiven Dampfkessel war. Jedenfalls gab es hier das erste große Fiasko der europäischen Solidarität, denn ohne die Einmischung der Vereinigten Staaten, der NATO, amerikanischer Flugzeuge und Waffen konnte man dem Gemetzel kein Ende machen.

Ich habe die Einmischung Amerikas damals gutgeheißen, obwohl manch einer in Ungarn sie verurteilte, unter ihnen György Konrád. Andererseits schrieb Péter Nádas einen scharf formulierten Artikel gegen den großserbischen Nationalismus. Und bis heute ist der Konflikt nicht ausgestanden. Bosnien und der Kosovo bleiben Zeitbomben.
Es gibt nur einen Bereich, in dem kein nationaler Zwist herrscht, das ist das Feld der Korruption und des Verbrechens. Albanische und serbische Kriminelle unterhalten gemeinsame Netzwerke und lassen einträchtig in Hamburg Prostituierte für sich laufen; nur das Verbrechen kennt wirklich keine Grenzen, ist tatsächlich international.

Möglich, dass deine Generation das anders sieht, ihr habt ja den Zweiten Weltkrieg erlebt, wenn auch nur als Kinder und Heranwachsende. Ich aber gehöre einer Generation an, die ihr ganzes Leben lang in Frieden gelebt hat, für uns war es erschütternd zu sehen, dass es in Europa noch immer möglich ist, als Mittel der Kriegführung massenhaft Menschen zu ermorden, Frauen zu vergewaltigen, Leute zu Hunderttausenden aus ihrer Heimat zu vertreiben, während wir, die Nachbarn, keine zweihundert Kilometer entfernt, tatenlos zusehen und unser Leben seinen gewohnten Gang nimmt, als ob nichts geschähe.
Und dann gibt es da ja noch Ereignisse, die heute schon fast vergessen oder verdrängt sind, die aber von erschreckender moralischer Abgestumpftheit und Ignoranz zeugen. Srebrenica. Wo Mladićs Soldaten siebentausend unbewaffnete junge Burschen und alte Männer ermordet haben, während die niederländische Einheit, die zum Schutz der Stadt und der Menschen dorthin kommandiert war, in völliger Passivität verharrte. Mehr noch, das Bild, auf dem der niederländische Kommandant mit Ratko Mladić auf beiderseitige Gesundheit anstößt, ging um die Welt. Das ist in den Niederlanden bis heute eine offene Wunde. Und es hat siebzehn Jahre gedauert, bis die Massenmörder Mladić und Karadžić aufgespürt wurden. Nicht weil man sie nicht gefunden hätte, sondern weil

man sie nicht finden wollte. Der Westen war nicht bereit, das politische Risiko zu übernehmen. Zoran Djindjić, der Milošević 2001 an den Haager Internationalen Gerichtshof auslieferte und den ich deshalb schätzte, wurde offenbar eben deshalb umgebracht.
Die Gleichgültigkeit und Ohnmacht aber hält bis heute an: Dem Haager Tribunal geht während des Prozesses das Geld aus, die Anklagepunkte sind falsch formuliert, also wird wohl Karadžić in einigen Anklagepunkten freigesprochen werden müssen; dabei würde man hier, wie damals in Nürnberg, die besten Juristen brauchen. Der Westen scheint immer noch nicht begriffen zu haben, was da auf dem Spiel steht.
Das vielstimmige Europa ist eine große Sache, kann aber sein hässliches Gesicht zeigen, wenn Sonderinteressen oder Gleichgültigkeit die Oberhand gewinnen und es wegen diverser historischer Divergenzen nicht einheitlich auftreten kann.

Du hast unglaublich oft über Nationalismus geschrieben und gesprochen, und auch darüber, dass er, wie du vorhin sagtest, der gefährlichste Sprengstoff ist, der bekanntlich eine verheerende Wirkung entfalten kann. In Europa ist es heute Viktor Orbán, der die nationalistische Ideologie am rigorosesten vertritt. Nicht nur, weil er in seinem Land alles „der Nation" unterordnet, sondern auch, weil dies ein speziell ungarischer Herrschafts-Chauvinismus mit ausgeprägtem Hang zu rassistischer Überheblichkeit ist. Was meinst du, wohin das möglicherweise noch führen kann?
Ich glaube, dass der Nationalismus heute die größte Gefahr in Mitteleuropa ist, denn er hat eine nachhaltige und zugleich ansteckende Wirkung auf die jeweiligen Nachbarstaaten. Nationalismus gibt es in jedem Land; zum Teil ist das die vorhandene, instinktiv wirksame Ablehnung der Europäischen Union. Man möchte die Angelegenheiten des eigenen Landes nicht von außerhalb bestimmt wissen.
Ungarn ist aber deshalb ein ganz spezieller Fall, weil das Land drei Nach-

barländer hat, für die die Aufteilung Ungarns gemäß dem Friedensvertrag von Trianon 1920 die nationale Erneuerung bedeutete: Rumänien, die Slowakei und Serbien, das heißt Siebenbürgen, Oberungarn und die Vojvodina.
In den vergangenen zwanzig Jahren ist in all diesen ehemals zu Ungarn gehörenden Gebieten der ungarische Anteil an der Bevölkerung kontinuierlich zurückgegangen. Denn wie überall in Europa sind die Geburtenraten gesunken, die Assimilierung durch Mischehen ist weit fortgeschritten, und viele Ungarn sind ins sogenannte Mutterland umgezogen. Ungeachtet dessen wird in Ungarn eine Art verdeckter Kleinstaaten-Imperialismus immer stärker und schärfer. Das hat wieder dreierlei Ursachen: Erstens die Haltung der ungarischen Regierung zum Nationalismus, zweitens das Verhältnis zu den ungarischen Minderheiten und drittens das Verhältnis zu den Nachbarländern.
Was die Nationalitätenfrage angeht, ist die Slowakei das sensibelste Land, weil dort die ungarische Minderheit einigermaßen kompakt auf einem geografisch eng begrenzten Raum und noch dazu entlang der Landesgrenze zu Ungarn lebt. Anders in Rumänien, wo die ungarische Minderheit viel verstreuter siedelt und die größte kompakte Gruppe weit von der ungarischen Grenze im Herzen Siebenbürgens lebt. Das erklärt auch die Empfindlichkeit der slowakischen Mehrheitsnation und der Regierung in dieser Frage. Deshalb habe ich seinerzeit den Standpunkt des ungarischen Staatspräsidenten László Sólyom für eine völlig unverständliche Provokation gehalten, dass er in der Slowakei beziehungsweise im dortigen Siedlungsgebiet der Ungarn nach Lust und Laune auftreten und Veranstaltungen mit der Bevölkerung organisieren könne, ohne sich mit seinem slowakischen Kollegen oder dem Außenministerium abzustimmen. Österreich ist in Südtirol oder Deutschland bei den Sudetendeutschen oder im heute französischen Elsass niemals so verfahren.
Die ganze Angelegenheit ist umso unverständlicher, als die Grenzen doch bedeutungslos werden sollen und wir Gott sei Dank auf dem Weg zu

einem grenzenlosen Europa sind. Aber in Ungarn erleben wir heute nicht nur, dass das ungarische Parlament mit Zweidrittelmehrheit als erstes einen Trianon-Gedenktag einführt und den dann auch noch als Tag des nationalen Zusammenhalts deklariert; zudem wird in rechtslastigen Zeitungsartikeln und Äußerungen von Politikern ein Ton angeschlagen, der an die Zwanziger- und Dreißigerjahre in Deutschland erinnert, als die Blätter des Hugenberg-Konzerns nationalistische Parolen verbreiteten und damit Hitler den Weg ebneten. Das wäre im Europa des 21. Jahrhunderts in einem anderen Land so nicht vorstellbar. Welche Gefahren man auf diese Weise heraufbeschwört, das beweisen alle Meinungsumfragen.

Woran genau denkst du da?
Etwa daran, dass die Menschen in Ungarn immer noch glauben, dass es in Cluj-Napoca (Klausenburg) oder Bratislava (Pressburg) nach wie vor eine ungarische Bevölkerungsmehrheit gäbe, obwohl dort gegenwärtig nicht mehr als fünf oder acht Prozent Ungarn leben. Man nährt also, indem man die historischen Fakten instrumentalisiert, bewusst die Unwissenheit. Die nationale Tragödie, die fast ein Jahrhundert zurückliegt, wird als Munition verwendet, die Veränderungen in Europa, ihre Richtung und ihre Möglichkeiten werden falsch interpretiert und ganze Generationen infiziert. Zudem schreibt man die ungarische Geschichte um und versucht mit aller Kraft, Ungarn mit dem Bazillus des Nationalismus zu infizieren. All das geschieht aber nicht nur, weil die Fidesz-Partei damit Wähler der rechtsextremen Jobbik-Partei für sich ködern will, also aus machtpolitischem Kalkül, sondern weil das in Wahrheit ihre Ideologie ist.
Man schwärmt heute nicht mehr, wie in der Horthy-Zeit, von Groß-Ungarn, die Parole heißt jetzt: „politisch einheitliche Nation“, was aber im Grunde dasselbe ist. Dieser Geist beherrscht nicht nur die politischen Festreden, das gedruckte und gesprochene Wort, sondern erfasst auch das Alltagsleben. Der Nationalismus ist inzwischen sogar in der Mode sichtbar geworden, ja sogar bei der Verpackung von Waren liebt man das

nationalistische Accessoire. Doch das ist brandgefährlich. Hinzu kommt, dass eine derartige Politik des Mutterlandes auch die Arbeit der politischen Vertretungen der ungarischen Minderheiten in den Nachbarländern erschwert, ja unmöglich macht. Dabei kann heute – wer hätte das früher zu träumen gewagt – ein Angehöriger der ungarischen Minderheit beispielsweise rumänischer Kultur- oder Gesundheitsminister werden. So etwas hat es schon gegeben. Doch dieser in den vergangenen zwanzig Jahren allmählich und unter großen Schwierigkeiten errungene Modus vivendi wird von Orbán und Konsorten jetzt mit Forderungen nach Autonomie und ihrem unsäglichen Nationalismus kaputt gemacht. Überall sät man Streit und sprengt die lokalen ungarischen Parteien, nur um Fidesz-loyale Politiker in einflussreiche Positionen zu bringen. Kein Wunder, dass aufgrund solcher Ränkespiele die politischen Vertretungen der Minderheit in der Slowakei und in Rumänien spürbar geschwächt wurden. So schadet man den eigenen Minderheiten und auch der Mehrheit im Nachbarland.

Deshalb kann ich Leute wie die Politiker in der Slowakei (ob sie nun ungarischstämmig oder slowakisch sind) Béla Bugár, Rudolf Chmel oder László Szigeti nur bewundern, denen es trotz des ungarischen wie slowakischen Nationalismus beziehungsweise der ständigen Einmischung und Erpressung seitens der ungarischen Regierung gelungen ist, die gemeinsame slowakisch-ungarische Partei Híd-Most zustande zu bringen. Oder auch die Politiker des Demokratischen Verbandes der Ungarn in Rumänien, die nicht kapitulierten, als der ungarische Parlamentspräsident László Kövér sich entschloss, einen ungarischen Schriftsteller mit Nazi-Vergangenheit in Siebenbürgen neu bestatten zu lassen. Es fällt mir schwer zu begreifen, dass einer der höchsten Würdenträger Ungarns sich nicht zu schade war, durch diese feierliche Neubestattung eines drittrangigen faschistischen Autors die ungarisch-rumänischen Beziehungen aufs Spiel zu setzen, indem er mit seinem Anliegen durch ganz Siebenbürgen pilgerte – zum Glück ohne jeden Erfolg.

Ja, diese Kövér-Aktion fand sicher nicht zufällig ausgerechnet vor den rumänischen Wahlen statt. Das ist ungefähr so, als wenn das deutsche Staatsoberhaupt Joachim Gauck vor den französischen Wahlen für eine Woche ins Elsass führe, um dort für eine Partei der deutschen Minderheit mit extrem nationalistischem, „ethnischem" Programm eine Kampagne zu bestreiten.

So etwas ist ja ganz unmöglich und nur geeignet, im Gegenzug den rumänischen Nationalisten eine Trumpfkarte zuzuschieben.

In Serbien zeigen ähnliche Aktionen von ungarischer Seite am wenigsten Wirkung, weil man dort mit ganz anderen, schwierigeren Problemen zu kämpfen hat als mit der ungarischen Minderheit – nämlich mit den Moslems oder den Albanern. Zudem war das frühere Jugoslawien das Musterbeispiel einer aufgeklärten Minderheitenpolitik; es erlaubte sogar, dass die Ungarn in der Batschka-Region zum Schutz der siebenbürgischen Ungarn gegen Ceauşescu auftraten.

Andererseits wissen wir, wie stark auch in Serbien der Nationalismus war und ist, auch weil die serbische Nation seit dem Zerfall Jugoslawiens, dem Verlust des Kosovo und wegen der serbischen Minderheiten in den anderen Nachfolgestaaten erst ganz frisch amputiert ist. Die ungarischen Wunden sind seit Langem vernarbt, die serbischen aber bluten noch.

So führt also die nationalistische Politik der heutigen ungarischen Regierung zu einem mit allen Mitteln wieder aufgepeitschten Nationalstolz, der dem Land im Laufe seiner Geschichte schon sehr viel Unheil beschert hat. Wahrhaft lebensgefährlich aber ist er unter den derzeitigen Umständen, also mitten in einer Wirtschaftskrise, in der die Nerven aller Beteiligten ohnehin blank liegen.

Aus vielen historischen Beispielen sollten wir wissen, dass das Schüren des Nationalismus die Völker dazu bringt, im Streit um ihre Interessen übereinander herzufallen. Wer bei der Durchsetzung seiner politischen Ziele die schrecklichen Erfahrungen übersieht oder gar nicht sehen will,

dem fehlt es nicht nur an Nüchternheit und Weisheit, er ist für ein politisches Amt nicht legitimiert.
Diese Einsicht darf man nicht verharmlosen, weil sonst nicht nur die Zukunft Ungarns gefährdet ist, sondern auch die Geschicke Mitteleuropas und sogar Gesamteuropas betroffen sind. Das Beispiel des Jugoslawien-Kriegs vor kaum zwei Jahrzehnten sollte doch abschreckend genug wirken. Solche Gefahren gilt es zu verhindern.
Es darf nicht sein, dass die ungarische Regierung die in den Nachbarstaaten lebenden ungarischen Minderheiten auf diese Weise für ihre Zwecke instrumentalisiert, sie für ihre innenpolitischen, ja für ihre Herrschafts-Ambitionen missbraucht. Niemand darf sich einmischen, wenn es um die inneren Angelegenheiten der Minderheiten geht, schon gar nicht in die Beziehungen zwischen Mehrheit und Minderheit in einem Land, solange die Minderheitenrechte dort nicht beschnitten werden. Aber selbst dann ist so zu verfahren, wie es Theodore Roosevelt einmal geraten hat: „Speak softly and carry a big stick …“ „Sprich sanft, doch trage stets einen großen Knüppel bei dir, dann wirst du weit kommen.“

Juden, Ungarn, Rumänen

Ich glaube, Siebenbürgen ist für dich eine Herzensangelegenheit, als Kind hast du mit deiner Mutter immer die Sommerferien dort verbracht. Alle deine Verwandten mütterlicherseits lebten in Siebenbürgen, bis sie verschleppt und in den Konzentrationslagern ermordet wurden. So verbindest du viele schöne und böse Erinnerungen mit dieser Region.

Ja, meine erste Auslandsreise führte nach Siebenbürgen, denn in meiner Kindheit gehörte es noch oder schon zu Rumänien. Die Sommerfrische dort und schon die Reise da hin waren ein großes Erlebnis; nicht nur wegen der vielen Verwandten, sondern auch, weil wir immer aufregende Ausflüge machten, die damals einfach dazugehörten. Hin und wieder fuhren wir nach Sovata hinüber, anfangs mit dem Pferdewagen, später mit Bahn oder Autobus. Es gibt nämlich in Sovata einen Salzwassersee wie das Tote Meer, in dem du, ohne zu schwimmen, an der Wasseroberfläche bleibst.

Ich erinnere mich, dass sich meine Mutter und ihre jüngere Schwester vierzig Jahre später darüber stritten, ob meine Mutter schwimmen konnte oder nicht, denn im Bären-See, so hieß das Gewässer, war das nicht festzustellen. Wir haben uns auch mit dieser Tante, die ich sehr gern hatte, alljährlich im Sommer in Parajd getroffen. Sie war Schneiderin, besaß in Bukarest einen kleinen Modesalon, hatte aber ihr Handwerk in Budapest und sogar in Paris gelernt, war also eine weitgereiste Frau. In Parajd, der deutsche Name ist übrigens Praid, tauchte ich natürlich in ein ganz anderes Milieu ein als daheim und bei Vaters Verwandten, den Intellektuellen und sogenannten Lateinern. Aber ich habe es immer sehr genossen.

Das große Ereignis für uns alle war natürlich, als 1940 nach dem Zweiten Wiener Schiedsspruch ein Teil Nordsiebenbürgens wieder an Ungarn fiel. Doch dann folgte Mai 1944, der Beginn der Deportationen. Sämtliche Briefe, die Mutter nach Parajd schrieb, kamen mit dem Vermerk „unbekannt verzogen“ zurück. Da fiel ein langer Schatten auf die Erinnerung an mein Kinderparadies. Heute wissen wir dank dem Chronisten des ungarischen Holocausts, Randolph Braham, wann genau diese Menschen zusammengetrieben und aus welchen Dörfern sie zu den Sammelplätzen geschleppt wurden, von denen es dann weiterging nach Auschwitz.

Die Erinnerung an Parajd und Siebenbürgen trage ich mein Leben lang mit mir herum. Ich habe die Bücher von Áron Tamási, dem großen Chronisten Siebenbürgens, ja sogar die Erzählungen von József Nyírő gelesen. Wer konnte damals schon wissen, dass dieser Autor aus Siebenbürgen und spätere Parlamentsabgeordnete der ungarischen Pfeilkreuzler einmal Symbolgestalt der heute regierenden Fidesz-Partei, ihrer Restaurationsversuche und politischen Kämpfe werden sollte und dass man seine sterblichen Überreste siebzig Jahre später heimlich durch ganz Siebenbürgen schleifen würde.

Ganz besonders erschüttert war ich, als ich aus dieser meiner Lektüre erfuhr, welch entscheidende Rolle für das Drama der siebenbürgischen Juden 1944 die Tatsache gespielt hatte, dass damals dieser Teil von Siebenbürgen an Ungarn zurückfiel. Dadurch stieg nämlich die Zahl der Juden, infolge der nationalsozialistischen Nürnberger Gesetze und der ungarischen Gesetze – also getaufte Juden inbegriffen –, von 400.000 auf 825.000, und davon lebten mehr als 300.000 im wieder mit Ungarn vereinten Siebenbürgen; zu ihnen gehörten auch meine Großeltern.

Ihre Tragödie war, dass man nun ausgerechnet diejenigen, die von der ungarischen Armee „befreit“ worden waren und erneut ungarische Staatsbürger wurden, 1944 der Freiheit beraubte – auch ohne dass sich die Deutschen eingemischt hätten –, sie in Ghettos sperrte und schrecklich quälte, wenn man vermutete, dass sie Wertsachen versteckt hatten. Sie

wurden schließlich zu jeweils siebzig in Viehwaggons gepfercht und nach Auschwitz transportiert.
Diejenigen aber, die in Süd-Siebenbürgen lebten, das unter rumänischer Verwaltung blieb, haben alle die Judenverfolgung überlebt. Unter ihnen war auch einer meiner Onkel, der hierher zum Arbeitsdienst geschickt worden war, oder der spätere Direktor der Wiener Staatsoper, Ioan Holender, der mit seinen Eltern in Temeswar lebte und deshalb mit dem Leben davonkam.
Meine Großeltern und meine gesamte Verwandtschaft, die sich alle immer zu Ungarn bekannt hatten, als Ungarn fühlten und Ungarisch sprachen – ich habe dort nie ein jiddisches Wort gehört –, aber wurden verschleppt und umgebracht, nur weil sie wieder „Ungarn" geworden waren. Dasselbe Schicksal drohte meinem Onkel Oszkár in Bratislava, obwohl er ein überzeugter, begeisterter Ungar war und als Arzt Kriegsdienst leistete.

Das faschistische Rumänien war demnach humaner als das Ungarn der Pfeilkreuzler? Wie kann so etwas möglich sein?
Humaner sicher nicht, auch in Rumänien galten Judengesetze, und Antonescu, der seit 1940 der Führer in diesem Land war, hielt sich selbst für einen überzeugten Antisemiten.
In diesem Zusammenhang gibt es zurzeit einen Skandal, weil ein Mitglied der jetzigen Victor-Ponta-Regierung erklärt hat, in Rumänien habe es keinen Holocaust gegeben; insgesamt seien in der Stadt Iaşi nur vierzig Personen umgebracht worden, und die Verantwortung dafür liege bei den Deutschen. Dies ist natürlich eine Lüge, in Iaşi, also Jászvásár, hat die sogenannte Eiserne Garde mit der Ermächtigung von Antonescu und der rumänischen Regierung zehn- bis zwölftausend Menschen ermordet. Die damalige Regierung betrachtete nämlich diejenigen, die in Siebenbürgen oder im Regat, also in den Landesteilen jenseits der Karpaten, lebten, als Rumänen. Dagegen galten Menschen, die in dem von der Sowjetunion zurückeroberten Bessarabien, also im Gebiet der heutigen Republik Mol-

dau, oder in der Bukowina nahe der ukrainischen Grenze wohnten, wegen ihrer Bindung an Russland nicht als Rumänen. Sie wurden auch ermordet, etwa dreihunderttausend Menschen.

In Bulgarien sind dagegen alle fünfzigtausend Juden mit dem Leben davongekommen. Das gleiche gilt für Dänemark. Aber alle Juden, die in dem von Bulgarien eroberten Mazedonien zu Hause waren, sind ebenfalls umgebracht worden, weil man sie nicht für Bulgaren hielt.

Das bedeutet auf gut Deutsch: Das einzige Land, das die auf seinem ursprünglichen Territorium lebenden Juden, also die eigenen Staatsbürger, ausgerottet hat, ist in diesen Breiten Ungarn gewesen. Denn Horthy betrachtete Juden, die in den aufgrund des Wiener Schiedspruchs wieder besetzten Gebieten lebten, nicht als Ungarn. Doch meine Großeltern waren Ungarn, wie alle ihre in ungarischer Sprache ausgestellten Papiere beweisen.

Und wie war das in Oberungarn, also in der heutigen Slowakei?

In der Tschechoslowakei war der jüdische Teil der ungarischen Minderheit wie in Rumänien einer doppelten Schikane ausgesetzt – als Ungarn und als Juden. Deshalb betone ich stets, dass nicht nur die Tragödie der deutschen und der österreichischen Juden etwas absolut Einmaliges gewesen ist, sondern auch die Lage der jüdischen Ungarn, denn in keinem anderen Land waren die Juden mit solch einer tragischen Situation konfrontiert. Der Historiker György Ránki schreibt dazu: Was damals geschehen ist, war die gemeinsame Tragödie der Ungarn und der Juden. Das wurde mir auch bei jeder meiner Reisen nach Siebenbürgen bewusst.

Hast du nicht einmal erwähnt, dass du dich nur selten mit der Vergangenheit, mit Judenverfolgung und Holocaust und auch mit dem Schicksal deiner Großeltern beschäftigt hast, als du 1957 nach Wien kamst, dein Leben neu zu gestalten hattest und viel arbeiten musstest?

Doch, so war es. Ich habe mich nie mit diesem Problem beschäftigt; ich

wollte doch als junger Mensch, der ich damals war, die Gesellschaft verändern, und dabei spielte meine Herkunft, das Schicksal meiner Familie, für mich keine Rolle. Es ist auch vorher in Budapest für mich kein Thema gewesen. Damals galt all meine Aufmerksamkeit noch der sozialistischen Jugendbewegung. Auch in Wien hatte ich mit dieser Thematik nichts zu tun, als Journalist interessierte mich die Außenpolitik. Und überhaupt machte ich mir zu eigen, was Hermann Hesse gesagt hat: „Ich bin gerne Patriot. Aber vorher Mensch. Und wo beides nicht zusammengeht, gebe ich immer dem Menschen Recht." In Wien habe ich demnach als Mensch mein Leben gelebt. Mit meiner Identität als Jude beschäftigte ich mich so lange nicht, bis ich wieder damit konfrontiert wurde.
Und das geschah so: 1965 gab es in Wien eine große Demonstration gegen einen österreichischen Professor, der antisemitische Äußerungen gemacht hatte. Einer der Demonstranten wurde von einem Rechtsextremen niedergeschlagen, er stürzte unglücklich und starb an seinen Verletzungen. Damals hat mich das Wiedererstehen der unseligen Vergangenheit erschreckt und betroffen gemacht; in einem Artikel für die *Furche*, das auch heute noch existierende katholische Wochenblatt, habe ich mein Entsetzen darüber zum Ausdruck gebracht: Ich schilderte darin das Schicksal meiner Familie, schrieb über meinen Vater und unsere Verbindung zu Österreich.
Dieser Artikel löste etwas aus, womit ich nicht gerechnet hatte: Der damalige Chefredakteur der Wiener *Presse*, Otto Schulmeister, las ihn und entschied, er lege bitteschön auf weitere Analysen von mir als Osteuropa-Experte keinen Wert mehr, weil ich „zu emotional" reagiere. (Zehn Jahre später hat er mich allerdings zurückgeholt …)
Über einen weiteren Fall, der mich bewegte, nämlich den Kreisky-Wiesenthal-Konflikt, in dem es um Mitglieder der Kreisky-Regierung mit Nazi-Vergangenheit ging, haben wir schon gesprochen. Dazu kamen Kreiskys ziemlich widersprüchliches Verhältnis zu Israel, aber auch eine in Polen losgetretene antisemitische Kampagne, bei der der Sechs-Tage-

Krieg zwischen Israel und den arabischen Ländern eine wichtige Rolle spielte.

Im Westen wurde Israel zu sehr gefeiert, in Osteuropa aber provozierte das, nicht nur in Polen, sondern auch in der Tschechoslowakei und in der Sowjetunion, antisemitische Kampagnen.

Infolge all dieser Ereignisse schrieb ich mein Buch „Antisemitismus ohne Juden". Probleme der Gegenwart brachten mich also wieder zurück in die Vergangenheit. Die Erkenntnis, dass der Antisemitismus stets ein probates Mittel in der Hand hemmungsloser Politiker ist, um abzulenken, um die Massen zu manipulieren, ist ja nicht neu. August Bebel nannte den Antisemitismus „Sozialismus der Dummen", und er hatte Recht damit.

Aber ich hatte noch ein gravierendes Erlebnis: In einem kleinen österreichischen Städtchen, in Gunskirchen, hielt ich einen Vortrag. Die Leiterin der Bibliothek, die die Veranstaltung organisiert hatte, erzählte mir, dass es in der Nähe ein Internierungslager gegeben habe, in dem auch viele Ungarn gewesen waren, die man aus Mauthausen nach Gunskirchen weitertransportiert hatte. Zusammen mit ihr ging ich zu dem Denkmal für das ehemalige Lager. Daheim begann ich dann nachzulesen, was in diesem Lager alles geschehen war. Die Schilderungen haben mich zutiefst erschüttert.

Ich kann es nicht anders sagen, als es Hugo von Hofmannsthal im „Rosenkavalier" so treffend formuliert hat, dass sich nämlich mit dem Alter alles verändert und alles wiederkehrt. Wenn ich darüber nachdenke, erkenne ich, dass es damals, im Oktober 1944, ein riesengroßer Zufall war, dass ich davongekommen bin und nicht endete wie unzählige andere auf dem Todesmarsch nach Gunskirchen. Seit dieser Zeit schleppe ich dieses Wissen mit mir herum.

Und diese Last ist wahrscheinlich noch bedrückender geworden durch das, was dir seit Anfang der Neunzigerjahre in Ungarn widerfährt, oder?

Nicht nur in Ungarn, leider auch in den anderen Ländern des früheren Ostblocks. In dem seit den Neunzigerjahren wiedererstarkten Antisemitismus und natürlich im Nationalismus lag der Keim dessen, was sich heute in Orbáns Regierung, in der Anwesenheit der Jobbik-Vertreter im Parlament und in einem entsprechenden Stimmenverhältnis äußert. Es gibt in der ungarischen Umgangssprache schon wieder einen ganz bestimmten Zungenschlag, ganz so, als seien all die widerwärtigen, unmenschlichen Scheußlichkeiten – von den Judengesetzen bis zur Judenverfolgung – gar nicht geschehen.
Deshalb hat mich auch die Diskussion so überrascht, die ihr im *Galamus*-Internetportal über bis heute in der ungarischen Geschichtsschreibung vorhandene antisemitische Ausdrucksweisen eröffnet habt. Betroffen macht mich vor allem, dass viele so reagieren, als lebten wir noch immer zu Beginn des letzten Jahrhunderts, als die Zeitschrift *Huszadik Század* („Zwanzigstes Jahrhundert“) ihre Sondernummer zur Judenfrage herausgab, in der die verschiedenen geistigen Strömungen des ungarischen Judentums zur Sprache kamen und auch die Vertreter des modernen ungarischen Antisemitismus ihre Meinung kundtaten. Aber inzwischen ist doch eine „Kleinigkeit“ geschehen, in und aus Ungarn sind weit mehr als eine halbe Million, auf der Welt sechs Millionen Menschen aus rassischen Gründen umgebracht worden.
Das, was heute schon wieder erlaubt ist, und diese Einerseits-Andererseits-Argumentation, empören mich, und ich sage es ehrlich, all das trägt zu der kritischen Einstellung bei, die ich heute Ungarn gegenüber habe.
Zugleich zitiere ich oft Kreisky, der einmal meinte, auch die Kaninchen sind gegen die Vivisektion. Was bedeuten sollte, dass es doch nichts Ungewöhnliches sei, wenn ein ungarischer, österreichischer oder französischer Jude gegen den Antisemitismus ist.
Im wahrsten Sinne des Wortes beeindruckt mich mehr, wenn sich ein nicht jüdischer Ungar, Österreicher oder Franzose unbarmherzig gegenüber dem Antisemitismus verhält.

Deshalb schätze ich in Ungarn Essayisten wie Rudolf Ungváry und so bedeutende Schriftsteller wie Pál Závada, Péter Esterházy und Lajos Parti Nagy, und natürlich auch dich, Zsófia Mihancsik, die öffentlich und laufend ihre Stimme gegen den Antisemitismus erheben. Und deshalb verachte ich ungarische Juden, die bereit sind, auf der antisemitischen rechten Seite die Rolle eines Feigenblatts zu übernehmen oder sich als Dekoration zur Verfügung stellen.

Ich glaube nicht daran, dass man dem Antisemitismus oder irgendeiner Form des Rassismus in einer wehrlosen Gesellschaft nur dadurch Einhalt gebieten kann, dass ein paar Intellektuelle ihre Stimmen erheben. Viel wichtiger wären eine beispielgebende Haltung der an der Macht Befindlichen und durch Gesetze gewährte Handlungsspielräume. Ungarn aber befindet sich diesbezüglich in einem beklagenswerten Zustand. Jobbik ist eine ganz offen antisemitische Partei und die Fidesz begnügt sich mit ein paar lässigen Gesten nach außen, also nach Europa hin, während sie zugleich den durch Jobbik und manchen eigenen Abgeordneten geschürten Antisemitismus und rassistische Äußerungen in schönster Kumpanei duldet, ja sogar für sich nutzt.
Europa aber nimmt diese Verseuchung der Sprache ebenso hin wie die Mehrheit des ungarischen Volkes hier mitten in Europa. Was glaubst du, warum Deutschland, Ungarns erster und wichtigster politischer und Wirtschaftspartner, ausgerechnet das Land, das seine eigene verheerende Vergangenheit doch schon aufgearbeitet hat, nicht sensibler reagiert auf diesen allmählichen, aber unumkehrbaren menschenverachtenden Prozess, der die ungarische Gesellschaft von der politischen Sphäre her infiziert?
Schau, ich gehöre auch zu denen, die sich an die Angst erinnern, die sie überfiel, wenn 1944 in Budapest eine Einheit SS-Soldaten vorbeimarschierte. Andererseits aber habe ich bald nach 1956 das andere, das gute Deutschland kennengelernt. Es dauerte nicht lange, bis ich auch für deut-

sche Zeitungen geschrieben habe, ich begegnete vielen hervorragenden Journalisten, Redakteuren, Rundfunkmitarbeitern, sah und hörte, was sich in Deutschland geändert hatte. Dabei war gerade in den Sechzigerjahren auch dort noch eine Art Restauration im Gange.

Die große Wende setzte bei den Deutschen 1964/1965 mit dem Frankfurter Auschwitz-Prozess ein, bei dem zweiundzwanzig Personen wegen Verbrechen gegen die Menschlichkeit angeklagt wurden. Dank der amerikanischen Fernsehserie *Holocaust* mit Meryl Streep 1978, durch die die Ausrottung der Juden in Deutschland und Europa einen Namen bekam, stellte sich heraus, dass viele Deutsche und Österreicher bis dahin gar nicht gewusst hatten, was die Todeslager bedeuteten. Damals löste das Entsetzen aus. Daran schloss sich eine breite intellektuelle Bewegung und Diskussion, die zur Aufarbeitung dieses Traumas beitrug. Heute wäre es in Deutschland unmöglich, öffentlich Judenbeschimpfung zu betreiben. Versucht das ein Intellektueller, diskreditiert er sich, würde es ein Politiker tun, müsste er auf der Stelle zurücktreten.

Ich habe Bundeskanzlerin Angela Merkel zwei Mal reden gehört, einmal in Potsdam und einmal in New York. Dabei war für mich das, was sie sagte, weniger interessant als die Tatsache, dass sie nach ihrer Rede im New Yorker Leo-Baeck-Institut zu jedem der schon betagten jüdischen Überlebenden ging und sich lange mit ihnen unterhalten hat. Dabei war in New York für sie gewiss keine einzige Wählerstimme zu holen.

Deutsche Politiker vertreten in Sachen Nazi-Vergangenheit heute einen absolut einheitlichen Standpunkt, unabhängig davon, ob sie einer Regierungs- oder Oppositionspartei angehören und welche Differenzen sie im politischen Alltagsgeschäft haben. Deshalb hören sie auch sofort jeden falschen Ton heraus, wenn es um die Frage Antisemitismus und Fremdenfeindlichkeit geht. Inzwischen ist man diesbezüglich auch in Österreich vorangekommen. Aber darüber haben wir ja schon gesprochen.

Was deine Frage angeht, so muss man erstens in Betracht ziehen, dass es in Deutschland zwischen den einzelnen Ländern und Regionen große

Unterschiede gibt. Es ist gerade zwanzig Jahre her, dass in Rostock und anderswo Flüchtlingsunterkünfte angezündet wurden und Einwanderer dabei ums Leben kamen. Im Osten spielen die Neo-Nazis leider immer noch eine Rolle. Dann aber widmete man Ostdeutschland besondere Aufmerksamkeit und hat darüber andere Landesteile vernachlässigt.
Ein Riesenproblem für Deutschland ist heute natürlich auch die Wirtschafts- und Finanzkrise, die Zukunft der Euro-Zone. In einer Demokratie, in einem Verbund von sechzehn verschiedenen Bundesländern mit jeweils eigenen Parlamenten und Regierungen, wo ständig irgendwo Wahlen anstehen und es dauernd irgendwelche Koalitionsprobleme gibt, ist schon die Innenpolitik ein Fulltime-Job. Kein Wunder, dass das Interesse der Politiker vorwiegend auf das eigene Land gerichtet ist. Bezüglich der Nachbarstaaten in Mittel- und Osteuropa wird die politische Elite meist erst dann hellhörig, wenn wirtschaftliche oder finanzielle Interessen auf dem Spiel stehen. Dass Ministerpräsident Orbán Extrasteuern von westlichen Investoren und Banken fordert, beschäftigt sie mehr als das Problem der beschnittenen Medienfreiheit in Ungarn.

Interessanterweise tut auch den großen deutschen Medienhäusern die Einschränkung der Pressefreiheit in Ungarn nicht weh, obwohl sie durchaus auch in Ungarn aktiv sind.
Das ist ja das Erschreckende! Seinerzeit haben wir mit dem *Internationalen Presse-Institut* reihenweise Seminare und Konferenzen über Ost-Mitteleuropa organisiert und waren dabei so naiv zu glauben, dass die westliche Presse nicht nur mithelfen würde, aufzuzeigen, wo es in den verschiedenen Ländern noch Missstände gibt, dass sie nicht nur investieren, also beispielsweise ungarische Zeitungen und TV-Stationen aufkaufen, sondern auch darauf achten würde, dass die Medien in Ungarn einer demokratischen Informationspolitik verpflichtet wären. Doch in dieser Beziehung waren die letzten zweiundzwanzig Jahre sehr ernüchternd.

Im Augenblick wird beispielsweise die derzeit seriöseste ungarische Tageszeitung, die *Népszabadság*, in den Ruin getrieben; das Boulevard-Niveau, mit dem die Besitzer die kommerziellen TV-Kanäle betreiben, ist auch im Westen nur selten anzutreffen. Springer, Bertelsmann, Gruner & Jahr, Ringier, die RTL-Group oder die ProSiebenSat1-Medien AG sind nach außen hin stramme Demokraten, Apostel der Meinungsfreiheit, aber eigentlich interessieren auch sie am Ende nur die Bilanzen. Für ihre wirtschaftlichen Interessen sind sie in Ostmitteleuropa zu manchem bereit, was sie sich in Westeuropa nicht erlauben könnten. Rassismus, Antisemitismus, die Verbreitung faschistischen Gedankenguts, die Wegbereitung zum Demokratie-Abbau mit Hilfe juristischer und politischer Taschenspielertricks – das alles findet vor ihren Augen statt, sie sehen es nicht, weil ihr Blick allein auf den eigenen Profit gerichtet ist. Natürlich gibt es Unterschiede. Einige arbeiten wegen ihrer Konzessionen mit den Regierungen zusammen, von Kiew bis nach Budapest; andere verschweigen die wahren Zustände im Land, damit ihnen die Herrschenden nicht zufällig die Betriebsgenehmigung entziehen oder sie bei der Vergabe von Digital-Lizenzen nicht übergehen.
Politische Diskussionssendungen, wie sie auf den Kanälen von ARD und ZDF in Deutschland oder beim ORF in Österreich an der Tagesordnung sind, finden dort nicht einmal zufällig statt.

Nicht nur, dass sie keine politischen Diskussionssendungen veranstalten, sie verschweigen oder unterdrücken auch Nachrichten. Selbst die Nachrichtensendungen – auch die der öffentlich-rechtlichen Kanäle – bieten billigste Boulevard-Ware.
So ist es, das erlebe ich ja auch, wenn ich zu Besuch in Budapest bin. Zur Zeit der französischen Wahlen zur Nationalversammlung war ich gerade in Ungarn, und es überraschte mich, dass das öffentlich-rechtliche Fernsehen die für ganz Europa doch wichtigen Wahlen erst als achte Meldung brachte. Vorher waren örtliche Verkehrsunfälle, Brände und Unwetter,

kriminelle Delikte an der Reihe, ganz so wie in den kommerziellen Boulevard-Medien.

Dabei gibt es heute kein *Radio Free Europe* mehr für Ungarn, wo sich die Menschen seriöse Informationen holen könnten. Es gibt Internet-Portale, aber nur ein Bruchteil der Bevölkerung nutzt das Internet, und auch dort herrscht – wie überall auf der Welt – die seichte Unterhaltung vor.

Eine andere Frage stellt sich: Wo sind in Ungarn heute die bedeutenden Publizisten? Der Journalismus im Land hatte einmal eine große Tradition! Selbst Lajos Kossuth, der berühmte ungarische Freiheitsheld und Politiker, hat als Journalist begonnen; und zwischen den beiden Weltkriegen tummelten sich in Ungarn berühmte Zeitgenossen auf dem Feld der Publizistik; große Schriftsteller wie Sándor Márai arbeiteten auch als Journalisten.

Ja, wo sind sie geblieben, die großen Publizisten? Kaum einer ist noch zu entdecken. Warum sollte auch ein begabter junger Mensch in den staatlich gelenkten Medien oder bei einem Kommerz-Sender zu miserablen finanziellen Konditionen Journalist werden wollen?

Also herrscht im Land konzentrierter Provinzialismus. Und es ist kein Geheimnis, dass die Orbán-Regierung sich jetzt auch anschickt, das Hochschulwesen zugrunde zu richten und so diesen Provinzialismus auf Dauer zu nähren. Es gibt heute nur noch kleine Inseln, auf denen Kultur, Wissenschaft und andere niveauvolle geistige Arbeit betrieben und gepflegt werden können. Einem kleinen Land, das dazu noch eine schwierige, isolierend wirkende Sprache hat, kann nichts Ärgeres passieren. Zudem wirken sich mangelnde Information, fehlende Diskussionskultur, ausbleibende Kommentierung und Interpretation politischer Ereignisse verheerend auf das geistige Niveau im Lande aus. Und all das spielt erfahrungsgemäß beim Erstarken autokratischer Systeme eine nicht zu unterschätzende Rolle. Deshalb freue ich mich ganz besonders, dass sich so viele ungarische Journalisten an dem Wettbewerb um den von mir ausgeschriebenen Journalistenpreis beteiligt haben.

Aber die Népszabadság *gehört bislang zum Ringier-Konzern, informiert sachlich und bringt auch meinungsbildende Kommentare.*
Ja, das muss man in diesem Fall wirklich anerkennen. Doch es spricht eher für die Redaktion des Blattes, die trotz der Geschäftspolitik des Mehrheitseigners saubere journalistische Arbeit macht. Es ist aber kein Zufall, dass Ringier diese Zeitung jetzt verkaufen will.
Dass die Medienunternehmen, die meisten Zeitungen und das Fernsehen unter solchen Bedingungen arbeiten müssen, hat auch mit der politischen und wirtschaftlichen Elite des jeweiligen Landes zu tun. In Frankreich, Deutschland oder in den Vereinigten Staaten kann man die Medien nicht gleichschalten; in dieser Beziehung aber ist die Situation in Ungarn sehr gefährlich, und ich möchte betonen: Schuld daran tragen auch die westlichen Medien-Häuser.

Willst du damit sagen, dass es diese Konzerne an ihren heimischen Firmensitzen nicht wagen würden, so zu agieren? Schon deshalb nicht, weil die westlichen Politiker ihnen Vergleichbares gar nicht durchgehen ließen?
Solche Zustände wären in einer westlichen Demokratie einfach nicht möglich; dort könnte eine landesweit verbreitete Zeitung wie in Ungarn *Magyar Nemzet*, *Magyar Hírlap* oder *Heti Válasz* nicht ausschließlich als Sprachrohr der Regierung fungieren, weder in der Auswahl der Nachrichten noch in der Art ihrer Verbreitung. Es kommt dort auch nicht vor, dass ein öffentlich-rechtlicher Sender so wenig politische Information bietet oder, wenn gelegentlich doch, dann nur zum Schein informiert. Ich sage das alles nicht nur so dahin, sondern spreche aus Erfahrung bei österreichischen und deutschen Medien, wo so etwas wirklich unmöglich wäre. Das ist heute nur noch in der Ukraine oder Weißrussland gängige Praxis, aber leider nun auch weitgehend in Ungarn.
Auch deshalb klingt es in meinen Ohren nicht gut, wenn ich von Viktor Orbán hören muss, dass jetzt der Ostwind wehe und Ungarn sich nach

ihm richten müsse. Von Osten weht kein demokratischer Wind herüber, sondern der Wind der Willkürherrschaft, in jeder Beziehung. Ich gebe zu, demokratische Strukturen sind nicht Voraussetzung für einen wirtschaftlichen Aufschwung, aber wenn es auch diesen wirtschaftlichen Aufschwung nicht gibt, ist die Demokratie jedenfalls in Gefahr.
Ungarn ist dank der derzeitigen Regierungspolitik auf allen Negativ-Listen präsent: bei der Aufarbeitung der Vergangenheit, mit der völligen Verrohung der politischen Umgangssprache, was die Chancen der Demokratie angeht, also auch die Schlagkraft und das Kooperationsvermögen der Opposition, und was die Situation der Intelligenz betrifft leider ebenfalls. Deshalb sehe ich zwanzig Jahre nach der Geburt der Demokratie Ungarns Zukunft äußerst pessimistisch. Da sind die unerfreulichen Zustände im Innern, für deren Bekämpfung aus dem Ausland keine Hilfe zu erwarten ist. Es sei denn, es stellt sich heraus, dass der an der Spitze agierende Politiker seine Urteilskraft komplett eingebüßt hat und die roten Linien, die die Europäische Union gezogen hat, noch viel rücksichtsloser ignoriert.

Kommen wir noch einmal auf Rumänien zurück: Wann bist du eigentlich als österreichischer Staatsbürger zum ersten Mal in Rumänien gewesen?
Im Jahr 1964, als ich den sozialistischen Vizekanzler Bruno Pittermann begleitete. Damals war dort noch Gheorghiu-Dej Generalsekretär der Partei. Es war eine außerordentlich elegante Art der Beförderung, wir reisten mit dem königlichen Sonderzug. Ich hatte gehofft, auch Parajd besuchen zu können, aber das war damals nicht möglich. Doch 1965 war ich, da mein Name in Rumänien nicht auf der Schwarzen Liste stand, erneut in Bukarest, und da sagte ich mir, jetzt ist die Zeit gekommen. Ich mietete einen kleinen englischen Hillman und fuhr los, kam auch bis Ploieşti – 60 Kilometer von Bukarest entfernt –, als das Auto anfing, fürchterlich zu qualmen. Es stellte sich heraus, dass man vergessen hatte,

das Frostschutzmittel aus dem Kühler zu entfernen; man wusste damals nicht, dass dies sonst im Hochsommer den Motor ruiniert. Ich ließ den Wagen in Ordnung bringen und setzte nach dieser Zwangspause meine Reise fort. Unterwegs musste ich natürlich immer wieder fragen, in welche Richtung es weiterging, denn die Verkehrsschilder waren mir keine Hilfe. Alle Leute sahen mich skeptisch an, weil da einer in einem ausländischen Auto mit rumänischem Kennzeichen auf Ungarisch Fragen stellte.

In Parajd fand ich das Haus meiner Großeltern, zu der Zeit war darin die Schuhmacher-Kooperative untergebracht. Einer der Schuster sah mich an und sagte: „Sie sehen genauso aus wie Ihr Onkel." Man erinnerte sich also noch an unsere Familie.

Ich fuhr damals auch in Richtung des kleinen Baches Küküllő, auf diesem Weg sind wir früher oft spazieren gegangen. Es war für mich ein großes Erlebnis, wieder dort zu sein.

Auch später reiste ich noch mehrmals nach Siebenbürgen, habe dort alle einstigen großen ungarischen Städte besucht, von Klausenburg bis Schäßburg und Großwardein. Ich habe damals viel über Rumänien geschrieben. Interessant war für mich auch, dass mich einmal in Budapest József Darvas, damals Vorsitzender des Schriftstellerverbands, das sogenannte „Vertrauliche Bulletin" mit der Übersetzung meines Rumänien-Artikels in der Hand, darauf ansprach, dass ich seiner Meinung nach Rumänien viel zu positiv sähe. Nicht lange danach ließ mich auf einem Rumänien-Trip der Chef der Presseabteilung des rumänischen Außenministeriums kommen; auch er hatte meinen Rumänien-Artikel, aber in rumänischer Übersetzung, vor sich und tadelte mich dafür, dass ich wiederum Rumänien viel zu kritisch sähe …

In Rumänien war man mir übrigens ständig auf den Fersen. Und nicht mit einem, sondern mit mehreren Autos. Es half nichts, dass ich einen schnellen Alfa Romeo fuhr, ich konnte sie nie wirklich abschütteln, denn auf dem nächsten Streckenabschnitt wartete schon die neue Begleitung auf mich. Ich habe dieses Katz-und-Maus-Spiel beim rumänischen Botschafter in Wien einmal zur Sprache gebracht und darauf hingewiesen, dass diese ungebetene Begleitung doch ganz sinnlos und lästig sei, denn ich dürfe ja – wie er sicherlich wisse – sowieso keinen Schritt auf rumänisches Gebiet tun, ohne vorher genau anzugeben, mit wem ich wo sprechen wollte; mein ganzes Besuchsprogramm sei also von vornherein bekannt. Ja, sagte er zynisch, daran können Sie sehen, wie rückständig wir noch immer sind: Für das, was in anderen Ländern von einem einzigen Menschen erledigt wird, brauchen wir vier oder fünf.

Und natürlich waren auch die Reisen, die ich machte, um zu recherchieren, nicht ganz ungefährlich, denn man wusste ja, dass Ausländer bei Verkehrsunfällen in Rumänien auch schon „zufällig" zu Tode gekommen waren. Und diejenigen, die ich besuchte oder denen ich helfen wollte, brachte ich ebenfalls in Gefahr. Einmal hat mich eine aus Rumänien stammende Wiener Freundin meiner Mutter gebeten, für einen gerade inhaftierten Verwandten ein Paket mitzunehmen. Ich nahm es mit und telefonierte dann mit der Person, die das Paket ins Gefängnis bringen sollte; später hörten wir, dass dieser Mann endlos verhört worden war. Man wollte von ihm wissen, woher er mich kannte und was er überhaupt mit mir zu tun habe. Dabei war ich ihm gänzlich unbekannt, aber man glaubte ihm nicht.

Hattest du Kontakt zu ungarischen Intellektuellen in Rumänien?

Ja, Margaret und ich haben einmal den Schriftsteller András Sütő besucht. Meine Frau, die Arme, verstand kein einziges Wort von der ganzen Unterhaltung, aber sie hörte uns mit unendlicher Geduld und britischer Höflichkeit zu. Sütő wohnte in einer kleinen, ruhigen Gasse, doch sobald wir dort angekommen waren, setzte vor dem Haus großer Verkehr ein, denn meine Aufpasser mussten sich dauernd ablösen.

Doch mich hat interessiert, was Sütő, der prominente ungarischsprachige Schriftsteller, über die Situation der Ungarn dachte. Deshalb war ich auch

in der Redaktion der Zeitung *Utunk* („Unser Weg"). Ernő Gáll, der Chefredakteur, ebenfalls ein bekannter Schriftsteller und Soziologe, nahm vor unserem Gespräch den Telefonhörer von der Gabel, aber ich beruhigte ihn, das sei ganz überflüssig, wir würden sowieso belauscht.
Ich habe mich in Rumänien mit vielen Menschen getroffen. In einem in der Wiener *Presse* erschienenen Artikel über das Land – er erschien unter dem provozierenden Titel „Der Sozialismus beginnt dort, wo das Fleisch verschwindet" – schrieb ich auch über den Bildhauer und Maler Ingo Glass, den man nicht ausreisen lassen wollte. Später hat er überall erzählt, er verdanke es mir, dass er schließlich herausgekommen sei.
Mehrmals habe ich auch den Schriftsteller Sándor Huszár getroffen, er war Redakteur bei *Hét* (Die Woche). All das war in den Achtzigerjahren, einer schrecklichen Zeit. Er begann unser Gespräch immer mit der Frage, was er später dem für ihn zuständigen Oberst sagen solle. Und er wurde auch jedes Mal, kaum dass ich mich verabschiedet hatte, verhört. Später, nach dem Regimewechsel, ist Huszár nach Szeged, also nach Ungarn, übersiedelt, er war zu einem verbitterten Menschen geworden und hat auch darüber geschrieben, wie erschütternd die Begegnungen mit mir für ihn gewesen seien. In jedem Menschen vermutete er einen Spitzel des Regimes.
Aus den Erfahrungen solcher Reisen lernte ich, was für eine sensible Angelegenheit das Verhältnis zwischen einer Minderheit und der Mehrheit eines Landes ist, und auch, welche kaum zu überschätzende Rolle die Politik des Mutterlandes für die Situation der Minderheit spielt.
Aber das war zu Kádárs Zeiten in Ungarn natürlich auch nicht anders.

Wieder in Budapest

Verrätst du mir, wie ihr, du und Zsóka, euch gefunden habt?
2001 ist mein Buch „Die Ungarn" auch im Helikon Verlag in Budapest erschienen, übrigens mit österreichischer Unterstützung, wie auch fast alle meine früheren Bücher in ungarischer Sprache. Ich habe das immer für eine wirklich großzügige Geste der österreichischen Bundesregierungen gehalten. András Pándi war Direktor bei Helikon, mit ihm habe ich immer verhandelt. Einmal hat mich dann eine Dame vom Verlag angerufen, sich als Zsóka Borbíró vorgestellt und mir mitgeteilt, dass sie eine schlechte und eine gute Nachricht für mich habe; die schlechte war, dass Pándi sich das Bein gebrochen hatte, die gute, dass sie nun alle mit meinem Buch zusammenhängenden Arbeiten übernehmen würde.
Doch dann stellte sich sogleich heraus, dass sie über die vorgesehene Buchpräsentation überhaupt nichts wusste, auch nicht, dass ich Pándi schon eine Liste der Personen geschickt hatte, die zu der Veranstaltung eingeladen werden sollten. Also diktierte ich ihr – in ziemlich unfreundlichem Ton, wie sie später sagte – ungefähr zwanzig Namen.
Dann kam ich zu der Veranstaltung nach Budapest. Die genannte Dame erwartete mich am Bahnhof und brachte mich zu einer Buchhandlung, wo gerade die ersten Exemplare meines Buches eingeliefert worden waren. Es war für mich ein Erlebnis zu sehen, wie die druckfrischen Bücher aufgestapelt wurden, um sie dem Publikum zu präsentieren.
Später traf ich dann Zsóka bei der feierlichen Eröffnung der Budapester Buchwoche wieder. Und als mir 2001 von der Stiftung Europa-Institut der Corvinus-Preis verliehen wurde, den vor mir der Filmregisseur István Szabó und der rumänische Außenminister Andrei Pleşu bekommen hat-

ten, bin ich ihr in der Ungarischen Akademie der Wissenschaften erneut begegnet, wo ich diesen Preis überreicht bekam. Die Laudatio hielt der frühere österreichische Vizekanzler Erhard Busek, und auch der damalige ungarische Staatspräsident Ferenc Mádl erwies mir die Ehre. In meiner Ergriffenheit sagte ich: Dies ist der schönste Tag in meinem Leben, ich freue mich, dass ich die hohe Auszeichnung an diesem Ort entgegennehmen darf. Den Blumenstrauß, den ich zusammen mit dem Preis bekam, habe ich Zsóka überreicht und sie zum Essen eingeladen. So hat es angefangen. Danach haben wir öfter miteinander telefoniert, nach einiger Zeit schon täglich, schließlich lud ich sie nach Wien ein. Die Verbindung wurde immer enger, ich lernte auch ihre Tochter und ihren Sohn kennen. 2003 ist Margaret gestorben, und 2004 habe ich Zsóka geheiratet. Die Hochzeit wurde in der Villa Barabás in Budapest gefeiert. Dann übersiedelte Zsóka zu mir nach Wien, denn inzwischen hatte sie ihre Stelle bei Helikon aufgegeben, den Verlag übernahm damals ein rechtsorientierter Besitzer.

Seither sind wir sehr viel zusammen gereist, in Länder und Regionen, die Zsóka noch nicht kannte: in die Schweiz, in die Vereinigten Staaten, nach Japan; und wir waren und sind auch oft in Budapest, denn ihre Familie, ihre Kinder und die ungarische Kultur verbinden sie weiterhin eng mit ihrer Heimat. Vor allem die neue kleine Familie, Zsókas Tochter Fanni, die mit einem Stipendium der Central European University Budapest promoviert, und ihr Sohn Marci – er führt einen populären sogenannten „Ruinenkeller“ – brachten auch mich wieder näher an die ungarische Wirklichkeit heran.

Wie konntest du es mit deinem Gewissen vereinbaren, dass deine Frau schwer krank in einem Pflegeheim war und du für sie da sein musstest, während du gleichzeitig diese ernsthafte neue Verbindung eingingst?

Margaret war wirklich sehr schwer krank, 2001 hatte die Demenz sie schon völlig erfasst. In diese Situation kam die Verbindung mit Zsóka, die zugleich einen Schlussstrich unter andere Beziehungen mit sich brachte. Zsóka stand mir zur Seite, sie hat meine Probleme mitgetragen, begleitete mich öfter auf meinen Krankenbesuchen und wartete vor dem Sanatorium in Döbling auf mich; nur ein paar Schritte weiter steht das Gebäude, in dem eine Gedenktafel in Erinnerung an die letzten Jahre des „größten Ungarn" István Széchenyi in Wien hängt. Zsókas Anwesenheit gab mir die Kraft, diese harte Zeit durchzustehen. Es waren schwere, traurige zwei Jahre. Als Margaret schon in einem Zustand war, dass sie nicht mehr kommunizieren konnte und der Abbau stetig voranschritt, hat sie doch mich und ihre Söhne bis zum Schluss erkannt.

Betrachte die folgende Frage bitte nicht als Taktlosigkeit: Warum ist für einen Mann wie dich, der sich so leicht Gefährtinnen findet, locker ein Verhältnis gegen ein anderes eintauscht, diese Heirat so wichtig gewesen?
Die Ehe ist ja eine ganz besondere Verbindung; es gibt doch einen Unterschied zwischen Liebe, Partnerschaft und Sexualität. Dem Menschen, mit dem du vierzig Jahre zusammenlebst und dem du noch dazu in jeder Beziehung dankbar bist für all die Unterstützung, die du im Laufe deines Lebens von ihm erfahren hast, möchtest du nie eine Kränkung zufügen. Ich hoffe bis heute, dass ich Margaret niemals gekränkt habe.
Wenn man in der Welt der Medien tätig ist, kann man, wie du weißt, sehr leicht Kontakte knüpfen, Freundinnen finden, Verhältnisse anfangen, und dazu muss man nicht einmal aussehen wie ein Filmstar – das weiß doch jedermann. Und ich spreche jetzt nicht vom ORF, meinem Arbeitsplatz, denn, wie schon erwähnt, habe ich private und dienstliche Angelegenheiten immer strikt voneinander getrennt. Dabei war ich einer der Vorgesetzten beim ORF, in dessen Abteilung proportional die meisten Frauen beschäftigt waren.

Aber nachdem du ein drittes Mal geheiratet hast, ist es dir also wichtig, eine so dauerhafte Verbindung, wie sie die Ehe ist, einzugehen.

Das war natürlich eine komplizierte Angelegenheit. Die Eheschließung besprachen wir konkret, nachdem Zsóka damals schon ihren Arbeitsplatz aufgegeben hatte, es war für sie wichtig, im Hintergrund ein sicheres Privatleben zu haben. Für mich kam natürlich, auch unabhängig von der politischen Lage, nicht in Frage, nach Budapest zu übersiedeln. So haben wir nach einem meiner Vorträge in Schwechat, in einem großen Zelt sitzend, beschlossen zu heiraten. Das war für Zsóka nicht leicht, denn es brachte eine ganze Reihe umständlicher bürokratischer Formalitäten mit sich. Auch die Umstellung auf ein Leben in Österreich war für sie keineswegs einfach. Natürlich wussten damals bereits viele von ihr, kannten sie schon, denn sie war die Frau, mit der ich auch in der Öffentlichkeit auftrat.

Bei einer festlichen Veranstaltung einer österreichischen Zeitung stellte ich sie mehreren Bekannten vor, die neugierig auf sie waren, unter ihnen dem Bundespräsidenten Heinz Fischer und dem berühmten Pianisten Rudolf Buchbinder, dessen Frau ebenfalls Ungarin ist. Aber der große Durchbruch kam bei der Feier zu meinem achtzigsten Geburtstag, die sie arrangierte. Hinter meinem Rücken hatte sie ein für mich völlig überraschendes Fest in meinem Lieblingsheurigen organisiert, bei dem das von meinem langjährigen Kameramann Stephan Mussil und seinem Team gedrehte Porträt gezeigt wurde. Es waren fast hundert Weggefährten, Freunde und Kollegen anwesend.

Zsóka hat auch sonst eine große Begabung zur Herstellung von Kontakten; in dieser Beziehung ist sie das genaue Gegenteil von Margaret – dabei sprach sie anfangs wenig Deutsch; sie erlernte die Sprache aber nach und nach so gut, dass sie bei dieser besonderen Feier sogar auf Deutsch eine sehr persönliche und mit allgemeiner Begeisterung aufgenommene Rede gehalten hat.

Wie hat dein engerer Freundeskreis sie aufgenommen?
Sehr freundlich. Ich habe sie auch Margarets Söhnen vorgestellt, dem jüngeren in München, dem älteren, als ich mein Buch über Österreich in der österreichischen Botschaft in London präsentiert habe. Auch in Wien und in Salzburg begegnete man Zsóka mit viel Sympathie, nicht nur wegen ihrer direkten, natürlichen Art, sondern weil man in Österreich die Ungarn wirklich mag. Das zeigen die Meinungsumfragen bis heute. Sie haben hier nicht einmal einen Spitznamen wie andere Völker des ehemaligen Kaiserreichs, gehören also für die Österreicher in eine ganz andere Kategorie, sie werden vielfach mit den Operettenhelden von Ferenc Lehár und Imre Kálmán in Verbindung gebracht und natürlich mit den wirklichen Helden von 1956.

Diese Ehe hat dein Leben ziemlich verändert, auch weil du jetzt öfter in Budapest bist, dir dort sogar eine Wohnung gekauft hast, noch dazu dreimal eine andere. Warum eigentlich dreimal?
Zum ersten Mal haben wir uns 2004 in Budapest eine kleine Wohnung zugelegt, weil wir dort ohnehin immer nur kurz sein wollten. Aber mir, der ich in Wien eine 180 Quadratmeter große Wohnung mit Büroräumen hatte, war diese Gelegenheitsunterkunft doch zu eng. Wir haben sie verkauft und zwei Jahre später eine andere Wohnung in der Gyula-Hegedűs-Straße, ehemals Csáky-Straße, erworben – für mich eine legendäre Stätte, denn dort haben uns, meinen Vater und mich, 1945 die Russen gestellt, in einen Hof getrieben und uns die Armbanduhren abgenommen. Diese zweite Wohnung haben wir ebenfalls aufgegeben, weil wir inzwischen ein wunderschön am Donauufer gelegenes Domizil entdeckt hatten. Doch wie einmalig auch seine Lage ist, die derzeitigen Verhältnisse im Land vergällen mir dcn Aufenthalt in dieser Wohnung etwas. Trotzdem ist sie für uns auch ein Grund, von Zeit zu Zeit in Budapest zu sein. Hinzu kommt außerdem, dass Zsókas Freundeskreis hier zu Hause ist, dass ich bei diesen jetzt häufigeren Budapest-Aufenthalten interessante

Persönlichkeiten des Kulturlebens der Stadt kennenlernen und auch echte neue Freundschaften schließen konnte. Wir gehen oft ins Theater oder ins Kino, Zsóka macht mich nach und nach mit den ungarischen Filmproduktionen der letzten fünfzig Jahre bekannt, die ich versäumt habe, weil mir dafür die Zeit fehlte. Überhaupt musste ich feststellen, wie viel mir in all den Jahren entgangen ist.
Budapest aber hat für mich den Nachteil, dass ich dort nicht wie in Wien schnell in die Trafik an der Ecke hinunterlaufen und mir meine Lektüre holen kann. Als Journalist und Chefredakteur muss ich täglich dreizehn, vierzehn ausländische Zeitungen durchblättern. Wichtige ausländische Presseerzeugnisse sind aber in Budapest nur an bestimmten Standorten zu bekommen.
Meine Verbindung mit Zsóka bedeutet natürlich, dass ich mich, auch wenn ich in Wien bin, jetzt viel mehr mit Ungarn beschäftige als früher. Nie hätte ich gedacht, dass ich sogar aus New York für die *Népszabadság* einen Artikel über den Machtkampf um Ferenc Gyurcsány schreiben würde. Aber wer hätte sich denn auch ausmalen können, dass wir uns je mit Hilfe des Internets und des Computers auf den Tag, nein auf die Stunde genau an jedem Ort der Welt darüber informieren könnten, was gerade in 2000 Kilometer Entfernung geschieht.
Und obwohl ich auch weiterhin nicht nur Ungarn-Spezialist bin, veröffentliche ich in der *Europäischen Rundschau* natürlich hin und wieder auch Abhandlungen über Ungarn, bevorzugt aus der Feder ungarischer Autoren. Und in meiner wöchentlichen Kolumne im *Standard* schreibe ich neben vielem anderen gelegentlich auch über ungarische Belange. Daran hat sich insofern etwas geändert, als jetzt aus gewissen Kreisen von rechts verstärkte Angriffe gegen mich an der Tagesordnung sind, über die wir schon gesprochen haben. Aber was soll's, ich bin halt eine kleine Nummer geworden: Früher wurde ich in allen Ländern des sozialistischen Lagers angegriffen, heute nur noch in Ungarn, und auch da nur noch von rechts …

Es hat mir wohlgetan, als während der diesjährigen Budapester Buchwoche viele ungarische Leser zu mir kamen, damit ich ihnen eine kurze Widmung in eines meiner Bücher schrieb. Es zeigte mir, dass es doch einige Menschen im Land gibt, die mich schätzen. Meine Frau weist mich natürlich ebenfalls oft darauf hin, welche Sympathie mir von nicht wenigen entgegengebracht wird; dennoch ist es nicht leicht, all die Schmähungen und Hetztiraden zu schlucken und sich nicht vom Zorn überwältigen zu lassen.

Zum Glück bist du nicht ständig mit der ungarischen Rechten konfrontiert, du hast, wie du ja mehrfach betont hast, dein Zuhause in Wien.

Wien, Österreich ist in dieser Beziehung wirklich einmalig. Aufnahmefähig, offen und hilfsbereit. Der in Temeswar geborene, aus einer jüdischen Familie stammende Ioan Holender zum Beispiel hat achtzehn Jahre lang die Wiener Staatsoper geleitet. Boris Nemšić, ehemaliger Generaldirektor der Telekom, also von einem der größten Unternehmen des Landes, war ein kroatischer Flüchtling aus Sarajewo; und noch viele andere nicht in diesem Land geborene Österreicher konnten hier als erfolgreiche und anerkannte Persönlichkeiten wirken.

Ich bin stolz darauf, dass der aus dem Hochadel stammende tschechische Außenminister Karel Schwarzenberg die tschechische Ausgabe meiner Autobiografie in Prag vorgestellt hat und dass er zu jener anderen Feier meines achtzigsten Geburtstags gekommen ist, die Walter Rothensteiner, Vorsitzender des Herausgeberkomitees der *Europäischen Rundschau* und heute Generaldirektor der Raiffeisen Zentralbank, für mich im Wiener Palais Pallavicini ausgerichtet hat; und dass während der diffamierenden Angriffe aus Ungarn der ehemalige österreichische Vizekanzler und frühere Parteivorsitzende der ÖVP, Erhard Busek, mich zweimal verteidigt hat, einmal mit einer Erklärung an die ungarische Nachrichtenagentur MTI und einmal in der Zeitung *Die Presse*.

Und der ehemalige österreichische Bundeskanzler Wolfgang Schüssel überzeugte den ungarischen Außenminister János Martonyi persönlich davon, an einer meiner *Europastudio*-Sendungen teilzunehmen.

Erhard Busek schrieb damals in seiner Erklärung: „In ungarischen Medien, aber auch durch Einflussnahme im übrigen Europa wird versucht, den anerkannten internationalen Journalisten Prof. Paul Lendvai zu diskreditieren. Ich kenne Paul Lendvai seit Jahrzehnten und kann nicht nur seine journalistische Tätigkeit, sondern auch sein persönliches Verhalten umfassend beurteilen. Aus seiner persönlichen Geschichte hat Paul Lendvai nie einen Hehl gemacht ... Die Wege, die Arthur Koestler, Manès Sperber und sehr viele andere gegangen sind, zeigen die Versuchungen, aber auch die Klärungen, die offensichtlich auch heute in Ungarn notwendig sind." Und er schloss diese Erklärung mit einer Empfehlung, die Ungarn beherzigen sollte: „Rückgriffe auf die Vergangenheit sind nie sehr sinnvoll, um eine Strategie für die Zukunft zu erzielen."

Ja, mich berührte ganz besonders, dass er meinen Lebensweg mit dem Arthur Koestlers verglichen hat. Was in Ungarn als Verrat oder als dunkler Fleck in deinem Lebenslauf gilt – dass du ein verfolgter Jude warst, Flüchtling geworden bist, die Sprache gewechselt hast, was zu den schwierigsten und kompliziertesten Dingen der Welt zählt –, das gilt in Österreich und in Deutschland als etwas Positives, weil man dort mit den historischen Hintergründen im Reinen ist. Geschätzt wird man gerade deshalb, weil man trotz so vieler Schwierigkeiten fähig war, eine persönliche Leistung zu erbringen; deshalb bin ich Österreich so zugetan, diese Haltung erscheint mir neben vielen anderen Zügen auch besonders eindrucksvoll.

Interessant, dass du Ungarn so genau kennst, seine politischen Unsäglichkeiten, den Zustand der Gesellschaft, die Situation der Presse, dich erregst, Zorn empfindest – trotzdem aber relativ wenig über Ungarn schreibst. Warum?

Nun, ich bin in Ungarn geboren, es ist eigentlich mein Heimatland, dort habe ich mein erstes Leben verbracht, deshalb nehme ich mich oft zurück. Es geht nicht an, dass ich mich in meiner *Standard*-Kolumne jede Woche mit der Orbán-Regierung beschäftige. Es bekommt mir nicht gut, wenn ich jede Dummheit und Abscheulichkeit, die ich beobachte, gleich zu Papier bringe. Ich habe mich nicht zu Wort gemeldet, als ein Vertreter der rassistischen, antisemitischen Partei, die sich Jobbik nennt, im ungarischen Parlament diese Rede über den angeblichen Ritualmord von 1882 in Tiszaeszlár hielt, zu der Viktor Orbán kein einziger Satz einfiel. Ich habe mich auch nicht zu Wort gemeldet, als beim Begräbnis von István Csurka der Vizepräsident des ungarischen Parlaments, Sándor Lezsák, den bis ins Mark rassistischen Csurka einen Fackelträger der Nation nannte, der in der Tat nach dem Regimewechsel in seinem eigenen Blatt und mit seinen Reden Fackelträger in Sachen Judenhetze und politischer Antisemitismus gewesen ist. Aber symptomatisch ist für diese gesamte Garnitur: Sie schreiben die Geschichte um, verbreiten Lügen über ihre eigene Vergangenheit ebenso wie über die Dreißigerjahre in Ungarn.

Deshalb nenne ich die Fidesz eine geschichtslose Partei, denn sie steht nicht ein für ihre eigene Geschichte, und ihre neue, künstlich konstruierte, glaubt man ihr noch nicht oder nicht mehr; es leben noch viel zu viele von denen, die sich an die erste, liberale Parlamentsperiode der Fidesz erinnern, die damals zu viel Begeisterung Anlass gab.

Gute Charakterisierung. Es gibt in der europäischen Geschichte kaum ein Beispiel dafür, dass sich eine Staatsführung in solchem Ausmaß selbst diskreditiert, indem sie innerhalb kurzer Zeit ihre eigene Geschichte umschreibt und alles, womit sie in ihrem derzeitigen Zustand nichts mehr anfangen kann, herausretuschiert.

Aber in Ungarn sehen wir derzeit auch noch andere derartige Vorgänge. Zum Beispiel, dass es Orbán gelungen ist, die zweite große Spaltung der Kommunisten in der Weltgeschichte zu erreichen. Die erste war die Trennung der Menschewiki von den Bolschewiki; Orbán ist es gelungen, die 800.000 Parteimitglieder des Kádár-Regimes – während der ganzen kommunistischen Ära sollen es nach den Berechnungen des Historikers Miklós Molnár rund zwei Millionen gewesen sein – in zwei sich gegenseitig hassende Gruppen zu spalten. Diejenigen, die bereit waren, mit Fidesz nach rechts oder sogar nach rechts außen zu gehen, werden heute die anständigen Ungarn, wahre Hüter der nationalen Interessen, ja Patrioten genannt; die anderen, die mit ihrer eigenen Vergangenheit manchmal auch öffentlich abgerechnet und sich links oder in der Mitte eingereiht haben, Vertreter der sozialistischen oder liberalen Parteien oder zumindest ihre Wähler wurden, nennt man in edler Schlichtheit Verräter an der Nation. Und sie sind, wenn sie dazu noch im Ausland leben, Landesverräter.

So konnte sich die absurde Situation ergeben, dass Imre Pozsgay Mitglied des Vorbereitungskomitees für die neue völkisch-nationale Verfassung sein konnte, obwohl er eine wichtige Führungsfigur in Kádárs Ungarischer Sozialistischer Arbeiterpartei, sogar Mitglied des Politbüros gewesen war und der Partei jahrzehntelang treu gedient hatte. So konnte sich die absurde Situation ergeben, dass Fidesz jenen Mátyás Szűrös fest ans Herz drückte, der in der sozialistischen Ära als eine der wichtigsten Vertrauenspersonen galt: Er wirkte als Kádárs Botschafter in Moskau. Und auch seine spätere Position als Sekretär des Zentralkomitees für außenpolitische Fragen war eine Vertrauensstellung in der Partei. Zufällig geriet er in die Situation, dass er als provisorisch bestellter Parlamentspräsident am 3. Oktober 1989 in seiner Eigenschaft als provisorischer Staatspräsident die Republik Ungarn ausrufen durfte; denn in der Sitzung des Zentralkomitees der Partei, in der seinerzeit über den Parlamentspräsidenten entschieden wurde, war er die am wenigsten umstrittene, weil unbedeutendste Person, auf die sich die Cliquen einigen konnten. So ist es denn auch nicht verwunderlich, dass er sich, als im Nachrichtenmagazin *Der Spiegel* ein kritischer Bericht zur ungarischen Politik erschien,

mit einem Leserbrief, der mit „ehemaliger Präsident der Republik Ungarn“ unterschrieben war, zu Wort meldete und die Fidesz und auch Jobbik verteidigte.
Dagegen wird Ildikó Lendvai, eine hochbegabte Politikerin der heutigen Sozialistischen Partei mit absolut demokratischer Gesinnung, auf ganz üble Weise geschmäht und angegriffen, und man spricht und schreibt von ihr als einem Oberdiktator.
Und genauso werden auch die Journalisten und Intellektuellen kategorisiert. Beim einstigen Parteijournalisten, der sein Schandmaul und seine Feder jetzt in den Dienst von Fidesz gestellt hat, ist seine Vergangenheit kein Thema. Die vielen gestandenen Redakteure der *Népszabadság* aber werden heute gern als „verkappte Kommunisten“ tituliert. Auch interessiert es absolut niemanden, wie viele einstmals kommunistische Parteimitglieder in der Fidesz-Fraktion im Parlament sitzen, ebenso uninteressant ist, welche früheren Kommunisten Mitglieder der ersten Orbán-Regierung waren und heute im Kabinett sind. Denn den Stempel der KP und des Parteistaats tragen nur diejenigen, die nicht auf die Seite der Fidesz gewechselt haben. Vergleichbares gibt es sonst nirgends auf der Welt!
Aber du hast schon Recht damit, dass mich morgens jetzt mein erster Weg zum Computer führt, um im Internet nachzusehen, was in Ungarn und über Ungarn geschrieben wird. Inzwischen habe ich nämlich auch gelernt, wie man mit dem Computer umgeht. Solange ich beim ORF war, brauchte ich das nicht, ich hatte ja zwei Sekretärinnen zu meiner Verfügung. Aber als ich im Jahr 2000 Zsóka kennenlernte, ging es gar nicht mehr anders, vor allem wegen des Austausches von E-Mails. Eine Zeitlang tippte ich alles nur mit Großbuchstaben, inzwischen aber schreibe ich meine sämtlichen Artikel und Buchmanuskripte auf dem Laptop.

Ich nehme an, ihr beide, Zsóka und du, seid aufgrund der Verlagserfahrung deiner Frau auf den Gedanken gekommen, in Wien einen Buchverlag zu gründen. Oder wie kamt ihr auf die Idee mit dem Nischen Verlag*?*

Also das dürfte ein großes Abenteuer werden. Ursprünglich war es mein Einfall, dann fand aber auch Zsóka Gefallen daran. Sie ist ja die offizielle Geschäftsführerin und die Seele des ganzen Projektes. Der Name geht auf mich zurück, der *Nischen Verlag* soll ja nur eine bescheidene Ecke in der Bücherlandschaft sein, ein Spalt, eine schmale Schneise, durch die wir noch ein paar Schätze aus dem reichen Fundus der ungarischen Literatur nach Österreich und zu den deutschsprachigen Lesern bringen wollen.
Ich hatte Gott sei Dank ein paar Ersparnisse und konnte das Geld für Übersetzungen und Druckkosten vorstrecken; und alle daran Beteiligten waren sehr kooperativ und hilfsbereit. Auch österreichische Stellen wie der Zukunftsfonds und das Unterrichtsministerium förderten unsere Buchprojekte. 2012 hat der *Nischen Verlag* drei Bücher herausgebracht, es sind Werke von zwei bedeutenden ungarischen Schriftstellern, György Spiró und Lajos Parti Nagy, sowie ein Tagebuch, nämlich „Das rote Fahrrad“ von Ágnes Zsolt, die Aufzeichnungen eines dreizehnjährigen Mädchens im siebenbürgischen Nagyvárad aus den unheilvollen Tagen zwischen Deportation und Gaskammer.
Als die Journalistin Ágnes Zsolt aus Bergen-Belsen zurückgekehrt war, kam sie an das Tagebuch ihrer Tochter. Sie war die Lebensgefährtin des berühmten Schriftstellers Béla Zsolt. Ich habe sie persönlich gekannt, weil meine erste Frau eine Zeitlang bei ihr gewohnt hat. Sie hat 1948 das Tagebuch herausgegeben. Doch am Schicksal ihres Kindes Éva und ihrem eigenen ist sie zerbrochen – offenbar fühlte sie sich schuldig, weil sie die Tochter den Großeltern überlassen hatte, mit denen zusammen das Mädchen von den Nazis verschleppt und in Auschwitz ermordet wurde. Ágnes Zsolt konnte die Erinnerung an all das nicht mehr ertragen und beging 1951 Selbstmord.
Vor zwei Jahren ist dieses Tagebuch in Ungarn erneut erschienen, und die Lektüre hat mich sehr erschüttert. Ich war nämlich 1944 genauso alt wie diese Éva und musste zum Teil dasselbe erleben wie sie. Doch ich habe überlebt.

Namenregister

Die Bücher von Paul Lendvai

Der Rote Balkan – Zwischen Nationalismus und Kommunismus
1969, S. Fischer Verlag
erschien auch in den USA, in England und Frankreich

Antisemitismus ohne Juden – Entwicklungen und Tendenzen in Osteuropa
1972, Europaverlag
erschien auch in den USA, in England, Frankreich, Israel und Polen (in Samisdat)

Kreisky – Porträt eines Staatsmannes
1972, Econ Verlag gemeinsam mit dem Zsolnay Verlag
zusammen mit Karl Heinz Ritschel

Die Grenzen des Wandels – Spielarten des Kommunismus im Donauraum
1977, Europaverlag

Der Medienkrieg – Wie kommunistische Regierungen mit Nachrichten Politik machen
1981, Ullstein Verlag
erschien auch in Frankreich, England, den USA und Japan

Religionsfreiheit und Menschenrechte (Hrsg.)
1981, Styria

Das einsame Albanien
1985, Edition Interform

Das eigenwillige Ungarn, Innenansichten eines Grenzgängers
1986, Edition Interform, 2. erweiterte Auflage 1988
erschien auch in England und Ungarn

Zwischen Hoffnung und Ernüchterung, Reflexionen zum Wandel in Osteuropa
1994, Jugend und Volk
erschien auch in Ungarn

Auf schwarzen Listen, Erlebnisse eines Mitteleuropäers
1996, Hoffmann und Campe
erschien auch in Ungarn, England, der Slowakei, Tschechien, Kroatien und Italien
2004 neu überarbeitete, erweiterte Auflage, Verlag Kremayr & Scheriau

Die Ungarn – Ein Jahrtausend Sieger in Niederlagen
1999, C. Bertelsmann
erschien auch in Ungarn, Tschechien, Rumänien, der Slowakei, England, Frankreich, Japan und den USA

Reflexionen eines kritischen Europäers
2005, Verlag Kremayr & Scheriau
erschien auch in Ungarn

Der Ungarn-Aufstand 1956 – Eine Revolution und ihre Folgen
2006, C. Bertelsmann
erschien auch in England, Ungarn, Estland und den USA

Mein Österreich – 50 Jahre hinter den Kulissen der Macht
2007, Ecowin
erschien auch in Ungarn, England und den USA

Best of Lendvai – Begegnungen, Erinnerungen, Einsichten
2008, Ecowin

Mein verspieltes Land – Ungarn im Umbruch
2010, Ecowin
erschien auch in Ungarn, der Slowakei, England und den USA

Leben eines Grenzgängers – Erinnerungen, aufgezeichnet im Gespräch mit Zsófia Mihancsik
2013, Verlag Kremayr & Scheriau
erschien 2012 in Ungarn

POLITIK

K&S

ISBN 978-3-218-00758-0

Die Reflexionen Paul Lendvais vermitteln ein anschauliches Bild der Vielfalt der politischen und sozialen Tendenzen der letzten Jahre in Europa, die komplexen Zusammenhänge und die daraus folgenden Entwicklungen treten dabei klar zutage.

„Paul Lendvai war ehedem einer der scharfsinnigsten Analytiker des von den Kommunisten beherrschten Teiles Europas und ist heute einer der besten Beobachter der Lage im östlichen und südöstlichen Europa."
Dr. Günther Nonnenmacher, Herausgeber Frankfurter Allgemeine Zeitung